TITE-LIVE

HISTOIRE ROMAINE

LIVRE II

COLLECTION DES UNIVERSITÉS DE FRANCE
publiée sous le patronage de l'ASSOCIATION GUILLAUME BUDÉ

TITE-LIVE

HISTOIRE ROMAINE

TOME II

LIVRE II

TEXTE ÉTABLI
PAR
JEAN BAYET
Membre de l'Institut

TRADUIT
PAR
GASTON BAILLET

APPENDICE RÉDIGÉ
PAR
RAYMOND BLOCH
Membre de l'Institut

Septième tirage

PARIS
LES BELLES LETTRES
2003

Conformément aux statuts de l'Association Guillaume Budé, ce volume a été soumis à l'approbation de la commission technique, qui a chargé M. Éd. Galletier d'en faire la révision et d'en surveiller la correction en collaboration avec MM. J. Bayet et G. Baillet.

Le précédent tirage a été revu et corrigé par MM. R. Bloch et Ch. Guittard en 1991.

95 boulevard Raspail, 75006 Paris
www.lesbelleslettres.com

Première édition 1941

ISBN : 2-251-01282-6
ISSN : 0184-7155

CONSPECTVS SIGLORVM

V Veronensis (Bibl. Capitul. Veronensis, 40), saec. IV.

Σ SYMMACHIANI (*uel* NICOMACHEI) :

M Mediceus (Florentiae, Bibliothecae Laurentianae, Plut. LXIII, 19), saec. X uel XI ;

M^1, M^2, M^3... Medicei manus prima, secunda, tertia... ;

$M^{1\text{-}2}$, $M^{2\text{-}1}$... Medicei manus prima uel secunda, secunda uel prima... ;

υ Vormatiensis (ex Beato Rhenano).

P Parisiensis (Bibliothecae Nationalis Parisiensis, 5725 Lat.), saec. X ineuntis ;

F Floriacensis (Bibliothecae Nationalis Parisiensis, 5724 Lat.), saec. IX ;

B Bambergensis (Bibliothecae olim Regiae, M. IV. 8), saec. X uel XI ;

P^2 Parisiensis codicis corrector ;

S Sorbonicus (Bibliothecae Nationalis Parisiensis, 16023 Lat.), saec. XIV ineuntis uel XIII exeuntis.

U Upsaliensis (Bibliothecae Academiae), saec. X uel XI ;

u Upsaliensis pars recentior, saec. XIV.

E Einsiedlensis (Bibliothecae Monasterii S. Benedicti, 348), saec. X ;

O Oxoniensis (Bibliothecae Bodleianae, 20631), saec. XI ineuntis.

H Harleianus prior (Musei Britannici, ***Harl.*** 2672 ; 70 b), saec. X exeuntis ;

T Thuaneus (Bibliothecae Nationalis Parisiensis, 5726 Lat.), saec. IX exeuntis uel X ineuntis ;

t Codicis Thuanei duo priora folia, paulo recentiora ;

[*t*] Eiusdem supplementi prima pars deleta.

L Leidensis (Bibliothecae Universitatis, 6 A), saec. XII ineuntis ;

R Romanus (Bibliothecae Vaticanae, 3329), saec. XI medii ;

D Dominicanus (Florentiae, Bibliothecae Laurentianae, *Cod. S. Marci*, 326), saec. XI uel XII ;

A Aginnensis (Musei Britannici, *Harl.* 2493), saec. XIII ;

a Codicis Aginnensis pars recentior, saec. XIV.

ρ Beati Rhenani « uetusne lectio » sit (quae e Vormatiensi ipso codice emanare possit) an probabilior coniectura incertum ;

γ Sigismundi Gelenii lectio ex antiquis ipsius codicibus excerpta an coniectura sit incertum.

ω Consensus plurium codicum, id est omnium (scriptura dumtaxat integra, sine ulla uel librarii ipsius uel emendatoris retractatione) qui non nominatim postea significantur aut antea significati sunt.

cett. Ceteri codices nostri (praeter eos qui nominatim significati sunt).

codd. Codices nostri omnes.

†...† locum desperatum significat.

Scriptura obliqua, quam italicam dicunt, litterae notantur quae a codicibus discrepant.

⟨ ⟩ includuntur supplementa docto cuidam uiro uel nobis probata.

[ ] includuntur litterae aut uerba damnata.

( ) includitur nomen docti cuiusdam uiri, qui lectionem propositam commendauit, liuianae autem orationi inserere non ausus est.

N. B. — *Veronensis codicis ut quam uerissimam imaginem proponam, ipsius uel parui momenti lectiones, nulla ceterorum codicum adscripta, saepius adfero.*

LIVRE SECOND

LIVRE II

I. C'est une Rome libre dont je vais maintenant retracer l'histoire politique et militaire, sous des magistrats élus pour un an, et sous des lois dont l'autorité est supérieure à celle des hommes. Cette liberté était un bien particulièrement appréciable après la tyrannie du dernier roi. Car ses prédécesseurs ont exercé le pouvoir de manière à mériter, tous tant qu'ils sont, d'être comptés comme fondateurs de Rome, ou du moins des quartiers neufs qu'ils lui ajoutaient pour établir le surcroît de population qu'eux-mêmes y introduisaient, et il est incontestable que ce même Brutus, qui eut la gloire de chasser le tyran, aurait fait le malheur de Rome en se passionnant prématurément pour la liberté et en arrachant le pouvoir à l'un des rois précédents. Que serait-il arrivé, en effet, si cette populace, faite de bergers et d'aventuriers fuyant leur patrie pour chercher dans l'asile d'un temple inviolable la liberté ou plutôt l'impunité, avait été affranchie de la crainte du roi? Si elle avait commencé à être agitée par les tempêtes du tribunat et à engager dans une ville qui ne lui était rien une lutte contre les Pères, avant que l'amour conjugal, l'amour paternel et l'amour même du sol, fruit d'une longue habitude, n'eussent créé des liens entre les cœurs[1]? Cet État encore dans l'enfance eût été anéanti par la discorde. Mais, dans la tiède atmosphère d'un pouvoir calme et modéré, il puisa assez de sève pour pouvoir produire dans toute la maturité de sa force les heureux fruits de la liberté.

1. Cicéron (*Républ.*, II, 43, 47 et suiv. et 52) accusait aussi le seul Tarquin d'avoir discrédité la monarchie ; mais il croyait fatale (après

LIBER II

I. [1]Liberi iam hinc populi Romani res pace belloque gestas, annuos magistratus imperiaque legum potentiora quam hominum peragam. [2]Quae libertas ut laetior esset proximi regis superbia fecerat. Nam priores ita regnarunt ut haud immerito omnes deinceps conditores partium certe urbis, quas nouas ipsi sedes ab se auctae multitudinis addiderunt, numerentur; [3]neque ambigitur quin Brutus idem, qui tantum gloriae superbo exacto rege meruit, pessimo publico id facturus fuerit, si libertatis immaturae cupidine priorum regum alicui regnum extorsisset. [4]Quid enim futurum fuit, si illa pastorum conuenarumque plebs, transfuga ex suis populis, sub tutela inuiolati templi aut libertatem aut certe impunitatem adepta, soluta regio metu, agitari coepta esset tribuniciis procellis [5]et in aliena urbe cum patribus serere certamina, priusquam pignera coniugum ac liberorum caritasque ipsius soli, cui longo tempore adsuescitur, animos eorum consociasset? [6]Dissipatae res nondum adultae discordia forent, quas fouit tranquilla moderatio imperii eoque nutriendo perduxit ut bonam frugem libertatis maturis iam uiribus ferre possent.

Des. *V. U. E. T. A.*

I, **2** ab se auctae ω.*υR²Dˣ* : absaucte *M* abauctae (*uel* -te) *M³.LRD* || multitudinis *Mυ.H.LRD* : multitudini *M³υˣ.PFBS.u.Dˣ* multitudine *O* || **5** pignera ω : pignora *u.LRD* || **6-7** libertatis maturis iam uiribus ferre possent. Libertatis *Ald.* : libertatis maturis iam uiribus ferre pos-

Brutus organise et défend la République; exil de Collatin; exécution des fils de Brutus.

D'ailleurs, si l'ère républicaine commence à cette date, c'est surtout parce qu'on limita à un an le pouvoir des consuls, et non parce qu'on retrancha quoi que ce fût au pouvoir des rois. Toutes leurs attributions, tous leurs insignes demeurèrent aux premiers consuls ; on évita simplement de donner des faisceaux à tous deux, pour ne pas les faire paraître deux fois plus redoutables [1]. Brutus fut le premier, grâce à la déférence de son collègue, à avoir les faisceaux. Il n'avait pas montré plus d'ardeur à assurer la liberté qu'il n'en mit dès lors à veiller sur elle. Avant tout, pour empêcher le peuple épris de la liberté nouvelle de céder plus tard à des sollicitations ou libéralités royales, il lui fit jurer de ne plus tolérer de rois à Rome. Puis, pour accroître même par le nombre la force du sénat, il compléta son effectif, diminué par les exécutions de Tarquin, en y nommant des chevaliers d'élite, jusqu'à concurrence de 300 membres. De là, paraît-il, l'usage, quand on convoquait le sénat, d'appeler « les Pères et les Conscrits » : « *Conscrits* », comme il s'entend, désignait cette promotion [2]. On ne saurait croire combien cette mesure contribua à la concorde et à l'union entre le sénat et le peuple.

II. Les questions religieuses furent ensuite examinées. Comme certains sacrifices publics étaient régulièrement accomplis par le roi en personne, on ôta tout prétexte aux regrets en créant un roi des sacrifices. Mais il fut subordonné au grand pontife : on craignait, en joignant

Polybe) la dégénérescence de la royauté en tyrannie. Le point de vue livien, d'évolution *sociale*, est trouble, en partie anachronique, mais plus riche et intéressant.

1. L'échange se faisait mensuellement. Ailleurs, cependant (III, 36, 3), Tite-Live prête douze licteurs à chacun des consuls ; de même Denys (V, 2).

2. Selon une autre interprétation, on verra dans les *Patres conscripti*, par opposition à l'ensemble des chefs de famille patriciens (*patres*), la sélection de ceux qui sont « inscrits au rôle » du Sénat.

[7]Libertatis autem originem inde magis quia annuum imperium consulare factum est quam quod deminutum quicquam sit ex regia potestate numeres. [8]Omnia iura, omnia insignia primi consules tenuere ; id modo cautum est ne, si ambo fasces haberent, duplicatus terror uideretur : Brutus prior, concedente collega, fasces habuit. Qui non acrior uindex libertatis fuerat quam deinde custos fuit. [9]Omnium primum auidum nouae libertatis populum, ne postmodum flecti precibus aut donis regiis posset, iure iurando adegit 'neminem Romae passuros regnare'. [10]Deinde, quo plus uirium in senatu frequentia etiam ordinis faceret, caedibus regis deminutum patrum numerum primoribus equestris gradus lectis ad trecentorum summam expleuit, [11]traditumque inde fertur ut in senatum uocarentur 'qui patres quique conscripti essent' : conscriptos uidelicet [nouum senatum] appellabant lectos. Id mirum quantum profuit ad concordiam ciuitatis iungendosque patribus plebis animos.

II. [1]Rerum deinde diuinarum habita cura ; et quia quaedam publica sacra per ipsos reges factitata erant, necubi regum desiderium esset, regem sacrificolum creant. [2]Id sacerdotium pontifici subiecere, ne addi-

Des. *V. U* (*usque ad* I, **10** : uirium in senatu]). *E. T. A.*

Om. I, **6-7** : maturis ... posset libertatis *P* (*restit. ex eodem ex quo exarati sunt FB* [*uide sis infra*], *uel certe eius simillimo, exemplari post* frugem P^{2-3} ; *post* libertatis P^{3-4}).

set libertatis ω maturis iam uiribus ferre posset (possent F^3) libertatis haud libertatis *FB* (*ubi* haud *praeteritum quid, ut saepe, significat*) || **10** in senatu ω.D^2 : senatu *LRD* senatui R^1 || uirium in ω.P^2D^2 : uirum in *P* uirium *LRD* || lectis *M.H.LRD*.ρ : electis D^2. *cett.* || **11** nouum senatum ω : in nouum senatum R^1 *seclus. Conway-Walters.*

II, **1** necubi M^{1-2}.*H* : necubi ubi ν necubi tibi *M* necubi ibi *cett., Rhenan.* || sacrificolum ω.P^2 : sacrificorum *P.H.LR?D* sacrificum R^x

à ce titre une fonction importante, d'en faire un danger pour la liberté, le principal souci du moment[1].

Et peut-être ce luxe de précautions minutieuses dont on l'entourait dépassa-t-il la mesure. L'un des deux consuls n'avait d'autre tort que de porter un nom mal vu des Romains : « Les Tarquins avaient trop l'habitude d'être rois. Cela avait commencé avec Tarquin l'Ancien. Puis le trône avait passé à Servius Tullius : en dépit même de cette interruption, Tarquin le Superbe n'oubliait pas le trône ; il y voyait non pas le bien d'autrui, mais un héritage de famille, et commettait un crime pour le reprendre de force. On chassait Tarquin le Superbe : Tarquin Collatin prenait le pouvoir. Ces Tarquins ne savaient pas vivre en simples citoyens. On n'aimait pas ce nom-là : c'était un danger pour la liberté ». Tels furent d'abord les propos répandus à travers toute la ville pour tâter peu à peu l'opinion. Puis, une fois éveillés l'inquiétude et les soupçons de la plèbe, Brutus l'appelle à l'assemblée. Là, avant tout, il répète le serment du peuple : « On ne tolérera plus à Rome ni roi ni personne qui soit un danger pour la liberté ; il faut y veiller avec grand soin ; en pareille matière, aucun détail ne doit être négligé. Il regrette que ces paroles fassent allusion à quelqu'un, et il n'aurait pas parlé si son patriotisme ne l'y contraignait. Rome ne croit pas avoir retrouvé sa liberté intégrale. La famille des rois, leur nom sont encore dans la cité et sont même dans le gouvernement : c'est une gêne, c'est un obstacle pour la liberté. C'est toi, Lucius Tarquin », dit-il, « qui dois prendre l'initiative de dissiper cette crainte. Oui, nous le savons, nous le proclamons : tu as chassé les rois. Achève ta bonne action, emporte leur nom loin d'ici. Tes biens? Ta patrie te les laissera, je te le promets, et même,

1. Ce prêtre, dont le nom conserve l'ancienne valeur sacrée du mot *rex*, était même exclu des charges civiles ; mais, dans certaines de ses rares fonctions, il passait devant le grand pontife, et même devant les consuls.

tus nomini honos aliquid libertati, cuius tunc prima erat cura, officeret.

Ac nescio an nimis undique eam minimisque rebus muniendo modum excesserint. [3]Consulis enim alterius, cum nihil aliud offenderit, nomen inuisum ciuitati fuit : 'nimium Tarquinios regno adsuesse : initium a Prisco factum ; regnasse dein Ser. Tullium ; ne interuallo quidem facto oblitum, tamquam alieni, regni, Superbum Tarquinium uelut hereditatem gentis scelere ac ui repetisse ; pulso Superbo penes Conlatinum imperium esse : nescire Tarquinios priuatos uiuere. Non placere nomen, periculosum libertati esse'. [4]Hinc primo sensim temptantium animos sermo per totam ciuitatem est datus, sollicitamque suspicione plebem Brutus ad contionem uocat. Ibi omnium primum ius iurandum populi recitat [5]'neminem regnare passuros nec esse Romae unde periculum libertati foret ; id summa ope tuendum esse, neque ullam rem quae eo pertineat contemnendam ; inuitum se dicere hominis causa, nec dicturum fuisse ni caritas rei publicae uinceret : [6]non credere populum Romanum solidam libertatem reciperatam esse ; regium genus, regium nomen non solum in ciuitate, sed etiam in imperio esse ; id officere, id obstare libertati'. [7]« Hunc tu, inquit, tua uoluntate, L. Tarquini, remoue metum. Meminimus, fatemur : eiecisti reges ; absolue beneficium tuum, aufer hinc regium nomen. Res tuas tibi non solum reddent ciues tui auctore me,

Des. *V. E. T. A.*

II, **2** an nimis ω.$M^{4}P^{2}D^{2}$: an imis $M^{1\cdot 2}$ animi *P.D* an.mi *M* an nimii *O.H.L* || minimisque ω.P^{2} (*marg., ut secundam lectionem*) : minimis quoque *O.H* minimis $P^{2}FB.U$ minimus *P* || **3** offenderit *codd.* : offenderet *post Bauer Conway* || **7** meminimus $F^{3}S.O.H.R^{2}D^{2}$: memini meis *PF?B* memini ni eis *M* memini mecū *U* memini .. *D* meminus *LR.*

s'ils sont insuffisants, elle les complétera largement. Pars en ami ; ôte à la cité le poids d'une crainte peut-être chimérique ; mais telle est notre idée fixe : la royauté ne sortira de Rome qu'avec la famille Tarquin. » A cette proposition si étrange et si imprévue pour le consul, l'étonnement commença par lui couper la parole. Puis, comme il se mettait à répliquer, la noblesse l'entoure et, avec d'instantes prières, lui fait la même demande. Tous, d'ailleurs, le touchaient médiocrement ; mais, quand Spurius Lucrétius, joignant au privilège de l'âge et du rang sa qualité de beau-père, entreprit par tous les moyens, par la prière et la persuasion tour à tour, de l'amener à céder au vœu unanime des citoyens, le consul craignit d'éprouver, une fois rendu à la vie privée, ce même malheur aggravé de la perte de ses biens et de quelque autre peine infamante, et il donna sa démission ; puis, après avoir transféré tous ses biens à Lavinium, il se retira de la cité. Brutus obtint du sénat et proposa au peuple un décret d'exil contre tous les membres de la famille Tarquin. Il se fit donner comme collègue par les comices par centuries Publius Valérius, qui l'avait aidé à chasser les rois.

III. Cela ne faisait de doute pour personne : une guerre avec les Tarquins était imminente. Pourtant elle tarda contre toute attente. Au contraire, alors qu'on ne s'en méfiait pas, les intrigues et la trahison faillirent causer la perte de la liberté.

Il y avait dans la jeunesse romaine un petit groupe de jeunes gens, et non des moindres par la naissance, dont la royauté avait favorisé les dérèglements : compagnons d'âge et de plaisir des jeunes Tarquins, ils s'étaient accoutumés à mener un train de vie royal. Maintenant l'égalité leur faisait regretter leur situation privilégiée, et ils déploraient tout bas que la liberté commune fût devenue pour eux l'esclavage. « Un roi était un homme ; il pouvait satisfaire un désir légitime ou non ; on pouvait en attendre

sed, si quid deest, munifice augebunt. Amicus abi; exonera ciuitatem uano forsitan metu : ita persuasum est animis cum gente Tarquinia regnum hinc abiturum. » [8]Consuli primo tam nouae rei ac subitae admiratio incluserat uocem; dicere deinde incipientem primores ciuitatis circumsistunt, eadem multis precibus orant. [9]Et ceteri quidem mouebant minus; postquam Sp. Lucretius, maior aetate ac dignitate, socer praeterea ipsius, agere uarie rogando alternis suadendoque coepit ut uinci se consensu ciuitatis pateretur, [10]timens consul ne postmodum priuato sibi eadem illa cum bonorum amissione additaque alia insuper ignominia acciderent, abdicauit se consulatu rebusque suis omnibus Lauinium translatis ciuitate cessit. [11]Brutus ex senatus consulto ad populum tulit ut omnes Tarquiniae gentis exsules essent; collegam sibi comitiis centuriatis creauit P. Valerium, quo adiutore reges eiecerat.

III. [1]Cum haud cuiquam in dubio esset bellum ab Tarquiniis imminere, id quidem spe omnium serius fuit; ceterum, id quod non timebant, per dolum ac proditionem prope libertas amissa est.

[2]Erant in Romana iuuentute adulescentes aliquot, nec ii tenui loco orti, quorum in regno libido solutior fuerat, aequales sodalesque adulescentium Tarquiniorum, adsueti more regio uiuere. [3]Eam tum, aequato iure omnium, licentiam quaerentes, 'libertatem aliorum in suam uertisse seruitutem' inter se conquerebantur : 'Regem hominem esse, a quo impetres, ubi ius, ubi iniuria opus sit; esse gratiae locum, esse bene-

Des. *V. E. T. A.* — **Def.** II, 8 (*post* circumsistunt) *B.*

II, 10 postmodum ω.*P*² : postmodo *PF.O.*

une faveur, un bienfait ; il était accessible à la colère, mais aussi à l'indulgence ; entre ses amis et ses ennemis, il savait faire une différence. La loi, elle, était une puissance sourde et inexorable, meilleure et plus avantageuse pour les prolétaires que pour les grands, sans ménagements et sans indulgence quand on allait un peu trop loin. Quel danger pour un homme, avec toutes ses faiblesses, de ne pouvoir vivre que dans l'innocence ! ». Ainsi ils étaient déjà mal disposés par eux-mêmes quand survinrent des envoyés des rois, qui évitèrent de parler de retour et se bornèrent à réclamer leurs biens. La réclamation une fois présentée au sénat, plusieurs jours se passèrent en délibérations : en refusant, on leur donnait un prétexte pour déclarer la guerre ; en restituant, des ressources et des subsides pour la soutenir. Pendant ce temps, les délégués jouaient un double jeu : officiellement, ils réclamaient les biens ; sous main, ils travaillaient à une restauration de la monarchie. Sous prétexte de remplir leur mission apparente, ils s'insinuent près des jeunes nobles pour sonder leurs dispositions ; à tous ceux qui font bon accueil à leurs paroles, ils remettent une lettre des Tarquins et forment un complot pour les faire rentrer à Rome en secret et pendant la nuit.

IV. Les frères Vitellius et les frères Aquilius[1] furent mis les premiers au courant du projet. La sœur des Vitellius était mariée au consul Brutus et de ce mariage étaient nés deux fils déjà majeurs, Titus et Tibérius. Eux aussi sont affiliés au complot par leurs oncles ; on y fit entrer, en outre, plusieurs jeunes gens appartenant également à la noblesse, dont le temps a effacé le souvenir. Sur ces entrefaites, au sénat, le parti qui voulait la restitution l'emporta : nouveau prétexte aux envoyés pour prolonger leur séjour à Rome ; car les consuls leur laissèrent le

1. Les Aquilius auraient été les neveux de Collatin (Denys, V, 7 ; Plutarque, *Poplicola*, 3). Il n'est plus question des Vitellius aux temps républicains.

ficio ; et irasci et ignoscere posse ; inter amicum atque inimicum discrimen nosse. [4]Leges rem surdam, inexorabilem esse, salubriorem melioremque inopi quam potenti ; nihil laxamenti nec ueniae habere, si modum excesseris ; periculosum esse in tot humanis erroribus sola innocentia uiuere'. [5]Ita iam sua sponte aegris animis legati ab regibus superueniunt, sine mentione reditus bona tantum repetentes. Eorum uerba postquam in senatu audita sunt, per aliquot dies ea consultatio tenuit, ne non reddita belli causa, reddita belli materia et adiumentum essent. [6]Interim legati alia*s* alia moliri : aperte bona repetentes clam reciperandi regni consilia struere ; et, tamquam ad id quod agi uidebatur ambientes, nobilium adulescentium animos pertemptant. [7]A quibus placide oratio accepta est, iis litteras ab Tarquiniis reddunt et de accipiendis clam nocte in urbem regibus conloquuntur.

IV. [1]Vitelliis Aquiliisque fratribus primo commissa res est. Vitelliorum soror consuli nupta Bruto erat, iamque ex eo matrimonio adulescentes erant liberi, Titus Tiberiusque : [2]eos quoque in societatem consilii auunculi adsumunt. Praeterea aliquot et nobiles adulescentes conscii adsumpti, quorum uetustate memoria abiit. [3]Interim cum in senatu uicisset sententia quae censebat reddenda bona, eamque ipsam causam morae in urbe haberent legati quod spatium ad uehi-

Des. *V. B. E. T. A.*

Om. III, **5-6** : essent ... agi uidebatur *O.*

III, **4** inexorabilem esse *ω.M*[4]*D*[1] : exorabilem esse *D* inexorabilem *M* || **5** sua sponte : sponte *M* || essent *PFS.U.D* : esset *M.H.LR* || **6** alias alia *ego* : alia alia *P* alii alia *P*[2]*.cett.* alia *Crevier.*

IV, **2** aliquot et nobiles *PFS.U.O* : aliquot nobiles *M.H.LRD.*

temps de se procurer les chariots nécessaires au transport des biens royaux. Tout ce temps est employé à comploter avec les conjurés. A force d'insister, ils réussissent à se faire remettre une lettre pour les Tarquins : « autrement, qu'est-ce qui leur prouverait que leurs envoyés ne leur font pas un faux rapport dans une telle affaire? ». Cette lettre, destinée à être un gage de leur sincérité, devint la preuve de leur crime. En effet, la veille du départ des envoyés des Tarquins vers leurs maîtres, il y eut justement un dîner chez les Vitellius ; là, les conjurés, écartant les témoins, eurent entre eux une longue conversation, et naturellement sur leurs récents projets ; leurs propos furent surpris par un esclave qui avait déjà auparavant deviné leurs intentions, mais qui attendait le moment où ils remettraient la lettre aux envoyés pour qu'on pût la saisir comme pièce à conviction. Quand il vit qu'ils l'avaient remise, il les dénonça aux consuls. Les consuls allèrent prendre sur le fait envoyés et conjurés, et vinrent à bout de tout sans bruit. La lettre fut leur premier souci : il ne fallait pas qu'elle disparût[1]. Les traîtres furent immédiatement mis aux fers ; pour les envoyés, il y eut un moment d'hésitation : bien qu'ils eussent évidemment mérité d'être traités en ennemis, le respect du droit des gens prévalut.

V. La restitution des biens royaux, qu'on venait de voter, fut remise en question devant les sénateurs. Cédant à la colère, ils refusèrent de les rendre, ils refusèrent de les verser au trésor. On les donna à piller au peuple[2] : après avoir mis la main sur les dépouilles des rois, il perdrait à jamais tout espoir d'accommodement avec eux. Le domaine des Tarquins, situé entre la ville et le Tibre, fut

1. Le récit est construit sur des lieux communs, mais vivifié par le souvenir de la conjuration de Catilina : une lettre, captée dans des conditions analogues, servit de preuve à Cicéron.

2. Leurs terres mêmes auraient été partagées entre citoyens pauvres, selon Denys (V, 13) ; mais il peut s'agir de biens domaniaux, attachés à la couronne (voir Cicéron, *Républ.*, V, 3), et qui faisaient donc normalement retour à l'État.

cula comparanda a consulibus sumpsissent, quibus regum asportarent res, omne id tempus cum coniuratis consultando absumunt, euincuntque instando ut litterae sibi ad Tarquinios darentur : [4]'nam aliter qui credituros eos non uana ab legatis super rebus tantis adferri?'. Datae litterae ut pignus fidei essent, manifestum facinus fecerunt. [5]Nam cum, pridie quam legati ad Tarquinios proficiscerentur, et cenatum forte apud Vitellios esset coniuratique ibi, remotis arbitris, multa inter se de nouo, ut fit, consilio egissent, sermonem eorum ex seruis unus excepit, qui iam antea id senserat agi, [6]sed eam occasionem, ut litterae legatis darentur quae deprehensae rem coarguere possent, exspectabat. Postquam datas sensit, rem ad consules detulit. [7]Consules ad deprehendendos legatos coniuratosque profecti domo sine tumultu rem omnem oppressere ; litterarum in primis habita cura, ne interciderent. Proditoribus extemplo in uincla coniectis, de legatis paululum addubitatum est ; et, quamquam uisi sunt commisisse ut hostium loco essent, ius tamen gentium ualuit.

V. [1]De bonis regîs, quae reddi ante censuerant, res integra refertur ad patres. Ibi uicti ira uetuere reddi, uetuere in publicum redigi. [2]Diripienda plebi sunt data, ut contacta regia praeda spem in perpetuum cum iis pacis amitteret. Ager Tarquiniorum qui inter urbem ac Tiberim fuit, consecratus Marti, Martius

Des. *V. B. E. T. A.*

IV, **5** et cenatum (*uel.* -caen-) *codd.* : cenatum *Duker*, *Edd. rec.*

V, **1** regîs *O. Rossbach* : regis *codd.* regiis *Gruter* || Ibi uicti ira M^2 (*ex* -uictāra?) P^1.*FS.U.O* : ibi uictic ira *P* ibi uicti irā (*uel* -uicturā) *H* ubi uicti ira (*uel* -uictura) *D* sibi uicturā *LR* ii uicti ira *Weissenb.* ibi uicit ira *Frey* || uetuere in publicum ω : in publicum uetuere *H.LRD*.

consacré à Mars et devint dès lors le *Champ de Mars*. Justement, il portait alors une récolte de blé bonne à moissonner. Mais consommer le grain du Champ de Mars était un sacrilège. On fit donc couper paille et grain par la foule rassemblée et, à pleins paniers, elle les jeta dans le Tibre, dont les eaux étaient basses, comme toujours pendant les grandes chaleurs. Aussi, s'arrêtant sur les bancs de sable, des tas de blé restèrent pris dans la vase. Une île se forma ainsi peu à peu, grâce à l'apport aussi de tout ce que le fleuve charrie accidentellement. Il me semble probable que, plus tard, on y ajouta une digue et que la main de l'homme contribua à en faire un emplacement assez haut et assez solide pour porter même des temples et des portiques.

Après le pillage des biens royaux, on condamna les traîtres, et leur exécution eut ceci de remarquable qu'un père fut obligé, comme consul, d'ordonner le châtiment de ses enfants, et, tandis qu'on aurait dû lui en épargner même la vue, ce fut précisément lui que le sort chargea de présider au supplice. Il y avait là, attachés au poteau, des jeunes gens de la plus haute noblesse ; mais tous les regards se détournaient des autres, comme s'ils étaient inconnus, pour se porter sur les fils du consul ; on trouvait déplorable non pas tant leur châtiment que le crime qui le leur attirait : « Juste en cette année même, leur patrie rendue à la liberté, leur père, son libérateur, le consulat, qui avait pour berceau leur famille, le sénat, le peuple, Rome tout entière, hommes et dieux, tout cela ils avaient formé le projet de le livrer au tyran superbe de naguère, à l'exilé, à l'ennemi d'aujourd'hui ! ». Les consuls prirent place sur leur siège et dirent aux licteurs de procéder à l'exécution. Ils déshabillent les coupables, les battent de verges et les frappent de leur hache : pendant tout ce temps, il fallait voir le père, ses traits, sa physionomie, où perçait l'amour paternel au milieu de ses fonctions de justicier.

deinde campus fuit. [3]Forte ibi tum seges farris dicitur fuisse matura messi. Quem campi fructum quia religiosum erat consumere, desectam cum stramento segetem magna uis hominum simul immissa corbibus fudere in Tiberim tenui fluentem aqua, ut mediis caloribus solet. Ita in uadis haesitantis frumenti aceruos sedisse inlitos limo ; [4]insulam inde paulatim, et aliis quae fert temere flumen eodem inuectis, factam. Postea credo additas moles, manuque adiutum ut tam eminens area firmaque templis quoque ac porticibus sustinendis esset.

[5]Direptis bonis regum, damnati proditores sumptumque supplicium, conspectius eo quod poenae capiendae ministerium patri de liberis consulatus imposuit et, qui spectator erat amouendus, eum ipsum fortuna exactorem supplicii dedit. [6]Stabant deligati ad palum nobilissimi iuuenes ; sed a ceteris, uelut ab ignotis capitibus, consulis liberi omnium in se auerterant oculos, miserebatque non poenae magis homines quam sceleris quo poenam meriti essent : [7]'Illos eo potissimum anno patriam liberatam, patrem liberatorem, consulatum ortum ex domo Iunia, patres, plebem, quidquid deorum hominumque Romanorum esset, induxisse in animum ut superbo quondam regi, tum infesto exsuli proderent !'. [8]Consules in sedem processere suam, missique lictores ad sumendum supplicium. Nudatos uirgis caedunt securique feriunt, cum inter omne tempus pater uoltusque et os eius spectaculo esset, eminente animo patrio inter publicae poenae ministerium.

Des. *V. B.* (*usque ad* V, **3** : uis hominum]). *E. T. A.*

Om. V, **2** : consecratus ... fuit *PF.U* (*restit.* P^2).

V, **3** matura messi ω : maturae messi M^3.*LD* maturae messis *R* || immissa ω : immissam *O.H.*

Aussitôt après le châtiment du crime et en contre-partie, pour en empêcher doublement le retour par un exemple éclatant, on donna en récompense au dénonciateur une somme prise dans le trésor, la liberté et le titre de citoyen. Ce fut, dit-on, le premier cas d'affranchissement par la baguette ; on prétend même que la baguette (« *uindicta* ») doit son nom à cet esclave qui s'appelait Vindicius. Depuis lors, il est de règle que ce mode d'affranchissement entraîne le droit de cité[1].

Guerre contre les Étrusques ; mort de Tarquin et de Brutus.

VI. En apprenant comment les faits s'étaient passés, Tarquin laissa éclater sa douleur devant la ruine de toutes ses espérances, mais aussi sa haine et sa colère. Voyant la route barrée à la ruse, il se décide à préparer la guerre ouvertement ; il va par ses prières circonvenir les villes d'Étrurie, presse surtout les habitants de Véies et de Tarquinies : « Ils ne le laisseront pas, lui un homme sorti d'eux, du même sang, exilé, réduit au dénuement après avoir naguère joui d'une telle puissance, périr sous leurs yeux avec ses jeunes fils. D'autres, des étrangers, ont été appelés au trône de Rome : et lui, alors qu'il était roi et que ses conquêtes agrandissaient l'empire romain, il a été renversé par ses proches et par leurs menées coupables. Puis, comme pas un ne semblait digne d'être roi, ils se sont partagé les lambeaux de la royauté, et ils ont fait piller ses biens par le peuple, pour que personne ne restât étranger au crime. Il veut retrouver sa patrie et son trône et châtier l'ingratitude de ses sujets. Qu'on lui prête aide et assistance ; qu'ils viennent eux aussi venger leurs anciens griefs, toutes leurs défaites, toutes leurs provinces perdues ». A Véies, l'argument porta : tous, à l'envi, s'écrient d'un ton menaçant qu' « il faut, et cette fois du moins sous la conduite d'un Romain, effacer les

1. L'affranchissement par magistrat (revêtu de l'*imperium*) est antidaté et dramatisé.

[9]Secundum poenam nocentium, ut in utramque partem arcendis sceleribus exemplum nobile esset, praemium indici pecunia ex aerario, libertas et ciuitas data. [10]Ille primum dicitur uindicta liberatus ; quidam uindictae quoque nomen tractum ab illo putant : Vindicio ipsi nomen fuisse. Post illum obseruatum ut qui ita liberati essent in ciuitatem accepti uiderentur.

VI. [1]His sicut acta erant nuntiatis, incensus Tarquinius non dolore solum tantae ad inritum cadentis spei sed etiam odio iraque, postquam dolo uiam obsaeptam uidit, bellum aperte moliendum ratus circumire supplex Etruriae urbes ; [2]orare maxime Veientes Tarquiniensesque 'ne se ortum, eiusdem sanguinis, extorrem, egentem ex tanto modo regno cum liberis adulescentibus ante oculos suos perire sinerent. Alios peregre in regnum Romam accitos : se regem, augentem bello Romanum imperium, a proximis scelerata coniuratione pulsum. [3]Eos inter se, quia nemo unus satis dignus regno uisus sit, partes regni rapuisse ; bona sua diripienda populo dedisse, ne quis expers sceleris esset. Patriam se regnumque suum repetere et persequi ingratos ciues uelle. Ferrent opem, adiuuarent ; suas quoque ueteres iniurias ultum irent, totiens caesas legiones, agrum ademptum'. [4]Haec mouerunt Veientes, ac pro se quisque 'Romano saltem duce ignominias demendas belloque amissa repetenda' mi-

Des. *V. E. T. A.*

V, **10** uindictae (*uel* -te) F^3.*D* : uindiciae (*uel* -cie *uel* -tiae) *M.PF?B S.U.O.H.L*R^2 uindiae *R* || obseruatum *ω.υ?* : obseruatum est *LRD.*

VI, **2** ne se ortum *ω.*M^{1-2}*υ* : ni se ortum *M* ne se ortu *Rhenan.* (*non male*) ne ex se ortum *Drakenborchii coniecturam secutus Conway* || eiusdem sanguinis *nonne ut glossema expellendum?* (*Sed uide cap. 9, § 1*) || **4** duce *ω* : duci *M.LRD.*

affronts et reprendre ce qu'a fait perdre la guerre ». A Tarquinies, c'est le nom et la parenté qui font impression : il était flatteur de voir les siens régner sur Rome.

Aussi les deux cités fournirent-elles deux armées à Tarquin pour reconquérir son trône et châtier par les armes les Romains. A la suite de cette invasion, les consuls s'avancent contre l'ennemi. Valérius fait marcher l'infanterie en bataillon carré ; Brutus prit les devants en éclaireur avec la cavalerie[1]. De même la cavalerie précédait la colonne ennemie, sous le commandement d'Arruns Tarquin, fils du roi ; le roi suivait avec son infanterie. Quand Arruns devina de loin à ses licteurs la présence d'un consul, et qu'en s'approchant il distingua sans ambiguïté les traits mêmes de Brutus, tout brûlant de colère, il s'écria : « Le voilà, celui qui nous a jetés en exil hors de notre patrie. Et c'est lui, oui, qui, paré de nos insignes, s'avance plein d'orgueil. Dieux vengeurs des rois, assistez-moi ! » Il donne de l'éperon à son cheval et, dans sa fureur, pique droit vers le consul. Brutus se sentit menacé ; mais les généraux d'alors se faisaient un point d'honneur de payer de leur personne : il s'empresse donc d'accepter le combat. Tel fut l'acharnement des deux combattants et leur désir d'atteindre l'adversaire, sans songer à se couvrir eux-mêmes, que chacun d'eux fut percé par le coup de l'autre à travers son bouclier et qu'ils tombèrent de cheval cloués l'un à l'autre par leurs deux lances et blessés à mort. En même temps, toute la cavalerie engageait le combat et, peu après, l'infanterie, à son tour, entre dans l'action. L'avantage fut très variable et la bataille resta à peu près indécise. Des deux côtés, l'aile droite fut victorieuse et l'aile gauche battue. Les Véiens, vaincus par les Romains comme toujours, s'enfuirent en désordre ; les Tarquiniens, au contraire, adversaires nouveaux pour nous, tinrent bon et allèrent même jusqu'à refouler les Romains dans leur secteur.

1. Même répartition des armes entre le dictateur et son maître de la cavalerie.

naciter fremunt. Tarquinienses nomen ac cognatio mouet : pulchrum uidebatur suos Romae regnare.

[5]Ita duo duarum ciuitatium exercitus ad repetendum regnum belloque persequendos Romanos secuti Tarquinium. Postquam in agrum Romanum uentum est, obuiam hosti consules eunt. [6]Valerius quadrato agmine peditem ducit ; Brutus ad explorandum cum equitatu antecessit. Eodem modo primus eques hostium agminis fuit, praeerat Arruns Tarquinius filius regis ; rex ipse cum legionibus sequebatur. [7]Arruns ubi ex lictoribus procul consulem esse, deinde iam propius ac certius facie quoque Brutum cognouit, inflammatus ira, « Ille est uir, inquit, qui nos extorres expulit patria. Ipse en ille nostris decoratus insignibus magnifice incedit. Di regum ultores adeste ! » [8]Concitat calcaribus equum atque in ipsum infestus consulem derigit. Sensit in se iri Brutus ; decorum erat tum ipsis capessere pugnam ducibus ; auide itaque se certamini offert ; [9]adeoque infestis animis concurrèrunt, neuter, dum hostem uolneraret, sui protegendi corporis memor, ut contrario ictu per parmam uterque transfixus duabus haerentes hastis moribundi ex equis lapsi sint. [10]Simul et cetera equestris pugna coepit, neque ita multo post et pedites superueniunt. Ibi uaria uictoria et uelut aequo Marte pugnatum est : dextera utrimque cornua uicere, laeua superata. [11]Veientes, uinci ab Romano milite adsueti, fusi fugatique ; Tarquiniensis, nouus hostis, non stetit solum, sed etiam ab sua parte Romanum pepulit.

Des. *V. E. T. A.*

VI, 6 agminis : agmini *M* || fuit *om. O* || 7 en ille ω : est ille *LRD* enim ille P^2S || 8 derigit *Conway-Walters* (*post Lachmann et Mommsen*) : diregit *P* dirigit $P^2FBS.U.O.D^3$ regit *H.LRD* ruggit *M?* ruit M^3.

VII. Malgré cette issue de la bataille, une telle frayeur s'empara de Tarquin et des Étrusques qu'ils abandonnèrent leur entreprise sans la mener à son terme et que, dans la nuit, les deux armées de Véies et de Tarquinies reprirent la route de leurs foyers respectifs. On mêle du merveilleux à ce combat : dans le silence de la nuit suivante, on aurait entendu sortir de la forêt Arsia[1] une grande voix, qu'on crut être celle du dieu Silvain, et elle aurait dit « qu'un Étrusque de plus était tombé dans la bataille; que la victoire était donc aux Romains ». En tout cas, les Romains partirent en vainqueurs, les Étrusques en vaincus : car, au lever du jour, comme aucun ennemi n'était en vue, le consul Publius Valérius fit enlever les dépouilles et rentra en triomphe à Rome. Il fit à son collègue des funérailles aussi magnifiques qu'on le pouvait alors; mais ce qui fut bien plus glorieux pour sa mémoire, ce fut la douleur publique et ce détail particulièrement remarquable : pendant un an, comme pour un père, les femmes portèrent le deuil de ce vengeur sévère de la pudeur outragée.

Valérius reçoit le surnom de Publicola.

Par la suite, le consul survivant, victime de l'inconstance de la foule, vit sa popularité faire place à l'aversion et même à des soupçons et à des accusations abominables. Le bruit courait qu'il aspirait au trône, parce qu'il ne s'était pas fait donner de collègue en remplacement de Brutus et qu'il faisait bâtir au sommet de la colline de Vélia : « Sur cette position élevée et très forte, il aurait une citadelle imprenable ». Ces calomnies s'accréditant dans le public indignaient et tourmentaient le consul; il convoqua l'assemblée du peuple, fit abaisser les faisceaux devant elle[2] et monta à la tribune. La foule

1. Non loin du Janicule. Denys parle du « bosquet du héros Horatius » (V, 14). — Silvain, dieu des forêts, revêt ici le rôle de Faunus, dieu prophétique.

2. Ici encore est dramatiquement figurée et rapportée au début de

VII. [1]Ita cum pugnatum esset, tantus terror Tarquinium atque Etruscos incessit ut, omissa inrita re, nocte ambo exercitus, Veiens Tarquiniensisque, suas quisque abirent domos. [2]Adiciunt miracula huic pugnae : silentio proximae noctis ex silua Arsia ingentem editam uocem ; Siluani uocem eam creditam ; haec dicta : 'uno plus Tuscorum cecidisse in acie ; uincere bello Romanum'. [3]Ita certe inde abiere, Romani ut uictores, Etrusci pro uictis ; nam, postquam inluxit nec quisquam hostium in conspectu erat, P. Valerius consul spolia legit triumphansque inde Romam rediit. [4]Collegae funus quanto tum potuit apparatu fecit ; sed multo maius morti decus publica fuit maestitia, eo ante omnia insignis quia matronae annum ut parentem eum luxerunt, quod tam acer ultor uiolatae pudicitiae fuisset.

[5]Consuli deinde qui superfuerat, ut sunt mutabiles uolgi animi, ex fauore non inuidia modo, sed suspicio etiam cum atroci crimine orta. [6]Regnum eum adfectare fama ferebat, quia nec collegam subrogauerat in locum Bruti et aedificabat in summa Velia : 'ibi alto atque munito loco arcem inexpugnabilem fieri'. [7]Haec dicta uolgo creditaque cum indignitate angerent consulis animum, uocato ad concilium populo submissis fascibus in contionem escendit. Gratum id multitudini spectaculum fuit, submissa sibi esse imperii insignia confessionemque factam populi quam

Des. *V. E. T. A.*

VII, **3** quisquam *ω.F^3D^1* : quicquam *F.LRD* || **4** maius *ω.D^3* : magis *LRD?* || **6** ibi alto *ω.$P^2F^3D^1$* : ubi alto *PFBS.D?* altoque *M* alto *M^x* || fieri *Conway-Walters* : fieri fore *ω* fore *D^{1-2}* || **7** escendit *M.PP^3* : ascendit *$M^2P^2U^2$* (uocat *U*). *cett.* || Gratum id *M.H.LRD* : tum id gratum *PFBS.U* id gratum *O*.

fut flattée de voir s'incliner devant elle les insignes du pouvoir : c'était reconnaître que le peuple était supérieur au consul en majesté et en puissance. Après avoir réclamé l'attention, le consul exalta le bonheur de son collègue : libérateur de la patrie et parvenu aux plus hautes fonctions, il était mort pour la République, au comble de sa gloire et avant qu'elle dégénérât en impopularité. Lui, au contraire, survivait à sa gloire et était réservé à d'odieuses accusations. Lui, un libérateur de la patrie, on le ravalait au rang des Aquilius et des Vitellius. « Ne trouverez-vous donc jamais », disait-il, « de vertu assez éprouvée pour échapper à vos soupçons outrageants? Moi, l'adversaire acharné de la monarchie, devrais-je craindre d'être accusé précisément d'aspirer au trône? Même si j'habitais la citadelle du Capitole [1], me viendrait-il à l'idée que je puis inquiéter mes compatriotes? Voilà le peu que pèse ma réputation à vos yeux? Les bases de votre confiance sont donc si fragiles que mon domicile compte plus que ma personne? Non : la maison de Publius Valérius ne compromettra pas votre liberté, Quirites; vous n'aurez pas à craindre la Vélia. Je descendrai habiter dans la plaine, ou, mieux encore, au pied de la colline : ainsi, puisque je suis un citoyen suspect, vos maisons domineront la mienne. Pour bâtir sur la Vélia, il faut être meilleur républicain que Publius Valérius ! » Il fit transporter immédiatement tous les matériaux [2] au pied de la Vélia, à l'endroit où se trouve aujourd'hui le temple [3] de Vica Pota [4], et fit bâtir sa maison tout au bas de la côte.

VIII. Il présenta ensuite des lois qui devaient faire jus-

la République l'origine d'une coutume respectée aux temps classiques.

1. De l'autre côté du Forum, en face de la Vélia, mais plus forte.

2. Il s'agit de bois de construction (*materia*) : la maison n'est plus une paillote, comme celle de Romulus, mais n'est encore qu'une baraque, facile à démonter.

3. Ou peut-être un autel, une statue, un symbole quelconque.

4. Très ancienne divinité, dont le double nom évoque victoire (*uincere*) et domination (*potiri*) : voir Cicéron, *Lois*, II, 28.

consulis maiestatem uimque maiorem esse. [8]Ibi audire iussis consul laudare fortunam collegae, 'quod liberata patria, in summo honore, pro re publica dimicans, matura gloria necdum se uertente in inuidiam, mortem occubuisset : se superstitem gloriae suae ad crimen atque inuidiam superesse ; ex liberatore patriae ad Aquilios se Vitelliosque recidisse'. [9]« Nunquamne ergo, inquit, ulla adeo uobis spectata uirtus erit ut suspicione uiolari nequeat? Ego me, illum acerrimum regum hostem, ipsum cupiditatis regni crimen subiturum timerem? [10]Ego, si in ipsa arce Capitolioque habitarem, metui me crederem posse a ciuibus meis? Tam leui momento mea apud uos fama pendet? Adeone est fundata leuiter fides ut ubi sim quam qui sim magis referat? [11]Non obstabunt Publi Valeri aedes libertati uestrae, Quirites ; tuta erit uobis Velia ; deferam non in planum modo aedes, sed colli etiam subiciam, ut uos supra suspectum me ciuem habitetis ; in Velia aedificent quibus melius quam P. Valerio creditur libertas. » [12]Delata confestim materia omnis infra Veliam et, ubi nunc Vicae Potae est, domus in infimo cliuo aedificata.

VIII. [1]Latae deinde leges, non solum quae regni

Des. *V. E. T. A.*

VII, **8** Ibi *ω.υ* : ubi *LRD* || audire *ω.υ*D^3 : audiere *LR* audere *D?* || iussis *ω* : iussi M^3*υ.LRD* iussit *U* || in inuidiam *H?.R*D^3 : in inuidia *M.*P^2*S.U.O.*L^1*D* inuidia *P*F^1*B* india *F* in inuia *L* || **9** uobis *L*, *Gron.* : a uobis *cett.* || **10** si in *ω* : si *M.*D^3 in *U* || crederem posse *ω.υ?*$D^{1\text{-}2}$: credere possem F^3*.R* cedere possem *L* credere posse *F.D* || momento mea *M.*F^3*S.O.H* : monumento mea *PFB.U* momentaneaque *LRD* || pendet *ω* : pendere *LD* pendeo *R* perdent *O* perdet O^1 || Adeone *ω* : adeo non *PFBS.U* || **11** libertati *ω.*$M^3P^2D^x$: libertatis *M.P.LD* || **12** Vicae Potae *Lipsius* (*ex* Cic., *De leg.*, *II*, *28*) : uicae po . ae *M* uicae pocae *υ?* uice pocae (*uel* -poce) *PFBS.U.O.H.LR* uicus publicus M^4*.*D^5 (*in rasura*) uia publica R^2 Vicae Potae aedes *Siesebye.*

tice de ses prétendues ambitions monarchiques, et même le montrer sous un aspect tout opposé, et en faire un démocrate : de là son surnom de Publicola. Entre autres, la loi qui permet d'en appeler au peuple contre un magistrat et celle qui déclare anathèmes la personne et les biens de quiconque aspirera au trône furent particulièrement bien reçues de la multitude[1]. Après avoir fait passer ces lois seul, pour s'en réserver tout le mérite, il fit seulement ensuite des élections pour remplacer son collègue. On élut Spurius Lucrétius, un vieillard, qui n'avait plus la force de remplir les fonctions de consul et qui mourut quelques jours après. On le remplaça par Marcus Horatius Pulvillus. Certains historiens anciens ne mentionnent pas le consulat de Lucrétius et font d'Horatius le successeur immédiat de Brutus. Je pense que, comme aucun événement n'a marqué ce consulat, le souvenir s'en est perdu.

Consécration du Capitole. On n'avait pas encore consacré le temple de Jupiter au Capitole. Les consuls Valérius et Horatius tirèrent au sort la consécration. C'est Horatius que le sort désigna. Publicola partit en campagne contre Véies. Les amis de Valérius s'affligèrent outre mesure que la consécration d'un temple si fameux échût à Horatius. Ils mirent tout en œuvre pour l'empêcher, et, tous autres moyens ayant échoué, alors que le consul avait déjà la main sur le montant de la porte, ils lancent, au milieu de son invocation aux dieux, cette affreuse nouvelle : « son fils est mort, et le parent d'un mort n'a pas le droit de consacrer le temple ». Eut-il de la défiance ou simplement de la force de caractère? Sur ce point, la tradition est incertaine et les conjectures malaisées. Mais, à cette nouvelle, il s'interrompt juste pour dire de faire l'enterrement, et, tenant toujours la porte, achève son invocation et consacre le temple.

1. La *prouocatio* était pourtant dite d'origine royale, I, 26, 8. Mais voir aussi Cicéron, *Républ.*, II, 53-54.

suspicione consulem absoluerent, sed quae adeo in contrarium uerterent ut popularem etiam facerent : inde cognomen factum Publicolae est. [2]Ante omnes de prouocatione aduersus magistratus ad populum sacrandoque cum bonis capite eius qui regni occupandi consilia inisset gratae in uolgus leges fuere. [3]Quas cum solus pertulisset, ut sua unius in his gratia esset, tum deinde comitia collegae subrogando habuit. [4]Creatus Sp. Lucretius consul, qui magno natu, non sufficientibus iam uiribus ad consularia munera obeunda, intra paucos dies moritur. Suffectus in Lucreti locum M. Horatius Puluillus. [5]Apud quosdam ueteres auctores non inuenio Lucretium consulem ; Bruto statim Horatium suggerunt ; credo, quia nulla gesta res insignem fecerit consulatum, memoria intercidisse.

[6]Nondum dedicata erat in Capitolio Iouis aedes ; Valerius Horatiusque consules sortiti uter dedicaret. Horatio sorte euenit ; Publicola ad Veientium bellum profectus. [7]Aegrius quam dignum erat tulere Valeri necessarii dedicationem tam incliti templi Horatio dari. Id omnibus modis impedire conati, postquam alia frustra temptata erant, postem iam tenenti consuli foedum inter precationem deum nuntium incutiunt 'mortuum eius filium esse, funestaque familia dedicare eum templum non posse'. [8]Non crediderit factum an tantum animo roboris fuerit, nec traditur certum nec interpretatio est facilis : nihil aliud ad eum nuntium a proposito auersus quam ut cadauer efferri iuberet, tenens postem precationem peragit et dedicat templum.

Des. *V. E. T. A.*

VIII, 5 memoria *codd.* : memoriam *det. un., Ed. Paris. 1510.*

Tels furent les événements politiques et militaires la première année après l'expulsion des rois. L'année suivante, on nomma consuls Publius Valérius pour la seconde fois et Titus Lucrétius.

Porsenna marche sur Rome. Exploit d'Horatius Coclès.

IX. A cette date, les Tarquins s'étaient réfugiés près du Lar[1] Porsenna[2], roi de Clusium. Là, mêlant les conseils aux prières, parfois ils le suppliaient de ne pas les laisser, eux, des fils de l'Étrurie, du même sang et de la même race que lui, vivre dans la pauvreté et dans l'exil ; parfois aussi ils lui donnaient des avis : « Cette mode nouvelle de chasser les rois ne devait pas rester impunie. La liberté avait par elle-même assez de douceur. Autant leurs sujets faisaient d'efforts pour la conquérir, autant les rois devaient en faire pour défendre leur trône. Sans cela, tout serait au même niveau, grands et petits ; plus d'élévation, plus de suprématie dans la société. Ce serait la fin de la royauté, ce magnifique intermédiaire entre les dieux et les hommes ». Porsenna se dit qu'il y aurait grand avantage pour l'Étrurie à ce qu'il y eût un roi à Rome, et surtout un roi étrusque ; et il marcha sur Rome avec son armée. Jamais encore pareil effroi n'avait saisi les sénateurs, tant était forte la puissance de Clusium, tant était illustre le nom de Porsenna. Outre l'ennemi, ils craignaient encore leurs propres compatriotes, cette plèbe romaine qui, sous le coup de la frayeur, pouvait accepter le retour des rois et sacrifier à la paix même sa liberté. Ils redoublèrent donc d'attentions pour la plèbe pendant cette période, donnant au ravitaillement un soin particulier et faisant acheter du blé, soit chez les Volsques, soit à Cumes. Le commerce du sel, denrée qui atteignait un prix excessif, devint

1. Ou Lars : mot sans doute étrusque (*larθ*), désignant un roi-chef de guerre.

2. La forme *Porsinna* apparaît aussi dans nos manuscrits, sans qu'on puisse affirmer que l'alternance trahit le passage d'une source à l'autre.

[9]Haec post exactos reges domi militiaeque gesta primo anno. Inde P. Valerius iterum T. Lucretius consules facti.

IX. [1]Iam Tarquinii ad Lartem Porsennam, Clusinum regem, perfugerant. Ibi, miscendo consilium precesque, nunc orabant 'ne se, oriundos ex Etruscis, eiusdem sanguinis nominisque, egentes exsulare pateretur', [2]nunc monebant etiam 'ne orientem morem pellendi reges inultum sineret. Satis libertatem ipsam habere dulcedinis : [3]nisi, quanta ui ciuitates eam expetant, tanta regna reges defendant, aequari summa infimis ; nihil excelsum, nihil quod supra cetera emineat in ciuitatibus fore ; adesse finem regnis, rei inter deos hominesque pulcherrimae'. [4]Porsenna cum regem esse Romae, tum Etruscae gentis regem, amplum Tuscis ratus, Romam infesto exercitu uenit. [5]Non unquam alias ante tantus terror senatum inuasit : adeo ualida res tum Clusina erat magnumque Porsennae nomen. Nec hostes modo timebant, sed suosmet ipsi ciues, ne Romana plebs, metu perculsa, receptis in urbem regibus uel cum seruitute pacem acciperet. [6]Multa igitur blandimenta plebi per id tempus ab senatu data. Annonae in primis habita cura, et ad frumentum comparandum missi alii in Volscos, alii Cumas. Salis quoque uendendi arbitrium, quia impenso pretio uenibat, in publicum omne sumptum,

Des. *V. E. T. A.*
Om. IX, **4** : Romae ... Tuscis ratus *S* (cum ... ratus *substrinxit* F^2).

IX, **1** Porsennam *codd. omnes* (*sed uide ad cc. 11-13*) || **3** nihil quod *M.O.H.LRD* : quod *PFBS.U* || **4** tum ω : fateretur tum *LD* || **6** uenibat R^1. *dett. aliq.* : ueniebat *R*.ω ueniebant *M* || omne sumptum *Gron.* : omni sumptum *B* omni sumptu *cett.*

monopole d'État et fut interdit aux particuliers. La plèbe fut exonérée des contributions directes et indirectes ; les riches devaient supporter cette charge qu'ils étaient capables de soutenir ; les pauvres payaient un impôt suffisant en élevant des enfants[1]. Cette bienveillance du sénat maintint la ville, pendant les rigueurs du siège et de la famine qui suivirent, dans une telle union que le titre de roi inspirait aux petits comme aux grands une égale horreur, et que, par la suite, jamais homme ne devint aussi populaire par ses menées démagogiques que tout le sénat d'alors par de sages mesures.

X. Aux approches de l'ennemi, toute la banlieue se transporte à Rome. Rome elle-même fut entourée d'avant-postes. Ses remparts d'un côté, de l'autre l'obstacle formé par le Tibre semblaient la mettre en sûreté. Mais le pont Sublicius[2] faillit livrer passage à l'ennemi, s'il ne s'était rencontré un brave, Horatius Coclès[3] : c'est lui qui servit de rempart ce jour-là à la fortune de la ville de Rome. Il était chargé de la garde du pont, quand il vit l'ennemi s'emparer du Janicule par une attaque brusquée et dévaler de là au pas de charge, pendant que ses hommes, effrayés, jetaient leurs armes et se débandaient. Il les arrête l'un après l'autre et leur barre le chemin, leur affirmant, au nom des dieux et des hommes, « qu'ils ont tort d'abandonner leur poste et de s'enfuir ; s'ils laissent le passage par le pont libre derrière eux, bientôt il y aura plus d'ennemis sur le Palatin et le Capitole que sur le Janicule. Aussi il leur conseille, il leur recommande de couper le pont par le fer, par le feu, par tous les moyens possibles. Lui soutiendra le choc de l'ennemi, autant qu'une seule poitrine peut l'arrêter ». Il s'avance alors vers l'entrée du pont,

— Clusium (Chiusi), sur le Clanis, qui fait communiquer l'Étrurie du nord avec le bassin moyen du Tibre.

1. Allusion à l'étymologie de « prolétaires » : cf. Cic., *Rép.*, II, 40.
2. L'antique pont sur pilotis, sans un clou de fer (I, 33, 6).
3. *Cocles* (équivalent étrusque de κύκλωψ?) signifiait « le Borgne ».

ademptum priuatis; portoriisque et tributo plebes liberata, 'ut diuites conferrent qui oneri ferendo essent : pauperes satis stipendii pendere, si liberos educent'. 7Itaque haec indulgentia patrum, asperis postmodum rebus, in obsidione ac fame adeo concordem ciuitatem tenuit ut regium nomen non summi magis quam infimi horrerent, 8nec quisquam unus malis artibus postea tam popularis esset quam tum bene imperando uniuersus senatus fuit.

X. 1Cum hostes adessent, pro se quisque in urbem ex agris demigrant; urbem ipsam saepiunt praesidiis. Alia muris, alia Tiberi obiecto uidebantur tuta : 2pons sublicius iter paene hostibus dedit, ni unus uir fuisset, Horatius Cocles; id munimentum illo die fortuna urbis Romanae habuit. 3Qui positus forte in statione pontis cum captum repentino impetu Ianiculum atque inde citatos decurrere hostes uidisset trepidamque turbam suorum arma ordinesque relinquere, reprehensans singulos, obsistens obtestansque deum et hominum fidem testabatur 4'nequiquam deserto praesidio eos fugere; si transitum ponte a tergo reliquissent, iam plus hostium in Palatio Capitolioque quam in Ianiculo fore. Itaque monere, praedicere ut pontem ferro, igni, quacumque ui possint, interrumpant : se impetum hostium quantum corpore uno posset obsisti, excepturum'. 5Vadit inde in primum aditum

Des. *V. E. T. A.*

IX, 6 portoriisque *O.H.LR*² (*in ras.*) *D* : portitoriisque *M* portoriis quaeque *P*²*FB* (*in quo* -aq-) *S* fortoriis queque *P* portoriis quoque *U.D*³ || plebes *Gron.* : plebe *codd.*

X, 4 transitum ponte *Postgate* : transitum pontem *codd.* transitum [pontem] *Conway* || iam plus hostium ω : amplius hostem *LRD* || possint ω : possent *H.LRD* possunt *O.*

ostensiblement, parmi les fuyards dont on ne voit que le dos, et se met en garde, prêt à croiser le fer. Et justement ce prodige d'audace frappa l'ennemi de stupeur. Il y eut cependant deux hommes que l'honneur retint près de lui, Spurius Larcius et Titus Herminius, tous deux illustres par leur naissance et leurs exploits. Il les garda un moment pour résister à la première vague d'assaut, la plus houleuse du combat. Puis, quand il ne resta du pont qu'un étroit passage et que ceux qui le coupaient les rappelèrent, il força ces hommes à se retirer, eux aussi, en lieu sûr. Promenant alors des regards terribles et menaçants sur les principaux Étrusques, tantôt il les défie individuellement, tantôt il s'en prend à tous : « esclaves de tyrans orgueilleux, ils ne pensent plus à leur propre liberté et viennent attenter à celle d'autrui ». Ils hésitèrent un moment, se consultant l'un l'autre du regard pour engager le combat. Puis, poussés par la honte, ils s'ébranlent en masse, et, avec un cri, lancent à la fois leurs javelots sur leur unique adversaire. Les traits se plantèrent tous dans le bouclier dont il se couvrait, et lui n'en demeurait pas moins solidement campé pour barrer tout le pont. Déjà ils se jetaient sur le héros pour tâcher de le culbuter, quand le fracas du pont qui se rompait, joint aux cris de joie des Romains devant le succès de leur entreprise, frappant les assaillants d'une frayeur soudaine, suspendit leur élan. Alors Coclès s'écria : « Vénérable et saint Dieu du Tibre, je t'en prie, reçois ce guerrier et ses armes dans tes eaux et sois-lui favorable. » Alors, tout armé, il plongea dans le Tibre et, malgré tous les projectiles qu'on lançait sur lui, il parvint à la nage sain et sauf jusqu'aux siens, après ce trait d'audace plus admirable que vraisemblable aux yeux de la postérité. L'État récompensa son héroïsme : il eut sa statue dans le comi-

Peut-être ancien héros, apparenté aux divinités du feu ou à un *Vulcanus* du Tibre (où il se noya, selon Polybe, VI, 55), dont le caractère légendaire, en tout cas, n'échappe pas à Tite-Live (plus bas, § 11).

pontis, insignisque inter conspecta cedentium pugnae terga, obuersis comminus ad ineundum proelium armis, ipso miraculo audaciae obstupefecit hostes. [6]Duos tamen cum eo pudor tenuit, Sp. Larcium ac T. Herminium, ambos claros genere factisque. [7]Cum his primam periculi procellam et quod tumultuosissimum pugnae erat parumper sustinuit; deinde eos quoque ipsos, exigua parte pontis relicta reuocantibus qui rescindebant, cedere in tutum coegit. [8]Circumferens inde truces minaciter oculos ad proceres Etruscorum nunc singulos prouocare, nunc increpare omnes : 'seruitia regum superborum, suae libertatis immemores, alienam oppugnatum uenire'. [9]Cunctati aliquamdiu sunt, dum alius alium, ut proelium incipiant, circumspectant; pudor deinde commouit aciem, et clamore sublato undique in unum hostem tela coniciunt. [10]Quae cum in obiecto cuncta scuto haesissent, neque ille minus obstinatus ingenti pontem obtineret gradu, iam impetu conabantur detrudere uirum, cum simul fragor rupti pontis, simul clamor Romanorum, alacritate perfecti operis sublatus, pauore subito impetum sustinuit. [11]Tum Cocles : « Tiberine pater, inquit, te, sancte, precor, haec arma et hunc militem propitio flumine accipias. » Ita, sic armatus, in Tiberim desiluit multisque superincidentibus telis incolumis ad suos tranauit, rem ausus plus famae habituram ad posteros quam fidei. [12]Grata erga tantam uirtutem ciuitas fuit : statua in comitio posita; agri quantum uno die circumarauit, datum.

Des. *V. E. T. A.*

X, **5** pugnae (*uel* -ne) *codd.* : pugna *Gron.* || **6** Larcium (*uel* -tium) *ω.υ?* : *uel* Largium ***F***^{2} (*cf. adnotationem ad cap. 11, § 7*) || **11** inquit, te *ω.υ?* : inquit *PFBS.U.*

tium ; il reçut tout le terrain qu'il put entourer d'un sillon en un jour. Et au milieu des honneurs officiels perçaient aussi les témoignages d'affection des particuliers : ainsi, au fort de la famine, chaque citoyen, selon ses ressources, préleva de lui-même quelque chose sur ses vivres pour le lui donner[1].

Siège de Rome. Mucius Scaevola.

XI. Porsenna, voyant sa première tentative repoussée, abandonna l'assaut pour le siège. Tandis qu'un détachement occupait le Janicule, lui-même établit son camp en plaine, au bord du Tibre. Il réunit, de tous lieux, une flottille pour établir le blocus et empêcher tout transport de blé à Rome, et aussi pour faire à l'occasion des razzias sur tel ou tel point de la rive gauche. Bientôt, il rendit si peu sûre toute la campagne romaine que les paysans rassemblèrent dans la ville tous leurs biens, jusqu'à leurs bestiaux, et qu'on n'osait plus les mener paître hors des portes. On tolérait cet excès d'audace des Étrusques moins par crainte que par calcul : le consul Valérius, épiant l'occasion de tomber à l'improviste sur une troupe nombreuse et dispersée, restait indifférent aux menus méfaits et se réservait pour une vengeance sévère et une circonstance plus importante. Aussi, pour attirer les pillards, il fait publier dans la ville qu'on eût à sortir le lendemain en foule par la porte Esquiline[2], la plus éloignée de l'ennemi, pour mener paître le bétail. Les ennemis en seraient certainement informés : car le siège et la famine poussaient les mauvais esclaves à déserter. Et, en effet, ils furent prévenus par un déserteur, et plus nombreux que jamais, puisqu'ils comptaient tout enlever, ils traversent le fleuve. Publius Valérius envoie alors Titus Herminius, avec un certain nombre d'hommes, se placer en embuscade à deux milles sur la route de

1. Détail analogue à propos de M. Manlius Capitolinus (V, 47, 8).
2. A l'est de la ville.

[13]Priuata quoque inter publicos honores studia eminebant : nam in magna inopia pro domesticis copiis unusquisque ei aliquid, fraudans se ipse uictu suo, contulit.

XI. [1]Porsinna primo conatu repulsus, consiliis ab oppugnanda urbe ad obsidendam uersis, praesidio in Ianiculo locato, ipse in plano ripisque Tiberis castra posuit, [2]nauibus undique accitis et ad custodiam ne quid Romam frumenti subuehi sineret, et ut praedatum milites trans flumen per occasiones aliis atque aliis locis traicerent ; [3]breuique adeo infestum omnem Romanum agrum reddidit ut non cetera solum ex agris, sed pecus quoque omne in urbem compelleretur neque quisquam extra portas propellere auderet. [4]Hoc tantum licentiae Etruscis non metu magis quam consilio concessum. Namque Valerius consul, intentus in occasionem multos simul et effusos improuiso adoriundi, in paruis rebus neglegens ultor, grauem se ad maiora uindicem seruabat. [5]Itaque, ut eliceret praedatores, edicit suis postero die frequentes porta Esquilina, quae auersissima ab hoste erat, expellerent pecus, scituros id hostes ratus, quod in obsidione et fame seruitia infida transfugerent. [6]Et sciere perfugae indicio ; multoque plqres, ut in spem uniuersae praedae, flumen traiciunt. [7]P. Valerius *inde* T. Herminium cum modicis copiis ad secundum lapidem Gabina uia

Des. *V. E. T. A.*

XI, **1** Porsinna *M.P* : *uel* Porsenna M^2P^2. *cett.* || repulsus ω.P^2F^3 : repulsis *PF?B.U* repulso U^2 || **2** traicerent *codd.* (*uide infra*, § *6*) : traiceret *post Gronovium Edd. rec.* || **5** eliceret ω.$O^1R^2D^2$: eligeret *M* elicerent *O* elicerat *LRD* || **7** inde T. Herminium *Sobius* : m̃. t̄. (*uel* t.) hermenium *PFB* (*in quo* mt̄.) *S.O. H.LRD?* m̄. t. herminium F^2.*U* m̄. herminium *M* metium hermenium D^2 || Gabina uia *S.U* : gabinia uia *v.PFB.O.*RD^x grabinia uia *H* gabiniam uiam *M.LD.*

Gabies, poste Spurius Larcius avec de jeunes soldats d'infanterie légère à la porte Colline, avec mission de laisser passer l'ennemi et d'aller ensuite lui couper l'accès du fleuve. L'autre consul, Titus Lucrétius, sortit par la porte Naevia avec quelques compagnies d'infanterie. Valérius, lui-même, descend du mont Caelius avec des bataillons d'élite, et ce furent eux tout d'abord qu'aperçut l'ennemi. Au premier bruit de la mêlée, Herminius accourt de son embuscade et tombe sur le dos des Étrusques qui se détournaient dans la direction de Lucrétius ; à gauche, de la porte Colline, à droite, de la porte Naevia, des cris lui répondent[1]. Ainsi les pillards furent cernés et exterminés, incapables qu'ils étaient de résister et trouvant, d'ailleurs, la fuite coupée dans toutes les directions. Ce fut la fin des grandes incursions pour les Étrusques.

XII. Mais le siège n'en continuait pas moins, amenant la rareté et la cherté du blé, et, en prolongeant le siège, Porsenna avait l'espoir de prendre la ville. Cependant, Gaius Mucius, jeune patricien, ne pouvait supporter l'idée que Rome au temps de son esclavage, sous les rois, n'avait été assiégée dans aucune guerre par aucun peuple, et qu'une fois libre, cette même Rome était assiégée par ces mêmes Étrusques, dont elle avait souvent dispersé les troupes. Aussi, décidé à faire un grand coup d'audace pour venger cette honte, il résolut, et tout d'abord sans en parler à personne, de pénétrer dans le camp ennemi. Puis il réfléchit qu'en y allant sans l'aveu du consul et à l'insu de tous, il risquait d'être arrêté par les sentinelles romaines et ramené comme déserteur, accusation très vraisemblable dans les circonstances présentes. Il se rend donc au sénat et dit : « Sénateurs, je veux traverser le Tibre et pénétrer, si possible, dans le camp des ennemis, non pour

1. On se représentera les Étrusques contournant Rome par le nord. Ils dépassent alors la porte Colline (à l'angle nord-est de la ville), occupent la route de Gabies (ou *uia Praenestina*) et voient les troupes de Valérius, qui sortent par la porte *Caelimontana* (angle sud-est de Rome) et qui les accrochent, tandis que les contingents de Lucrétius

occultum considere iubet, Sp. Larcium cum expedita iuuentute ad portam Collinam stare donec hostis praetereat ; inde se obicere, ne sit ad flumen reditus. [8]Consulum alter T. Lucretius porta Naeuia cum aliquot manipulis militum egressus ; ipse Valerius Caelio monte cohortes delectas educit, hique primi apparuere hosti. [9]Herminius ubi tumultum sensit, concurrit ex insidiis, uersisque in Lucretium Etruscis terga caedit ; dextra laeuaque, hinc a porta Collina, illinc ab Naeuia, redditus clamor ; [10]ita caesi in medio praedatores, neque ad pugnam uiribus pares et ad fugam saeptis omnibus uiis. Finisque ille tam effuse euagandi Etruscis fuit.

XII. [1]Obsidio erat nihilo minus et frumenti cum summa caritate inopia, sedendoque expugnaturum se urbem spem Porsinna habebat, [2]cum C. Mucius, adulescens nobilis, cui indignum uidebatur populum Romanum seruientem, cum sub regibus esset, nullo bello nec ab hostibus ullis obsessum esse, liberum eundem populum ab iisdem Etruscis obsideri quorum saepe exercitus fuderit, — [3]itaque magno audacique aliquo facinore eam indignitatem uindicandam ratus, primo sua sponte penetrare in hostium castra constituit ; [4]dein, metuens ne, si consulum iniussu et ignaris omnibus iret, forte deprehensus a custodibus Romanis retraheretur ut transfuga, fortuna tum urbis crimen adfirmante, senatum adit. [5]« Transire Tiberim, inquit, patres, et intrare, si possim, castra hostium uolo, non

Des. *V. E. T. A.*

XI, **7** Larcium *dett. aliq.* : *uel* Largium *codd. n.* (*uide, sis, supra, adnotationem ad cap. 10,* § *6*).

XII, **1** Porsinna *M.P* : *uel* Porsenna *M^2P^2. cett.* || **2** cum sub regibus esset *excl. ut glossema Karsten, optime, ut mihi uidetur ; sed, consentientibus codicibus, nihil muto.*

piller et leur rendre ravages pour ravages, mais, avec l'aide des dieux, dans un plus noble dessein. » Les sénateurs l'approuvent. Il cache un poignard sous ses vêtements et part. En arrivant, il se mêle à la foule qui se pressait devant le tribunal du roi. Justement on payait la solde, et un secrétaire, assis avec le roi et vêtu à peu près comme lui[1], était fort occupé et très entouré par les soldats. N'osant demander lequel était Porsenna, de peur d'être trahi par son ignorance, il s'en remet au hasard et tue le secrétaire, au lieu du roi. Il s'enfuyait, se frayant un chemin à travers la foule en désarroi avec son poignard sanglant, quand la garde royale, attirée par les cris, l'arrête, le ramène et le fait comparaître devant le tribunal du roi. Là, même dans des circonstances si critiques, il restait effrayant, au lieu d'être effrayé. « Je suis Romain », dit-il. « Je m'appelle Gaius Mucius. Je voulais te tuer, ennemi contre ennemi, et j'aurai pour mourir autant de cœur que pour tuer : pour agir comme pour souffrir, le courage est vertu romaine. Et je ne suis pas seul à avoir pour toi ces sentiments : une foule d'autres viennent derrière moi, qui briguent le même honneur. Ainsi donc, si ce risque te plaît, prépare-toi à défendre ta tête à toute heure et à trouver le poignard d'un ennemi jusque dans le vestibule de ton palais. Voici comment la jeunesse romaine te déclare la guerre : pas de batailles, pas de combats à redouter ; c'est entre toi seul et chacun de nous que tout se passera. » Comme le roi, à la fois animé par la colère et effrayé par le danger, le menaçait de faire allumer des feux tout autour de lui s'il ne dévoilait pas immédiatement le complot dont il lui faisait entrevoir la menace : « Voici », dit Mucius, « qui t'apprendra le cas qu'on fait du corps quand on vise à la gloire », et il pose sa main

viennent à la rescousse, de la porte Naevia (extrémité sud-ouest du rempart).

1. Cette considération extérieure accordée à un secrétaire royal est un trait grec (cf. Cornélius Nepos, XVIII, *Eumenes*, 1, 5), non romain.

praedo nec populationum in uicem ultor; maius, si di iuuant, in animo est facinus. » Adprobant patres. Abdito intra uestem ferro proficiscitur.

[6]Vbi eo uenit, in confertissima turba prope regium tribunal constitit. [7]Ibi cum stipendium militibus forte daretur et scriba cum rege sedens pari fere ornatu multa ageret, eum milites uolgo adirent, timens sciscitari uter Porsinna esset, ne ignorando regem semet ipse aperiret [quis esset], quo temere traxit fortuna facinus, scribam pro rege obtruncat. [8]Vadentem inde qua per trepidam turbam cruento mucrone sibi ipse fecerat uiam, cum concursu ad clamorem facto comprehensum regii satellites retraxissent, ante tribunal regis destitutus, tum quoque inter tantas fortunae minas metuendus magis quam metuens, [9]« Romanus sum, inquit, ciuis; C. Mucium uocant. Hostis hostem occidere uolui, nec ad mortem minus animi est quam fuit ad caedem : et facere et pati fortia Romanum est. [10]Nec unus in te ego hos animos gessi; longus post me ordo est idem petentium decus. Proinde in hoc discrimen, si iuuat, accingere, ut in singulas horas capite dimices tuo, ferrum hostemque in uestibulo habeas regiae. [11]Hoc tibi iuuentus Romana indicimus bellum. Nullam aciem, nullum proelium timueris : uni tibi et cum singulis res erit. » [12]Cum rex simul ira infensus periculoque conterritus circumdari ignis minitabundus iuberet nisi expromeret propere quas insidiarum sibi minas per ambages iaceret, [13]« En tibi, inquit, ut sentias quam uile corpus sit iis qui

Des. *V. E. T. A.*

XII, 7 eum *ω.υ?* : eumue *R* eum ne- *L* eum no- *D*eum que *Ald.* || Porsinna M^{2-1}.*P.R* : *uel* Porsenna $M^3P^2R^2$.ω Porsona *M* || quis esset *ut glossema expello* || 8 regii *M.*F^3*.O.D* : regi *PFBS.U.H* regis *LR.*

droite sur un réchaud allumé pour un sacrifice et la laisse brûler, comme s'il était complètement insensible. Alors, le roi, bouleversé par cette espèce de prodige, s'élança de son siège et fit entraîner le jeune homme loin de l'autel. « Va-t'en », lui dit-il : « tu t'es attaqué à toi-même plus qu'à moi. J'applaudirais à ton courage, s'il était au service de mon pays. Mais, du moins, je t'épargne les lois de la guerre, les violences et les mauvais traitements, et je te laisse partir. » Alors, comme pour payer de retour sa générosité, Mucius lui dit : « Puisque tu tiens le courage en estime, ton bon procédé obtiendra de moi ce que j'ai refusé à tes menaces : nous sommes trois cents, l'élite de la jeunesse romaine, qui avons juré de t'atteindre par cette voie. Mon nom est sorti le premier ; les autres, quel qu'ait été le sort des premiers, et jusqu'à ce qu'une occasion te mette à leur merci, se présenteront chacun à son heure[1]. »

Porsenna offre la paix. Belle conduite de Clélie.

XIII. Lors du départ de Mucius, qu'on surnomma dès lors Scaevola [le Gaucher], à cause de la perte de sa main droite, des envoyés de Porsenna le suivirent à Rome. Le roi était si ému d'avoir couru ce premier danger, auquel il n'avait échappé que par une méprise de l'agresseur, et d'être soumis à ce risque autant de fois qu'il restait de conjurés, qu'il décidait spontanément d'envoyer à Rome des propositions de paix. Dans ces propositions, il mettait en avant le rétablissement des Tarquins sur le trône, vaine satisfaction qu'il n'avait pu leur refuser, sans se faire illusion sur le refus des Romains. Mais il obtint qu'on rendît aux Véiens leur territoire. Il imposa aux Romains l'obligation de donner des otages, s'ils voulaient que le Janicule fût évacué. La paix

1. La légende de Mucius Scaevola, à laquelle Tite-Live donne une teinte si appuyée de fanatisme républicain et de stoïcisme militaire, était, au témoignage de Plutarque (*Poplicola*, 17), « narrée par beaucoup de gens, et de façons diverses ». La plus ancienne mention en est pour nous celle de Cassius Hémina (fr. 16 Peter).

magnam gloriam uident »; dextramque accenso ad sacrificium foculo inicit. Quam cum uelut alienato ab sensu torreret animo, prope attonitus miraculo rex, cum ab sede sua prosiluisset amouerique ab altaribus iuuenem iussisset, [14]« Tu uero abi, inquit, in te magis quam in me hostilia ausus. Iuberem macte uirtute esse, si pro mea patria ista uirtus staret; nunc iure belli liberum te, intactum inuiolatumque hinc dimitto. » [15]Tunc Mucius, quasi remunerans meritum, « Quando quidem, inquit, est apud te uirtuti honos, ut beneficio tuleris a me quod minis nequisti, trecenti coniurauimus principes iuuentutis Romanae ut in te hac uia grassaremur. [16]Mea prima sors fuit; ceteri, utcumque ceciderit primis, quoad te opportunum fortuna dederit, suo quisque tempore aderunt. »

XIII. [1]Mucium dimissum, cui postea Scaeuolae a clade dextrae manus cognomen inditum, legati a Porsenna Romam secuti sunt; [2]adeo mouerat eum et primi periculi casus, *a* quo nihil se praeter errorem insidiatoris texisset, et subeunda dimicatio totiens quot coniurati superessent, ut pacis condiciones ultro ferret Romanis. [3]Iactatum in condicionibus nequiquam de Tarquiniis in regnum restituendis, magis quia id negare ipse nequiuerat Tarquiniis quam quod negatum iri sibi ab Romanis ignoraret. [4]De agro Veientibus restituendo impetratum, expressaque ne-

Des. *V. E. T. A.*

XII, **14** Tu uero *M* : tum uero *cett.* || **16** utcumque *codd.* : ut cuiusque (... primi) *Madv.* || primis *ego* : primi *ω.v?* primo *D* prim. *R* || quoad *ω.R?*D^2 : quod a *B* co ad *LD* quot *M.*

XIII, **1** a clade P^2P^3 (*sup. lineam, post* P^2 *erasum*) *S.O.H.LRD* : clade *M.PFB.U* || Porsenna *codd.* : *uel* Porsinna, *ut supra ?* || **2** a quo *Heumann* : quo *codd.* || texisset *ω* : exisset *F?B* exuisset F^3*.U* || **3** ignoraret *ω.*R^2D^2 : ignoret *LRD.*

une fois conclue à ces conditions, Porsenna retira ses troupes du Janicule et évacua le territoire de Rome.

Le sénat, pour récompenser l'héroïsme de Gaius Mucius, lui fit présent sur la rive droite du Tibre d'une terre, qu'on appela par la suite Prés de Mucius [1]. Ces distinctions décernées au courage éveillaient jusque chez les femmes le désir des honneurs. Une jeune fille, Clélie, qui était parmi les otages, voyant que le camp étrusque se trouvait justement à proximité du Tibre, échappa à ses gardiens; suivie de toutes les jeunes filles, elle traversa le fleuve à la nage sous les traits de l'ennemi, les ramena toutes indemnes à Rome et les rendit à leurs familles. A cette nouvelle, le roi commença par s'irriter et par faire réclamer à Rome Clélie comme otage : les autres lui importaient peu. Puis, passant à l'admiration, il disait qu'il mettait audessus des Coclès et des Mucius un pareil exploit; il publiait hautement qu'un refus de livrer l'otage équivaudrait à la rupture du traité, mais que, en revanche, si on la livrait, il ne lui serait fait aucun mal et on la rendrait aux siens. Les deux partis furent fidèles à leur parole; les Romains rendirent le gage de paix exigé par le traité, et, près du roi d'Étrurie, le courage fut non seulement en sûreté, mais à l'honneur : car il félicita la jeune fille et déclara qu'il lui donnait une partie des otages, à son choix [2]. On les lui amena tous, et elle choisit, dit-on, ceux qui étaient encore enfants : choix digne d'une jeune fille et unanimement approuvé par les otages eux-mêmes, car il importait surtout d'enlever à l'ennemi ceux que leur âge exposait le

1. M. E. Pais a établi un rapport entre ce nom et celui des *arae Muciae*, qui peuvent avoir signalé la frontière entre le territoire de Rome et celui de Véies, sur la rive droite du Tibre (territoire soi-disant enlevé, puis rendu aux Romains par Porsenna : voir plus bas, 13, 4, et 15, 6).

2. Tout le récit relatif à Clélie porte, dans Tite-Live, les traces d'un romanesque sentimental et moralisateur, non sans sous-entendus scabreux, qui trahit la façon hellénistique. Une des autres versions rapportées par Plutarque (*Poplicola*, 19, 8-9) mettait en scène une seule jeune fille, Clœlia, ou Valéria, fille du consul.

cessitas obsides dandi Romanis, si Ianiculo praesidium deduci uellent. His condicionibus composita pace, exercitum ab Ianiculo deduxit Porsinna et agro Romano excessit.

[5]Patres C. Mucio uirtutis causa trans Tiberim agrum dono dedere, quae postea sunt Mucia prata appellata. [6]Ergo, ita honorata uirtute, feminae quoque ad publica decora excitatae ; et Cloelia uirgo una ex obsidibus, cum castra Etruscorum forte haud procul ripa Tiberis locata essent, frustrata custodes, dux agminis uirginum inter tela hostium Tiberim tranauit, sospitesque omnes Romam ad propinquos restituit. [7]Quod ubi regi nuntiatum est, primo incensus ira oratores Romam misit ad Cloeliam obsidem deposcendam : 'alias haud magni facere'. [8]Deinde in admirationem uersus, 'supra Coclites Muciosque' dicere 'id facinus esse', et prae se ferre 'quemadmodum, si non dedatur obses, pro rupto foedus se habiturum, sic deditam *intactam* inuiolatamque ad suos remissurum'. [9]Vtrimque constitit fides ; et Romani pignus pacis ex foedere restituerunt, et apud regem Etruscum non tuta solum, sed honorata etiam uirtus fuit, laudatamque uirginem parte obsidum se donare dixit : 'ipsa quos uellet legeret'. [10]Productis omnibus, elegisse impubes dicitur ; quod et uirginitati decorum et consensu obsidum ipsorum probabile erat, eam aetatem potissimum liberari ab hoste quae maxime oppor-

Des. *V. E. T. A.*

Om. XIII, 8-9 : pro rupto ... fides *B.*

XIII, **4** Porsinna *M.PFB* : *uel* Porsenna M^2F^3. *cett.* || **6** propinquos $\omega.F^3$: propinquas *FB* propinquum *LRD* || **8** supra ω : super *LRD* || ⟨intactam⟩ inuiolatamque *Ed. Frob. 1531* (*cf. supra, cap. 12, § 14*) : inuiolatamque *codd.* || **10** quod et ω : quod *M.D.*

plus aux outrages. La paix une fois rétablie, Rome accorda à cette femme d'un courage sans précédent l'honneur alors sans précédent d'une statue équestre : on plaça en haut de la voie Sacrée l'image de la jeune fille à cheval[1].

XIV. Cette retraite si pacifique du roi d'Étrurie cadre mal avec la coutume traditionnelle et ancienne, encore observée de nos jours entre autres cérémonies rituelles, de « mettre en vente les biens du roi Porsenna »[2]. Il faut nécessairement que cette pratique ou bien soit née pendant la guerre et n'ait pas été abandonnée dans la paix, ou sorte d'une origine plus pacifique que l'adjudication des biens d'un ennemi supposée par une telle formule. La tradition la plus vraisemblable veut qu'en évacuant le Janicule, Porsenna, dont le camp abondait en denrées tirées des plaines étrusques fertiles et toutes proches, en ait fait présent à Rome, alors épuisée par la longueur du siège ; qu'on n'ait pas permis au peuple de piller ces biens comme ceux d'un ennemi, mais qu'on les ait mis en vente sous le nom de biens de Porsenna, formule de reconnaissance pour le service rendu, plutôt qu'annonce d'une adjudication des biens royaux, qui n'étaient, d'ailleurs, pas tombés aux mains du peuple romain.

Après avoir renoncé à combattre Rome, Porsenna ne voulut pas paraître avoir amené pour rien ses troupes dans cette contrée, et envoya son fils Arruns, avec une partie de son armée, attaquer Aricie[3]. Tout d'abord, les habitants furent démoralisés par cette attaque inopinée ; mais ensuite les secours qui leur vinrent tant des États latins que de Cumes leur rendirent assez de con-

1. La légende de Clélie s'est déterminée de façons diverses (on disait ou qu'elle avait traversé le Tibre à cheval, ou que Porsenna lui fit don d'un cheval) autour de cette figure équestre : peut-être celle d'une divinité analogue à Épona.

2. Formule employée aux mises à l'encan du butin revenant à l'État romain.

3. Au sud-est de Rome, dans les monts Albains, entre les lacs d'Albe et de Nemi.

tuna iniuriae esset. [11]Pace redintegrata, Romani nouam in femina uirtutem nouo genere honoris, statua equestri, donauere : in summa Sacra uia fuit posita uirgo insidens equo.

XIV. [1]Huic tam pacatae profectioni ab urbe regis Etrusci abhorrens mos traditus ab antiquis usque ad nostram aetatem inter cetera sollemnia manet, 'bona Porsennae regis uendendi'. [2]Cuius originem moris necesse est aut inter bellum natam esse neque omissam in pace, aut a mitiore creuisse principio quam hic prae se ferat titulus bona hostiliter uendendi. [3]Proximum uero est ex iis quae traduntur Porsinnam discedentem ab Ianiculo castra opulenta, conuecto ex propinquis ac fertilibus Etruriae aruis commeatu, Romanis dono dedisse, inopi tum urbe ab longinqua obsidione ; [4]ea deinde, ne populo immisso diriperentur hostiliter, uenisse, bonaque Porsinnae appellata, gratiam muneris magis significante titulo quam auctionem fortunae regiae, quae ne in potestate quidem populi Romani esset.

[5]Omisso Romano bello Porsinna, ne frustra in ea loca exercitus adductus uideretur, cum parte copiarum filium Arruntem Ariciam oppugnatum mittit. [6]Primo Aricinos res necopinata perculerat ; arcessita deinde auxilia et a Latinis populis et a Cumis tantum

Des. *V. E. T. A.*
Add. XIV, **1** (*post* manet) : bonis uendendis *R.*
Om. XIV, **4** : -que ... gratiam *H*

XIII, **11** nouo *U.D*^{2} : nouo in *D. cett.* || statua equestri *nonne glossema?*

XIV, **1** Porsennae (*uel* -ne *uel* -nee) ω : Porsenna *LR* || **3** Porsinnam *M* (Porsinna *P*) : *uel* Porsennam *M*^{2}*P*^{2}. *cett.* || **4** Porsinnae *M.P* : Porsennae *M*^{2}*P*$^{2.1}$.ω Porsenna *L* || potestate ω : potestatem *M.LRD*, *C. Brakman* || **5** Porsinna *M.P* : *uel* Porsenna *M*^{2}*P*^{2}. *cett.*

fiance pour oser livrer une bataille décisive[1]. Dès le premier contact, les Étrusques firent une charge si furieuse qu'ils mirent en déroute du coup les troupes d'Aricie ; mais les bataillons de Cumes, opposant la tactique à la force, se tirèrent un peu de côté pour laisser passer l'ennemi en désordre, puis firent volte-face et l'attaquèrent par derrière. Ainsi enveloppés, les Étrusques, sur le point d'être vainqueurs, furent taillés en pièces : une poignée d'hommes, sans chef et sans autre refuge dans le voisinage, vinrent échouer à Rome, sans armes, et ayant des suppliants les malheurs et l'aspect. Ils furent bien reçus et logés chez les particuliers. Guéris de leurs blessures, certains rentrèrent dans leurs foyers et y témoignèrent de notre généreuse hospitalité ; beaucoup d'autres se fixèrent à Rome par affection pour leurs hôtes et pour la ville. Ils s'établirent dans un quartier qu'on leur assigna et qui prit dès lors le nom de « *Faubourg Étrusque* »[2].

XV. Spurius Larcius et Titus Herminius, puis Publius Lucrétius et Publius Valérius Publicola furent élus consuls[3]. Cette année-là, une dernière ambassade de Porsenna vint demander la restauration de Tarquin. On répondit que le sénat enverrait une ambassade au roi, et on lui dépêcha les sénateurs les plus considérables : « Non que la réponse fût longue ou douteuse : « On ne voulait « plus des rois. » Mais il était préférable de lui envoyer une délégation du sénat, au lieu de donner la réponse à Rome à ses propres envoyés, afin de couper court définitivement aux propositions de ce genre, qui risquaient de troubler leur échange de bons procédés et leurs bons

1. L'intervention des Grecs de Cumes, sous leur tyran Aristodèmos Malakos, signale l'offensive de l'hellénisme occidental contre les Étrusques, qui se développa dans la première moitié du ve siècle.

2. Joignant le Forum au Vélabre, entre le Palatin et le Capitole.

3. Texte complété de façon à rétablir deux collèges consulaires. Les meilleurs de nos manuscrits ne connaissent que le second ; mais ce semble être le résultat de la correction d'un texte intenable (origine des mss. *LRD*), portant en surcharge le nom d'un troisième consul (T. Her-

spei fecere ut acie decernere auderent. Proelio inito, adeo concitato impetu se intulerant Etrusci ut funderent ipso incursu Aricinos; [7]Cumanae cohortes arte aduersus uim usae declinauere paululum, effuseque praelatos hostes conuersis signis ab tergo adortae sunt. Ita in medio prope iam uictores caesi Etrusci. [8]Pars perexigua, duce amisso, quia nullum propius perfugium erat, Romam inermes et fortuna et specie supplicum delati sunt. Ibi benigne excepti diuisique in hospitia. [9]Curatis uolneribus, alii profecti domos, nuntii hospitalium beneficiorum; multos Romae hospitum urbisque caritas tenuit: his locus ad habitandum datus, quem deinde Tuscum uicum appellarunt.

XV. [1]Sp. *Larcius* T. Herminius, P. Lucretius inde et P. Valerius Publicola consules facti. Eo anno postremum legati a Porsinna de reducendo in regnum Tarquinio uenerunt; quibus cum responsum esset missurum ad regem senatum legatos, missi confestim honoratissimus quisque e patribus: [2]'Non quin breuiter reddi responsum potuerit non recipi reges, ideo potius delectos patrum ad eum missos quam legatis eius Romae daretur responsum, sed ut in perpetuum

Des. *V. E. T. A.*

XIV, **6** concitato impetu se ω.P^2 : concitato impetus *PFB* concitatos impetus *U.O.*

XV, **1** Sp. ⟨Larcius⟩ T. Herminius, P. Lucretius inde et *post Gronov. ego* : spurius lucretius inde et t. erminius (*uel* ermen — *D*) *RD* purius lucretius inde et t. hermenius *L* publius lucretius inde et t. hermenius *H. dett.* purius (spurius M^3) publius lucretius inde et *Mv* publius lucretius inde et *PFBS.U.O* Sp. ⟨Larcius inde et⟩ T. Herminius, P. Lucretius inde et *post Madv. Conway*; *Th. Mommsen autem* (*C. I. L.*, I^2, *p. 99*), *Dionysium* (*V, 36*) *et Cassiodorum secutus, solos* Sp. Larcium T. Hermenium *retinere uelit, cum contra soli* P. Lucretius P. Valerius *optimis nostrorum codicum probentur* || Publicola *om. F* || Porsinna *M.P.L* : *uel* Porsenna M^2P^2. *cett.* || e patribus ω.$M^{3\text{-}2}P^2$: est patribus *S* et patribus *M.P* ex patribus R^2.

sentiments réciproques : sa requête était incompatible avec la liberté de Rome ; aussi Rome, à moins de vouloir sa propre perte, lui opposait un refus, alors qu'elle eût voulu ne rien lui refuser. Rome n'était plus une monarchie, mais une république : aussi avait-elle pris la résolution d'ouvrir ses portes à l'ennemi plutôt qu'aux rois. C'était un vœu unanime, que la fin de la république soit la fin de Rome. S'il veut qu'elle vive, ils le prient de respecter sa liberté ». Pénétré de respect, le roi répondit : « Puisque c'est une résolution bien arrêtée, je ne vous fatiguerai plus de ces éternelles et inutiles demandes, et je n'abuserai plus les Tarquins par l'espoir d'un secours qui n'est pas dans mes moyens. Que leurs intentions soient belliqueuses ou pacifiques, ils devront chercher un autre lieu d'exil, afin que rien n'empêche plus notre entente. » Ces paroles furent suivies d'actes plus bienveillants encore : il restait des otages, il les rendit ; le territoire de Véies, perdu par le traité du Janicule[1], nous fut rendu ; Tarquin, à qui l'on enlevait tout espoir de retour, s'exila près de son gendre Mamilius Octavius à Tusculum[2], et la paix fut assurée entre Rome et Porsenna[3].

Mort de Valérius Publicola.

XVI. Consulat de Marcus Valérius et Publius Postumius. Cette année-là, il y eut une guerre heureuse contre les Sabins. Les consuls obtinrent le triomphe. Là-dessus, les Sabins firent de plus grands préparatifs de guerre. Contre ce danger, joint à la crainte de quelque attaque brusquée venant de Tusculum, qui, sans avoir déclaré la guerre, était cependant soupçon-

minius), dont l'insertion, pourtant révélatrice, brouillait le couple connu Lucrétius-Valérius sans être satisfaisante pour le sens.

1. Ce territoire s'appelait « les sept bourgs » (*Septem pagi*).

2. Au sud-est de Rome, dans les monts Albains (près Frascati). Le nom trahit clairement une fondation ou une occupation étrusque.

3. Tout ce récit de la guerre de Porsenna, fait d'épisodes peu vraisemblables et mal reliés, déguise une invasion des Étrusques (de Clusium, Volsinies, Véies? ou de cités coalisées?), qui prirent Rome sous

mentio eius rei finiretur, neu in tantis mutuis beneficiis in uicem animi sollicitarentur, cum ille peteret quod contra libertatem populi Romani esset, Romani, nisi in perniciem suam faciles esse uellent, negarent cui nihil negatum uellent. [3]Non in regno populum Romanum, sed in libertate esse. Ita induxisse in animum, hostibus potius portas quam regibus patefacere ; ea esse uota omnium ut qui libertati erit in illa urbe finis, idem urbi sit. [4]Proinde si saluam esse uellet Romam, ut patiatur liberam esse orare'. [5]Rex, uerecundia uictus, « Quando id certum atque obstinatum est, inquit, neque ego obtundam saepius eadem nequiquam agendo, nec Tarquinios spe auxilii, quod nullum in me est, frustrabor. Alium hinc, seu bello opus est seu quiete, exsilio quaerant locum, ne quid meam uobiscum pacem distineat. » [6]Dictis facta amiciora adiecit : obsidum quod reliquum erat reddidit ; agrum Veientem, foedere ad Ianiculum icto ademptum, restituit. [7]Tarquinius, spe omni reditus incisa, exsulatum ad generum Mamilium Octauium Tusculum abiit. Romanis pax fida ita cum Porsinna fuit.

XVI. [1]Consules M. Valerius P. Postumius. Eo anno bene pugnatum cum Sabinis ; consules triumpharunt. Maiore inde mole Sabini bellum parabant. [2]Aduersus eos et ne quid simul ab Tusculo, unde etsi non aper-

Des. *V. E. T. A.*

Om. XV, **7** : Romanis ... fuit *H.*

XV, **2** ille peteret ω.$M^{1-2}D^{2}$: ille petereret *H* ille praeteret *M* illi peterent *LRD* || **3** induxisse ω : induxisse se *LRD* || potius portas quam regibus P^{2}.*S* : potius quam portas regibus *Mυ.PFB.U.O* potius quam regibus portas *H.LRD* || ea esse uota *Hertz* : eam ea esse uota esse uoluntatem *Mυ* ea esse uoluntatem *P* eam esse uoluntatem P^{2}. *cett.* || **5** quiete M^{3}.RD^{3} : quieto *M.PFBS.U.O.H* quaeto *LD?* || **7** Porsinna *M.P.LR* : *uel* Porsenna $M^{2}P^{2}$. *cett.*

née de la vouloir, on nomma consuls Publius Valérius pour la quatrième fois et Titus Lucrétius pour la seconde. Mais une querelle entre les deux partis de la guerre et de la paix éclata chez les Sabins et procura à Rome un renfort appréciable. Car Attius[1] Clausus, qui prit ensuite à Rome le nom d'Appius Claudius, chef du parti de la paix, cédant à la pression du parti de la guerre et incapable de lui résister, quitta Inregillum[2], avec une suite nombreuse de clients, pour venir s'établir à Rome. On leur donna le droit de cité et des terres sur la rive droite de l'Anio[3]. Ils formèrent l'ancienne tribu Claudia[4], grossie depuis lors de nouveaux venus originaires du même pays. Appius fut admis au sénat et ne tarda guère à en devenir un des dignitaires. Les consuls portèrent la guerre en Sabine et, après avoir, par des ravages et une défaite, ruiné la puissance de l'ennemi et écarté pour longtemps toute crainte de revanche, ils rentrèrent en triomphe à Rome.

Publius Valérius, unanimement reconnu comme le premier des généraux et des hommes d'État, meurt l'année suivante, sous le consulat d'Agrippa Ménénius et de Publius Postumius, au comble de la gloire, mais si dénué de ressources personnelles qu'il n'y avait pas de quoi payer ses funérailles : ce fut l'État qui s'en chargea. Les femmes prirent le deuil comme pour Brutus. La même année, deux colonies latines, Pométia et Cora, se donnent aux Aurunces. Guerre avec les Aurunces. Après la défaite d'une grande armée qui s'était hardiment avancée pour barrer aux consuls l'entrée du territoire, toute la guerre se concentra devant Pométia. Dans cette bataille, le carnage ne fut pas moindre après l'action qu'en pleine mêlée :

un chef nommé Mastarna ou Porsenna, ou portant les deux noms.

1. Attus, ou Atta, est un prénom sabin. Sous la forme romaine d'Appius, il est presque réservé à la *gens* Claudia.

2. D'autres comprennent *Regillum*, ville voisine de Cures.

3. C'est-à-dire près du pays sabin.

4. Tite-Live semble vouloir dire que le territoire primitif de la *Claudia tribus* prit l'épithète de *uetus* (ancien), une fois que d'autres émigrants sabins s'y furent agrégés en lui donnant plus d'extension.

tum, suspectum tamen bellum erat, repentini periculi oreretur, P. Valerius quartum T. Lucretius iterum consules facti. [3]Seditio inter belli pacisque auctores orta in Sabinis aliquantum inde uirium transtulit ad Romanos. [4]Namque Attius Clausus, cui postea Appio Claudio fuit Romae nomen, cum pacis ipse auctor a turbatoribus belli premeretur nec par factioni esset, ab Inregillo, magna clientium comitatus manu, Romam transfugit. [5]His ciuitas data agerque trans Anienem ; Vetus Claudia tribus — additis postea nouis tribulibus, qui ex eo uenirent agro — appellata. Appius inter patres lectus, haud ita multo post in principum dignationem peruenit. [6]Consules infesto exercitu in agrum Sabinum profecti cum ita uastatione, dein proelio adflixissent opes hostium ut diu nihil inde rebellionis timere possent, triumphantes Romam redierunt.

[7]P. Valerius, omnium consensu princeps belli pacisque artibus, anno post Agrippa Menenio P. Postumio consulibus moritur, gloria ingenti, copiis familiaribus adeo exiguis ut funeri sumptus deesset ; de publico est datus. Luxere matronae ut Brutum. [8]Eodem anno duae coloniae Latinae, Pometia et Cora, ad Auruncos deficiunt. Cum Auruncis bellum initum ; fusoque ingenti exercitu, qui se ingredientibus fines consulibus ferociter obtulerat, omne Auruncum bellum Pometiam compulsum est. [9]Nec magis post proelium quam in proelio caedibus temperatum est ; et

Des. *V. E. T. A.*

XVI, **2** oreretur P^3.*H.LR* : oretur *M* oriretur M^2R^2. *cett.* || **4** Inregillo *Weissenb.* (*cf. Mommsen, C. I. L.*, I^1, *444*) : cin̄ rigillo *M* cn̄ rigillo M^2.*PF.U.O* nc̄ rigillo *B* c̄ rigillo *LD* ḡrigillo *H* cn. regillo P^2 cum regillo *S* .. regillo R^2 (-re- *in ras.*) || magna... manu ω.$M^2R^{1\text{-}2}$: magna... manum *M* magnam... manum *LRD* || **5** appellata *codd.* : appellati *Madv.* || **6** timere possent *codd.* : timeri posset *Duker* || **7** funeri ω.D^x : funeris *LRD*.

il y eut beaucoup plus de tués que de prisonniers, et les prisonniers furent massacrés indistinctement ; les otages mêmes, qu'on avait reçus au nombre de trois cents, ne furent pas épargnés par les fureurs de la guerre. Cette année-là encore, Rome vit un triomphe.

Prise de Pométia. XVII. Les consuls suivants Opiter Verginius et Spurius Cassius attaquèrent Pométia d'abord de vive force, puis avec des berceaux d'approche et autres travaux de siège. Les Aurunces firent une sortie, animés maintenant plutôt par une haine implacable que par l'espoir ou par une occasion favorable. Portant en majorité du feu en guise d'armes[1], ils font irruption, semant partout le carnage et l'incendie, brûlant les berceaux, blessant et tuant une foule d'ennemis ; il y eut même un des consuls (l'histoire ne dit pas son nom), qui fut grièvement blessé, renversé de son cheval, et qui faillit être tué. L'armée rentre à Rome après cet échec, ramenant un grand nombre de blessés, entre autres le consul, qu'on ne répondait pas de sauver. Après un assez court délai, juste suffisant pour guérir les blessures et compléter les effectifs, avec une fureur nouvelle secondée par des forces accrues, l'attaque contre Pométia reprit. Déjà on avait refait les berceaux et les autres ouvrages, et les troupes s'apprêtaient à escalader les murs, quand la place se rendit. D'ailleurs, elle ne fut pas moins maltraitée après sa capitulation qu'après un assaut[2] : les principaux Aurunces furent décapités, les habitants de la colonie[3] vendus comme esclaves, la ville démolie, les terres vendues. La rigueur de cette vengeance, plutôt que l'importance de leur succès, valut aux consuls le triomphe.

1. Premier schéma d'un thème qui sera développé l. IV, 33.

2. La *deditio* interdisait les meurtres et pillages désordonnés. Ici, comme au chap. 16, 9, se trahissent des aspects antérieurs à toute organisation juridique de la guerre.

3. Une certaine confusion apparaît entre Aurunces et colons romains : comme s'il s'agissait d'un habitat mixte (voir I, 27, 9).

caesi aliquanto plures erant quam capti, et captos passim trucidauerunt ; ne ab obsidibus quidem, qui trecenti accepti numero erant, ira belli abstinuit. Et hoc anno Romae triumphatum.

XVII. [1]Secuti consules Opiter Verginius Sp. Cassius Pometiam primo ui, deinde uineis aliisque operibus oppugnarunt. [2]In quos Aurunci magis iam inexpiabili odio quam spe aliqua aut occasione coorti, cum plures igni quam ferro armati excucurrissent, caede incendioque cuncta complent. [3]Vineis incensis, multis hostium uolneratis et occisis, consulum quoque alterum — sed u*t*rum auctores non adiciunt — graui uolnere ex equo deiectum prope interfecerunt. [4]Romam inde male gesta re reditum ; inter multos saucios consul spe incerta uitae rel*a*tus. Interiecto deinde haud magno spatio, quod uolneribus curandis supplendoque exercitui satis esset, cum ira maiore, tum uiribus etiam auctis Pometiae arma inlata. [5]Et cum uineis refectis aliaque mole belli iam in eo esset ut in muros euaderet miles, deditio est facta. [6]Ceterum nihilo minus foed*a*, dedita urbe, quam si capta foret, Aurunci passi ; principes securi percussi, sub corona uenierunt coloni alii, oppidum dirutum, ager uenît. [7]Consules magis ob iras grauiter ultas quam ob magnitudinem perfecti belli triumpharunt.

Des. *V. E. T. A.*

Om. XVII, **7**—XVIII, **1** : quam ob ... Cominium *H.*

XVII, **1** primo ui *M³.H.R* : primo uim *O* primo ut *M.PFB.U.LD* ut primo *S* ‖ **2** inexpiabili ω.*M¹·²* : inexpugnabili *M* ‖ **3** sed utrum *Hertz* : sed uerum nomen *codd.* sed nomen *Madv.* ‖ **4** relatus *Duker* : relictus *codd.* ‖ maiore *Edd. uet.* : maiore bellum *codd.* ‖ **6** foeda ... passi *Madv.* : foede ... passim *codd.* ‖ dirutum ω.*M²P²Dˣ* : diruitum *P* diritum *M* diruptum *LRD* ‖ uenît *ego* : uenit *M.B.O.H.R* ueniit *M³.PFS.U.LR¹D.*

Coalition contre Rome. Le premier dictateur.

XVIII. L'année suivante eut Postumus[1] Cominius et Titus Largius[2] comme consuls. Cette année-là, à Rome, pendant les jeux, de jeunes Sabins en gaîté enlevaient des courtisanes ; il se fit un rassemblement et une rixe qui faillit devenir un combat ; et ce léger incident menaçait de faire renaître la guerre[3]. On avait, de plus, acquis la certitude que trente nations avaient formé une coalition à l'instigation d'Octavius Mamilius[4].

Sous la menace alarmante de ces événements, il fut proposé de nommer pour la première fois un dictateur. Mais à quelle date? Quels sont les consuls qu'on accusait d'être du parti des Tarquins (on donne même ce détail), et qui devinrent suspects? Quel fut le premier dictateur? On n'en est pas très sûr. Cependant, chez son plus vieux historien, je vois que Titus Largius[5] fut le premier dictateur et Spurius Cassius le premier maître de la cavalerie. On[6] prit deux anciens consuls : ainsi le voulait la loi sur le choix d'un dictateur. Raison de plus pour croire qu'on préféra le consulaire Largius à Manius[7] Valérius, fils de Marcus et petit-fils de Volésus, qui n'avait pas encore exercé le consulat, pour l'adjoindre aux consuls comme directeur et conseiller. Si l'on tenait absolument à prendre le dictateur dans cette famille, on aurait bien plutôt choisi son père,

1. *Postumius*, leçon des manuscrits, serait un gentilice, impossible à côté de *Cominius*.

2. Denys d'Halicarnasse l'appelle *Larcius* (V, 50, 1), Cassiodore *Largus* (cf. Th. Mommsen, *C. I. L.*, I², p. 99). Mais nos manuscrits sont unanimes, et nous nous conformons à leur lecture.

3. On trouve dans les manuscrits, après ce mot : « Outre des craintes de guerre avec le Latium ». Mais il vient de s'agir des Sabins, et la menace tusculane (16, 2) paraît oubliée.

4. La ligue latine aurait donc repris son indépendance à l'égard de Rome à la suite de l'expulsion des rois.

5. Un seul manuscrit médiocre porte *Larcium*, qu'on a voulu parfois interpréter *Lartium*. Le palimpseste de Cicéron, *Républ.*, II, 56, a *Largius*.

6. Le sénat? — S. P. Thomas (*Symbolae Arctoae*, 1922, p. 53 et suiv.) fait de *consulares* un nominatif.

7. *Marcus* dans nos manuscrits : la confusion est fréquente.

XVIII. [1]Insequens annus Postumum Cominium et T. Largium consules habuit. [2]Eo anno Romae, cum per ludos ab Sabinorum iuuentute per lasciuiam scorta raperentur, concursu hominum rixa ac prope proelium fuit, paruaque ex re ad rebellionem spectar*i* [res] uidebatur. [3][Supra belli Latini metum.] Id quoque accesserat quod triginta iam coniurasse populos concitante Octauio Mamilio satis constabat.

[4]In hac tantarum exspectatione rerum sollicita ciuitate, dictatoris primum creandi mentio orta. Sed nec quo anno, nec quibus consulibus quia ex factione Tarquiniana essent — id quoque enim traditur — parum creditum sit, nec quis primum dictator creatus sit, satis constat. [5]Apud ueterrimos tamen auctores T. Largium dictatorem primum, Sp. Cassium magistrum equitum creatos inuenio. Consulares legere : ita lex iubebat de dictatore creando lata. [6]Eo magis adducor ut credam Largium, qui consularis erat, potius quam M'. Valerium Marci filium Volesi nepotem, qui nondum consul fuerat, moderatorem et magistrum consulibus appositum ; [7]quin, si maxime ex ea familia legi dictatorem uellent, patrem multo potius M. Va-

Des. *V. E. T. A.*

XVIII, **1** Postumum *Sigonius* : postumium *codd.* || **2** spectari *ego* : spectare *codd.* || res *post Gronov. secl. Conway* : res *codd.* (*sed post* paruaque ex re *pon. H.LRD*) || **3** Supra belli Latini (Sabini R^2) metum *secl., ut summarium e margine sumptum, Conway* || quod triginta $M.P^2S.LRD$ quadraginta $U^2.O.H$ quodringinta *PF* (*in quo* -gen-) quadringinta F^3B (*in quo* -gen-) quadriginta *U* || Octauio $S.U.H.R^2$: octauo *R. cett.* || **4** quibus $\upsilon.S^x$: quibus factum *H* -facti ω.ρ -facta *U.O* -factis $R^{1.2}D^3$ || Tarquiniana ω : tarquinia *M* υ tarquiniani *FB* || **6** M'. Valerium *Gruter* (Festum, *s. u. optima lex, secutus*) : m̄. (*i. e.* marcum) ualerium ω.υ m. ualerium *B* || Marci filium *Rhenan.* : marci fufium *M* m̄. fufium *FB* m̄. f. ufium *PS* marci fusium υ fufium *H.LRD* f. ufium *O* m̄. ū. filium *U* || **7** quin si *Lehnert* : quis in *P* qui si P^2.ω quo si *R*? quia si *det. un., Madv.*

Marcus Valérius, personnage d'un mérite éminent et ancien consul.

Après la création du premier dictateur romain, la vue des haches[1] qui le précédaient inspira à la plèbe une grande crainte et une soumission plus absolue à sa parole[2]. On ne pouvait plus, en effet, comme avec les consuls, qui se partageaient le pouvoir, avoir recours à un magistrat de même rang ou en appeler au peuple ; on n'avait d'autre ressource que l'obéissance scrupuleuse. Chez les Sabins aussi, la création d'un dictateur répandit la terreur, d'autant plus qu'ils s'imaginaient en être la cause. Ils font des ouvertures de paix. Leurs envoyés prient le dictateur et le sénat « d'avoir de l'indulgence pour un écart de jeunesse » ; on leur répond « qu'on peut pardonner à des jeunes gens, mais que des hommes d'âge sont inexcusables d'engager guerre sur guerre ». Il y eut cependant des pourparlers de paix, et ils auraient abouti si les Sabins avaient consenti à indemniser Rome de ses préparatifs de guerre, comme elle le réclamait. La guerre fut déclarée ; mais une trêve tacite maintint le calme pendant un an[3].

Bataille du lac Régille.

XIX. Consulat de Servius Sulpicius et de Manius Tullius : rien à signaler. Viennent ensuite Titus Aebutius et Gaius Vétusius[4]. Sous leur consulat, Fidènes fut assiégée et Crustumérie prise ; Préneste[5] passa des Latins aux Romains, ce qui rendit inévitable une guerre avec les Latins, déjà de plus en plus menaçante depuis quelques années.

1. Tite-Live a oublié de dire (7, 7) que les haches avaient été retirées des faisceaux consulaires à Rome (cf. Cicéron, *Rép.*, II, 55).

2. Le mot latin *dicto* prétend jouer sur l'étymologie de *dictator*.

3. Cette notation inattendue trahit peut-être un trouble chronologique. Certains auteurs ne faisaient commencer la dictature que trois ans plus tard (cf. 21, 1-4). Voir aussi, plus bas, note à 30, 5.

4. Ancienne forme de *Veturius*, maintenue par orgueil nobiliaire après la réforme orthographique d'Appius Claudius Caecus (fin du IVe siècle). Cf. Tite-Live lui-même, III, 4, 1, à propos des *Furii*.

5. A l'est et à une quarantaine de kilomètres de Rome, sur les

lerium spectatae uirtutis et consularem uirum legissent.

[8]Creato dictatore primum Romae, postquam praeferri secures uiderunt, magnus plebem metus incessit, ut intentiores essent ad dicto parendum ; neque enim, ut in consulibus qui pari potestate essent, alterius auxilium neque prouocatio erat neque ullum usquam nisi in cura parendi auxilium. [9]Sabinis etiam creatus Romae dictator, eo magis quod propter se creatum crediderant, metum incussit. Itaque legatos de pace mittunt. [10]Quibus orantibus dictatorem senatumque ut 'ueniam erroris hominibus adulescentibus darent', responsum 'ignosci adulescentibus posse, senibus non posse qui bella ex bellis sererent'. [11]Actum tamen est de pace, impetrataque foret si, quod impensae factum in bellum erat, praestare Sabini — id enim postulatum erat — in animum induxissent. Bellum indictum ; tacitae indutiae quietum annum tenuere.

XIX. [1]Consules Ser. Sulpicius M'. Tull*i*us ; nihil dignum memoria actum. T. Aebutius deinde et C. Vetusius. [2]His consulibus Fidenae obsessae, Crustumeria capta ; Praeneste ab Latinis ad Romanos desciuit, nec ultra bellum Latinum, gliscens iam per aliquot annos, dilatum.

Des. *V. E. T. A.*

Om. XVIII, **10** : adulescentibus ... ignosci *S* ; — XVIII, **11** : praestare ... erat *H*.

XVIII, **11** Sabini *P²S.O.LRD* : Sabini .... *F* Sabinium *Mυ* Sabinum *PB.U* Sabini tum *Rhenan.*

XIX, **1** Ser. *Sigonius* (*ex* Cic. *Brut.*, *62*) : Seruilius *codd.* || M'. Tullius *Sigon.* (*ex* Dion. Hal., *V*, *52*, *1*) : m̄. manlius (*uel* mamlius) tullus ω m. m̄ alius tullus *B* m̄. manilius tullus *U.D* m. mimlius tullus *L* || C. Vetusius ω : c. uetusius ueturius uetusius *M* c. uetusius ueturius uetirius *υ* censorius uetusius *LRD* (*eum autem* Publium Veturium *nominat* Dion. Hal., *V*, *58*, *1*).

Aulus Postumius, dictateur [1], Titus Aebutius, maître de cavalerie, avec de grandes forces d'infanterie et de cavalerie, rencontrèrent l'ennemi au lac Régille [2], sur le territoire de Tusculum. L'annonce de la présence des Tarquins dans l'armée latine causa une irritation qui ne souffrit aucun délai pour engager le combat. Aussi, la bataille fut-elle terrible et sanglante entre toutes : les généraux, non contents de diriger l'action sans y participer, payèrent de leur personne et engagèrent des combats singuliers, et presque personne dans les deux états-majors ne sortit indemne de la bataille, sauf le dictateur romain [3]. Postumius était en première ligne, encourageant et dirigeant ses hommes, quand Tarquin le Superbe, malgré l'infériorité de son âge et de ses forces, lança furieusement son cheval contre lui ; blessé au côté, il ne dut son salut qu'à la prompte arrivée des siens. A l'autre aile, Aebutius, le maître de la cavalerie, se jeta sur Octavius Mamilius ; mais son mouvement n'échappa pas au général tusculan ; il lance également son cheval contre lui ; leur élan donna tant de force aux coups de leurs lances qu'Aebutius eut le bras traversé et Mamilius la poitrine atteinte [4]. Il se retira dans la seconde ligne des Latins, et Aebutius, dont le bras blessé ne pouvait plus tenir une arme, quitta le champ de bataille. Quant au général latin, sa blessure ne l'empêcha nullement d'animer le combat : voyant ses troupes ébranlées, il fait donner le bataillon des exilés romains, commandé par le fils de Tarquin. Ils se battirent avec une fougue que redoublait la perte de leurs biens et de leur patrie et rétablirent un instant la situation.

pentes des Apennins, anciennement riche et puissante (Palestrina).

1. A. Postumius n'avait pas été consul : il y a donc ici contradiction avec l'interprétation donnée chap. 18, 5-6 (voir, cependant, p. 124, n. 6). On ne peut exclure l'hypothèse de confusions chronologiques (cf. p. 125, n. 3).

2. Position inconnue ; peut-être le *Pantano Secco*, au nord de Frascati, dans les monts Albains?

3. Cette notation naïve ouvre peut-être un jour sur le caractère religieux et quasi sacré de la dictature primitive.

4. Thème homérique des πρόμαχοι, mais équestres.

[3]A. Postumius dictator, T. Aebutius magister equitum, magnis copiis peditum equitumque profecti, ad lacum Regillum in agro Tusculano agmini hostium occurrerunt, [4]et, quia Tarquinios esse in exercitu Latinorum auditum est, sustineri ira non potuit quin extemplo confligerent. [5]Ergo etiam proelium aliquanto quam cetera grauius atque atrocius fuit. Non enim duces ad regendam modo consilio rem adfuere, sed suismet ipsi corporibus dimicantes miscuere certamina, nec quisquam procerum ferme hac aut illa ex acie sine uolnere praeter dictatorem Romanum excessit. [6]In Postumium prima in acie suos adhortantem instruentemque Tarquinius Superbus, quamquam iam aetate et uiribus erat grauior, equum infestus admisit, ictusque ab latere concursu suorum receptus in tutum est. [7]Et ad alterum cornu Aebutius magister equitum in Octauium Mamilium impetum dederat; nec fefellit ueniens Tusculanum ducem, contraque et ille concitat equum : [8]tantaque uis infestis uenientium hastis fuit ut brachium Aebutio traiectum sit, Mamilio pectus percussum. [9]Hunc quidem in secundam aciem Latini recepere; Aebutius, cum saucio brachio tenere telum non posset, pugna excessit. [10]Latinus dux nihil deterritus uolnere proelium ciet et, quia suos perculsos uidebat, arcessit cohortem exsulum Romanorum, cui L. Tarquini filius praeerat. Ea, quo maiore pugnabat ira ob erepta bona patriamque ademptam, pugnam parumper restituit.

Des. *V. E. T. A.*

XIX, **3** A. Postumius *Sabellicus* (*ex* Dion. Hal., *VI*, *2*, *1*) : aurelius postumius *codd.* || **5** ipsi *Gron.* : ipsis *codd.* || **6** adhortantem ω : hortantem (*uel* ort-) *LRD* || **7** Et ad ω.D^2 : et *H.LRD* || contraque *Madv.* : contra quem *codd.* || **10** Ea quo *M.P.RD* : ea quo *H.L* ea quoniam *O* eo quo P^2*FBS.U* eoque M^3.

XX. Ils commençaient à faire lâcher pied aux Romains sur ce point, quand Marcus Valérius, frère de Publicola, voyant l'audace insigne du jeune Tarquin en tête des exilés, et enflammé d'ardeur par la gloire de ses pères, voulut que sa famille, après avoir eu l'honneur de chasser les rois, eût aussi l'honneur de les tuer. Il pique des deux et fond sur Tarquin, la lance en arrêt. Tarquin se retira au milieu des siens pour éviter la fougue de son ennemi. Valérius vient donner tête baissée contre la ligne des exilés, et on lui porte de côté un coup qui le traverse. La blessure du cavalier ne ralentit pas le cheval, et le Romain mourant glissa sur le sol sous ses armes qui lui échappent [1]. Le dictateur Postumius voit le héros gisant, les exilés charger impétueusement, et les siens plier et reculer ; il ordonne à son bataillon, troupe d'élite qui formait sa garde [2], de traiter tout fuyard en ennemi. Placés ainsi entre deux dangers, les fuyards revinrent sur l'ennemi et le combat fut rétabli. Le bataillon du dictateur entra alors dans la mêlée ; cette troupe toute fraîche au physique et au moral tombe sur les exilés fatigués et les taille en pièces. Alors s'engagea un nouveau duel entre chefs. Le général latin, voyant le bataillon des exilés sur le point d'être cerné par le dictateur romain, prend quelques compagnies de réserve [3] et se jette avec elles en première ligne. Titus Herminius, commandant en second, vit arriver la colonne, y reconnut Mamilius à sa tenue et à ses armes et attaqua le général ennemi avec plus d'acharnement que naguère le maître de la cavalerie, si bien que, du premier coup, il traversa la poitrine de Mamilius et le tua, tandis que lui-même, frappé d'un coup d'épieu en dépouillant le cadavre de son ennemi, était ramené

1. Représentation plastique (d'après des figures d'Amazones ou de Perses? Cf. la frise du mausolée d'Halicarnasse), dans une description de couleur très poétique. — Ce « M. Valérius, frère de Publicola », est-il le père du Manius dont il était question 18, 6?

2. Anticipation de la *cohors praetoria* des temps classiques.

3. Le jeu des réserves tactiques paraît aussi anachronique.

XX. [1]Referentibus iam pedem ab ea parte Romanis, M. Valerius, Publicolae frater, conspicatus ferocem iuuenem Tarquinium ostentantem se in prima exsulum acie, domestica etiam gloria accensus ut, [2]cuius familiae decus eiecti reges erant, eiusdem interfecti forent, subdit calcaria equo et Tarquinium infesto spiculo petit. [3]Tarquinius retro in agmen suorum infenso cessit hosti; Valerium temere inuectum in exsulum aciem ex transuerso quidam adortus transfigit, nec quicquam equitis uolnere equo retardato moribundus Romanus labentibus super corpus armis ad terram defluxit. [4]Dictator Postumius postquam cecidisse talem uirum, exsules ferociter citato agmine inuehi, suos perculsos cedere animaduertit, [5]cohorti suae, quam delectam manum praesidii causa circa se habebat, dat signum ut quem suorum fugientem uiderint pro hoste habeant. Ita metu ancipiti uersi a fuga Romani in hostem et restituta acies. [6]Cohors dictatoris tum primum proelium iniit; integris corporibus animisque fessos adorti exsules caedunt. [7]Ibi alia inter proceres coorta pugna. Imperator Latinus, ubi cohortem exsulum a dictatore Romano prope circumuentam uidit, ex subsidiariis manipulos aliquot in primam aciem secum rapit. [8]Hos agmine uenientes T. Herminius legatus conspicatus, interque eos insignem ueste armisque Mamilium noscitans, tanto ui maiore quam paulo ante magister equitum cum hostium duce proelium iniit, [9]ut et uno ictu transfixum per latus occiderit Mamilium et ipse inter spolian-

Des. *V. E. T. A.*

XX, **1** eiecti *M^{2-1}.U.O.H* : electi *M* lecti *cett.* || **5** delectam manum *O.H.LRD* : detectam manum electa manu ***M*** delecta manu *ϛ?.PFBS.U.D^x* || 8 iniit ω : init (*i. e.* inît *?*) *H*.

vainqueur au camp, mais mourait comme on lui donnait les premiers soins. Alors le dictateur court vers sa cavalerie et l'adjure, puisque l'infanterie est épuisée, de mettre pied à terre et d'entrer dans la mêlée[1]. Soumis à la consigne, ils sautent à terre, courent au front et font à la première ligne un rempart de leurs boucliers ronds. L'infanterie reprend aussitôt courage en voyant cette troupe privilégiée se battre comme elle et partager ses dangers. Alors seulement les Latins furent refoulés et leur ligne s'ébranla et lâcha pied. La cavalerie reprit ses chevaux pour poursuivre l'ennemi ; l'infanterie, à son tour, la suivit. A ce moment, pour ne négliger aucune aide divine ou humaine, le dictateur fit vœu, dit-on, d'élever un temple à Castor[2] et promit des récompenses à ceux qui entreraient le premier et le second dans le camp ennemi ; si grande fut l'ardeur des Romains que d'un seul et même élan ils mirent l'ennemi en déroute et prirent son camp. Telle fut la bataille du lac Régille. Le dictateur et le maître de la cavalerie rentrèrent à Rome en triomphe.

Alliance avec les Latins.

XXI. Pendant les trois années suivantes, on ne fut nettement ni en paix ni en guerre. Ce fut le consulat de Quintus Clélius et Titus Larcius, puis celui d'Aulus Sempronius et Marcus Minucius, pendant lequel le temple de Saturne fut consacré[3] et la fête des Saturnales instituée. Ensuite Aulus Postumius et Titus Verginius devinrent consuls. Ce serait à cette date seulement qu'aurait eu lieu la bataille du lac Régille, suivant certains historiens. Aulus Postumius, n'ayant pas confiance en son collègue, aurait donné sa démission, puis aurait été fait dictateur. Il y a une telle incertitude dans la chronologie et dans la

1. L'ancienne cavalerie romaine était plutôt une infanterie portée. — Voir un développement littéraire du thème plus bas, IV, 38.

2. L'un des Dioscures, pris, sur le modèle des Spartiates et de certains Hellènes de Grande-Grèce (Crotone, Locres), pour le patron de la cavalerie.

3. Sur le Forum, à la base du Capitole. Saturne est un vieux dieu

dum corpus hostis ueruto percussus, cum uictor in castra esset relatus, inter primam curationem exspirauerit. [10]Tum ad equites dictator aduolat, obtestans ut, fesso iam pedite, descendant ex equis et pugnam capessant. Dicto paruere : desiliunt ex equis, prouolant in primum et pro antesignanis parmas obiciunt. [11]Recipit extemplo animum pedestris acies, postquam iuuentutis proceres aequato genere pugnae secum partem periculi sustinentes uidit. Tum demum impulsi Latini perculsaque inclinauit acies. [12]Equiti admoti equi, ut persequi hostem posset ; secuta et pedestris acies. Ibi nihil nec diuinae nec humanae opis dictator praetermittens aedem Castori uouisse fertur ac pronuntiasse militi praemia, qui primus, qui secundus castra hostium intrasset ; [13]tantusque ardor fuit ut eodem impetu quo fuderant hostem Romani castra caperent. Hoc modo ad lacum Regillum pugnatum est. Dictator et magister equitum triumphantes in urbem rediere.

XXI. [1]Triennio deinde nec certa pax nec bellum fuit. Consules Q. Cloelius et T. Larcius, inde A. Sempronius et M. Minucius. [2]His consulibus aedis Saturno dedicata, Saturnalia institutus festus dies. A. deinde Postumius et T. Verginius consules facti.

[3]Hoc demum anno ad Regillum lacum pugnatum apud quosdam inuenio ; A. Postumium, quia collega dubiae fidei fuerit, se consulatu abdicasse ; dictatorem inde factum. [4]Tanti errores implicant temporum,

Des. *V. E. T. A.*

XX, **9** relatus ω.R^2D^3 : relictus *LRD?* || **12** uouisse ω.M^2D^1 : nouisse *S* uoluisse *R* uouissent *M.D?*.

XXI, **1** Larcius ω (lartius *U.O*) : *uel* Largus *ex Cassiod. Mommsen* (*C. I. L.*, I^2, *p. 99*) larcus *F* || **2** aedis ω : aedes *U.O.*D^2 edos *H*.

liste des magistrats d'un historien à l'autre que l'ordre de succession des consuls et la date des événements sont impossibles à restituer à une pareille distance des faits et de leurs historiens eux-mêmes.

Ensuite, Appius Claudius et Publius Servilius devinrent consuls. A noter cette année-là la nouvelle de la mort de Tarquin. Il mourut à Cumes : c'est là qu'il s'était réfugié après l'effondrement des forces latines, près du tyran Aristodème[1]. Cette nouvelle fit la joie du sénat, la joie de la plèbe. Mais, chez les sénateurs, ce fut une joie insolente, tandis que la plèbe, pour laquelle on avait jusqu'à ce jour toutes les complaisances, fut dès lors en butte aux injustices des grands. A cette même date, la colonie envoyée par Tarquin à Signia fut refondée avec un contingent supplémentaire de colons. A Rome, on créa vingt et une tribus[2]. Le temple de Mercure fut consacré le 15 mai.

XXII. Avec les Volsques, on n'avait été, pendant la guerre latine, ni en guerre ni en paix. Les Volsques avaient bien préparé des renforts qu'ils allaient envoyer aux Latins sans la hâte du dictateur romain, et lui, de son côté, se hâtait pour n'avoir pas à combattre en même temps les forces réunies des Latins et des Volsques. On leur en gardait rancune, et les consuls envahirent le pays des Volsques. Ceux-ci, ne redoutant aucun châtiment pour un simple projet, furent démoralisés par cette surprise. Sans songer à résister, ils donnent comme otages 300 enfants appartenant à l'aristocratie de Cora et de Pométia. Le pays fut évacué sans combat. Mais, pas très longtemps après, les Volsques, délivrés de leurs craintes, retrouvèrent leur caractère habituel : ils reprennent leurs armements clandestins et concluent avec les Herniques une alliance

italique, sans doute bien plus anciennement honoré à Rome (voir Macrobe, *Sat.*, I, 8, 1).

1. Le même qui s'était opposé aux troupes de Porsenna devant Aricie (14, 6).

2. Quatre tribus urbaines, seize rustiques, auxquelles s'ajoute la *Crustumina* (entre l'Anio et le Tibre).

aliter apud alios ordinatis magistratibus, ut nec qui consules secundum quos, nec quid quoque anno actum sit, in tanta uetustate non rerum modo sed etiam auctorum digerere possis.

[5]Ap. Claudius deinde et P. Seruilius consules facti. Insignis hic annus est nuntio Tarquini mortis. Mortuus Cumis, quo se post fractas opes Latinorum ad Aristodemum tyrannum contulerat. [6]Eo nuntio erecti patres, erecta plebes ; sed patribus nimis luxuriosa ea fuit laetitia ; plebi, cui ad eam diem summa ope inseruitum erat, iniuriae a primoribus fieri coepere. [7]Eodem anno Signia colonia, quam rex Tarquinius deduxerat, suppleto numero colonorum iterum deducta est. Romae tribus una et uiginti factae. Aedes Mercuri dedicata est idibus Maiis.

XXII. [1]Cum Volscorum gente Latino bello neque pax neque bellum fuerat : nam et Volsci comparauerant auxilia quae mitterent Latinis, ni maturatum ab dictatore Romano esset, et maturauit Romanus ne proelio uno cum Latino Volscoque contenderet. [2]Hac ira consules in Volscum agrum legiones duxere. Volscos consilii poenam non metuentes necopinata res perculit ; armorum immemores obsides dant trecentos principum a Cora atque Pometia liberos. Ita sine certamine inde abductae legiones. [3]Nec ita multo post Volscis leuatis metu suum rediit ingenium : rursus occultum parant bellum, Hernicis in societatem

Des. *V. E. T. A.*

Om. XXI, 7 : idibus Maiis *P* (*spatio relicto* : *rest.* *P²*) *FB.U.*

XX, 4 quos *Crevier* : quosdam *codd.* quosnam *Haupt* || nec quid ω : ne quid *LRD* || 5 Cumis, quo *M.S.O.H.LR?* cumis est quo *F³* cumis et quo *PF?B.U* ciuis quoque *D?* est cumis quoque *D²* || 7 una *om.* *M* || uiginti *FB* : xxx *cett.*

offensive. Leurs ambassadeurs vont même de tous côtés travailler le Latium ; mais, depuis leur récente défaite du lac Régille, les Latins n'avaient que colère et que haine pour quiconque parlait de guerre ; les ambassadeurs eux-mêmes ne furent pas à l'abri de leur violence : ils les arrêtèrent, les conduisirent à Rome, les livrèrent aux consuls et dénoncèrent les projets de guerre des Volsques et des Herniques contre Rome[1]. Saisi de l'affaire, le sénat, dans sa reconnaissance, alla jusqu'à rendre aux Latins 6,000 prisonniers de guerre ; en outre, le projet d'alliance, qui allait être pour toujours repoussé, fut renvoyé aux nouveaux consuls. Alors, certes, les Latins s'applaudirent de leur conduite, et le parti de la paix fut en grand honneur. Ils font présent d'une couronne d'or à Jupiter Capitolin. Avec la délégation chargée du présent venaient les prisonniers renvoyés chez eux, une foule immense et débordante. Ils vont chez leurs anciens maîtres, les remercient d'avoir été bons et bienveillants pour eux dans leur malheur et se lient d'hospitalité avec eux. Jamais encore les liens politiques et familiaux entre le peuple latin et l'empire romain n'avaient été plus serrés.

Première apparition du problème des dettes.

XXIII. Cependant, tandis que la guerre avec les Volsques était imminente, la cité était en guerre avec elle-même et en proie à une haine intestine entre sénateurs et plébéiens, dont la principale cause était l'esclavage pour dettes. On s'indignait « de défendre au dehors la liberté et l'empire et d'avoir au dedans ses propres concitoyens pour tyrans et pour oppresseurs. La guerre était plus sûre que la paix, les ennemis moins menaçants que les compatriotes pour la liberté de la plèbe ». Le mécontentement se propageait déjà de lui-même, quand un malheur scandaleux fit éclater l'incendie. Un

1. L'alliance des Volsques et des Herniques, qui occupent chacun une des rives du Trérus (dans la haute vallée duquel se trouvait Signia), barre aux Romains la route de Campanie.

armorum adsumptis. [4]Legatos quoque ad sollicitandum Latium passim dimittunt; sed recens ad Regillum lacum accepta cladis Latinos, ira odioque eius quicumque arma suaderet, ne ab legatis quidem uiolandis abstinuit : comprehensos Volscos Romam duxere. Ibi traditi consulibus indicatumque est Volscos Hernicosque parare bellum Romanis. [5]Relata re ad senatum, adeo fuit gratum patribus ut et captiuorum sex milia Latinis remitterent et de foedere, quod prope in perpetuum negatum fuerat, rem ad nouos magistratus traicerent. [6]Enimuero tum Latini gaudere facto; pacis auctores in ingenti gloria esse. Coronam auream Ioui donum in Capitolium mittunt. Cum legatis donoque qui captiuorum remissi ad suos fuerant, magna circumfusa multitudo uenit. [7]Pergunt domos eorum apud quem quisque seruierant; gratias agunt liberaliter habiti cultique in calamitate sua; inde hospitia iungunt. Nunquam alias ante publice priuatimque Latinum nomen Romano imperio coniunctius fuit.

XXIII. [1]Sed et bellum Volscum imminebat et ciuitas secum ipsa discors intestino inter patres plebemque flagrabat odio; maxime propter nexos ob aes alienum. [2]Fremebant 'se, foris pro libertate et imperio dimicantes, domi a ciuibus captos et oppressos esse, tutioremque in bello quam in pace et inter hostis quam inter ciues libertatem plebis esse'; inuidiamque eam sua sponte gliscentem insignis unius calamitas

Des. *V. E. T. A.*

XXII, 4 cladis ω : clades *U.O.H* || 5 re *M.P*[2]*FS.U.O* : res *P.H.LRD* ; *om. B* || gratum ω : grata *R*[2] || ut et ω : ut *LRD*.

XXIII, 2 et inter ω : inter *LRD*.

vieillard, portant les marques de toutes ses souffrances, s'élança sur le forum ; la crasse couvrait ses vêtements ; plus hideux encore était l'aspect pâle et maigre de son corps épuisé ; en outre, la longueur de sa barbe et de ses cheveux lui donnait un air sauvage. On le reconnaissait pourtant, tout affreux qu'il était ; il avait, disait-on, commandé une centurie, et on énumérait ses brillants états de services, tout en le plaignant ; lui-même, comme témoignage de sa valeur en mainte rencontre, montrait ses cicatrices en pleine poitrine. Comme on lui demandait pourquoi cet extérieur, pourquoi cet air affreux, et que le rassemblement prenait les proportions d'une assemblée populaire, il dit que, « pendant qu'il faisait campagne contre les Sabins, les pillards, non contents de détruire sa récolte, avaient brûlé sa ferme, tout volé, enlevé son bétail ; qu'au milieu de ses revers, on lui avait réclamé ses impôts, et qu'il avait emprunté. Cette dette, grossie des intérêts, lui avait fait perdre d'abord la terre de son père et de son grand-père, puis ses autres biens ; enfin, comme un mal contagieux, elle avait gagné son corps, et son créancier l'avait jeté non dans l'esclavage, mais dans un cachot et dans la chambre de torture[1] ». Et il montrait sur son dos d'horribles marques de coups toutes fraîches. A cette vue et à ces mots, des cris violents s'élèvent. L'agitation ne se cantonne plus au forum, mais s'étend partout dans la ville entière. Les insolvables, portant ou non leurs chaînes, se répandent partout dans les rues et demandent aux citoyens aide et protection ; pas un coin où des volontaires ne se joignent à l'émeute ; partout, dans toutes les rues, des bandes hurlantes courent vers le forum. Le danger fut grand pour ceux des sénateurs qui s'y trouvaient et qui tombèrent au milieu de cette foule ; on n'eût pas ménagé les coups, sans la prompte intervention des consuls Pu-

1. Le débiteur insolvable est, par décision de justice, remis à son créancier (*adiudicatus*), à l'égard duquel il se libérera par travail forcé, analogue au travail servile, mais temporaire : il est alors dit « con-

accendit. [3]Magno natu quidam cum omnium ma*lo*rum suorum insignibus se in forum proiecit : obsita erat squalore uestis, foedior corporis habitus pallore ac macie perempti ; [4]ad hoc promissa barba et capilli efferauerant speciem oris. Noscitabatur tamen in tanta deformitate, et 'ordinem duxisse' aiebant, aliaque militiae decora uolgo miserantes eum iactabant ; ipse testes honestarum aliquot locis pugnarum cicatrices aduerso pectore ostentabat. [5]Sciscitantibus 'unde ille habitus, unde deformitas', cum circumfusa turba esset prope in contionis modum, 'Sabino bello' ait 'se militantem, quia propter populationes agri non fructu modo caruerit, sed uilla incensa fuerit, direpta omnia, pecora abacta, tributum iniquo suo tempore imperatum, aes alienum fecisse. [6]Id cumulatum usuris primo se agro paterno auitoque exuisse, deinde fortunis aliis ; postremo uelut tabem peruenisse ad corpus ; ductum se ab creditore non in seruitium, sed in ergastulum et carnificinam esse'. [7]Inde ostentare tergum foedum recentibus uestigiis uerberum. Ad haec uisa auditaque clamor ingens oritur. Non iam foro se tumultus t*e*net, sed passim totam urbem peruadit. [8]Nexi, uincti solutique, se undique in publicum proripiunt, implorant Quiritium fidem. Nullo loco deest seditionis uoluntarius comes ; multis passim agminibus per omnes uias cum clamore in forum curritur. [9]Magno cum periculo suo qui forte patrum in foro erant in eam turbam inciderunt ; [10]nec temperatum manibus foret, ni propere consules, P. Serui-

Des. *V. E. T. A.*

XXIII, **3** malorum *Lipsius* : maiorum *codd.* || **4** ordinem *F.O.H* : ordine *PBS.LRD* ordines *M.U.R²D¹* || **7** tenet *Madv.* : sustinet *codd.* || **8** Nexi *R²*. *dett. duo* : nexu ω inexsui *M.*

blius Servilius et Appius Claudius pour arrêter l'émeute. C'est vers eux alors que la foule se tourna, étalant sous leurs yeux ses chaînes et toute sa misère. « Voilà ce qu'ils avaient gagné », disaient-ils, et on maudissait les campagnes qu'on avait faites en tel ou tel endroit. On réclame, sur le ton de la menace plutôt que de la prière, la convocation du sénat. On entoure la curie pour contrôler et régler soi-même les délibérations officielles. Les consuls rassemblèrent juste une poignée de sénateurs qu'ils avaient pu rencontrer : la crainte retenait les autres loin de la curie et même du forum, et le sénat ne pouvait rien faire, n'étant pas en nombre. Alors la foule s'imagine qu'on se moque d'elle, qu'on veut gagner du temps, que les sénateurs sont absents non pas par hasard ou par crainte, mais pour faire de l'obstruction, que les consuls eux-mêmes usent d'échappatoires, et qu'à n'en pas douter on se rit de leurs misères. Le moment approchait où la majesté consulaire elle-même ne contiendrait plus le courroux du peuple, quand ceux qui hésitaient entre les dangers de l'absence et ceux de la présence finissent par venir au sénat. L'assemblée, enfin, était en nombre ; mais ni les sénateurs ni les consuls eux-mêmes n'arrivaient à se mettre d'accord. Appius, qui avait le caractère violent, voulait employer l'autorité consulaire : « après une ou deux arrestations, tout rentrerait dans le calme ». Servilius, au contraire, partisan de la douceur, voulait fléchir la rébellion, au lieu de la briser : c'était plus sûr et surtout plus facile.

XXIV. Là-dessus, surcroît d'alarmes : des cavaliers latins arrivent au galop et sèment la panique en annonçant que les Volsques sont entrés en campagne et viennent attaquer Rome. A cette nouvelle — tant la nation était coupée en deux par la discorde — l'impression fut bien

traint » (*nexus*) ou « lié » (*uinctus*). Pourtant, s'il y a plusieurs créanciers, ils peuvent, pour rentrer dans leurs débours équitablement, vendre le *nexus* comme esclave (*seruus*). — Comparer VI, 14 et suiv.

lius et Ap. Claudius, ad comprimendam seditionem interuenissent. In eos multitudo uersa ostentare uincula sua deformitatemque aliam : [11]'haec se meritos' dicere, exprobrantes suam quisque alius alibi militiam ; postulare minaciter magis quam suppliciter ut senatum uocarent ; curiamque ipsi futuri arbitri moderatoresque publici consilii circumsistunt. [12]Pauci admodum patrum, quos casus obtulerat, contracti ab consulibus ; ceteros metus non curia modo sed etiam foro arcebat, nec agi quicquam per infrequentiam poterat senatus. [13]Tum uero eludi atque extrahi se multitudo putare, et patrum qui abessent non casu, non metu, sed impediendae rei causa abesse, et consules ipsos tergiuersari, nec dubie ludibrio esse miserias suas. [14]Iam prope erat ut ne consulum quidem maiestas coerceret iras hominum, cum, incerti morando an ueniendo plus periculi contraherent, tandem in senatum ueniunt. Frequentique tandem curia non modo inter patres, sed ne inter consules quidem ipsos satis conueniebat. [15]Appius, uehementis ingenii uir, imperio consulari rem agendam censebat : 'uno aut altero arrepto, quieturos alios' ; Seruilius, lenibus remediis aptior, concitatos animos flecti quam frangi putabat cum tutius tum facilius esse.

XXIV. [1]Inter haec maior alius terror : Latini equites cum tumultuoso aduolant nuntio 'Volscos infesto exercitu ad urbem oppugnandam uenire'. Quae audita — adeo duas ex una ciuitate discordia fecerat

Des. *V. E. T. A.*

XXIII, **10** In eos *PFBS.U.O* : ad in eos *M.L* at in eos *M*[2]*.H.RD*[2], *Edd. rec.* || **11** minaciter *PFBS.U.O* : multo minaciter *Mv?.H.LRD* || **13** Tum uero ω : cum uero *F*[3]*.U.R* || putare *H.D*[2], *Ed. Rom. 1469* : putaret *D. cett.* || **14** tandem curia ω : tandem/inde curia *U* curia *Madv.*

différente chez les pères et dans la plèbe. Les plébéiens étaient transportés de joie. « C'est », disaient-ils, « les dieux qui viennent punir l'orgueil des pères. » Ils s'exhortaient l'un l'autre à ne pas s'enrôler : « Périsse tout le monde plutôt qu'eux seuls ; que les pères prennent du service ; que les pères prennent les armes ; que les dangers de la guerre soient pour ceux à qui elle profite[1]. » Cependant, le sénat, accablé et redoutant à la fois d'un côté les citoyens, de l'autre l'ennemi, supplie le consul Servilius, dont les idées étaient plus démocratiques, de tirer l'État des menaçants périls qui l'assiègent. Alors, le consul lève la séance et se présente devant le peuple assemblé. Il lui montre que le sénat est préoccupé des intérêts de la plèbe ; « mais ce débat sur la classe d'ailleurs la plus considérable, mais enfin sur une classe seulement de citoyens, a été interrompu par un danger que court tout l'État ; il est impossible, quand l'ennemi est presque aux portes, de rien faire passer avant la guerre ; en eût-on même le loisir, ce ne serait ni honorable pour la plèbe de se faire payer d'abord avant de prendre les armes pour la patrie, ni très seyant au sénat de remédier à la détresse des citoyens par crainte plutôt que par bienveillance un peu plus tard ». A l'appui de son discours, il rendit un édit qui défendait de tenir un citoyen romain dans les fers ou en prison de façon à le mettre dans l'impossibilité de s'enrôler par devant le consul ; de saisir et de vendre les biens d'un soldat en campagne ; de retenir ses enfants et ses petits-enfants[2]. Sitôt l'édit affiché, les débiteurs présents s'empressent de donner leur nom, et, de tous les points de la ville, ils s'échappaient des maisons, où leurs créanciers

1. Après le récit très hétérogène des premières années républicaines, Tite-Live se représente avec force l'opposition, dans la même ville, de deux populations dissemblables : patriarcat en possession de tous les pouvoirs politiques, plèbe opprimée (en fait : de religion et de statut différents). D'où toute la suite de l'histoire de Rome, telle au moins qu'il se la figure.

2. Enfants et petits-enfants payant pour le père, selon l'ancien droit familial.

— longe aliter patres ac plebem adfecere. [2]Exsultare gaudio plebes; 'ultores superbiae patrum adesse' dicere 'deos'; alius alium confirmare ne nomina darent: 'cum omnibus potius quam solos perituros; patres militarent, patres arma caperent, ut penes eosdem pericula belli, penes quos praemia, essent'. [3]At uero curia, maesta ac trepida ancipiti metu et ab ciue et ab hoste, Seruilium consulem, cui ingenium magis populare erat, orare ut tantis circumuentam terroribus expediret rem publicam. [4]Tum consul misso senatu in contionem prodit. Ibi curae esse patribus ostendit ut consulatur plebi; 'ceterum deliberationi de maxima quidem illa, sed tamen parte ciuitatis, metum pro uniuersa re publica interuenisse; [5]nec posse, cum hostes prope ad portas essent, bello praeuerti *a* se quicquam, nec, si sit laxamenti aliquid, aut plebi honestum esse, nisi mercede prius accepta, arma pro patria non cepisse, neque patribus satis decorum per metum potius quam postmodo uoluntate adflictis ciuium suorum fortunis consuluisse'. [6]Contioni deinde edicto addidit fidem, quo edixit 'ne quis ciuem Romanum uinctum aut clausum teneret, quo minus ei nominis edendi apud consules potestas fieret, neu quis militis, donec in castris esset, bona possideret aut uenderet, liberos nepotesue eius moraretur'. [7]Hoc proposito edicto, et qui aderant nexi profiteri extemplo nomina, et undique ex tota urbe proripientium se ex priuato, cum retinendi ius creditori non esset, concursus in forum

Des. *V. E. T. A.*

XXIV, **2** plebes ω.P^{1} : plebis *P.LD* plebs $D^{2\text{-}4}$ || **5** praeuerti a se *Pöhlig* : praeuertisse ω peruetisse *M* praeuerti se *Weissenb.* || quicquam nec si sit ω (*sed* -nexi- *L*). $F^{3}D^{2\text{-}4}$: quicquam nec sit *F?D?* (*uel* -ne sit) necquicquam nec sit *M* || **6** quo edixit ω.P^{2} : quo | dixit *M* quae dixit *L* quedixit *P* || neu quis ω : ne quis *M.H.LRD* || esset ω.D^{3} : essent *LRD?*.

n'avaient plus le droit de les retenir, et se rassemblaient au forum pour prêter serment. Ils formèrent un corps nombreux, qui se signala entre tous dans la guerre des Volsques par son courage et son entrain. Le consul entre en campagne et vient camper à peu de distance de l'ennemi.

Campagne contre les Volsques, les Sabins et les Aurunces.

XXV. La nuit suivante, les Volsques, comptant sur la désunion des Romains pour amener à la faveur des ténèbres des désertions ou une trahison, font même une tentative contre le camp. Les sentinelles les découvrirent et alertèrent l'armée. Au premier signal, on courut aux armes ; ainsi échoua l'entreprise des Volsques. Le reste de la nuit fut, de part et d'autre, consacré au sommeil. Le lendemain, dès l'aube, les Volsques comblent notre fossé et donnent l'assaut au rempart. Déjà, de tous côtés, ils arrachaient les palissades ; mais le consul, malgré les cris de toute l'armée et surtout des insolvables, faisait attendre un peu le signal pour éprouver le courage de ses hommes. Suffisamment édifié sur leur ardeur extrême, il finit par déclencher l'attaque et lance ses troupes avides de combattre. Au premier choc, l'ennemi lâcha pied : les fuyards, poursuivis le plus loin possible par l'infanterie, furent taillés en pièces ; la cavalerie les poussa en pleine déroute jusqu'à leur camp. Bientôt le camp lui-même, cerné par nos légions et abandonné à son tour par les Volsques effrayés, fut pris et pillé. Le lendemain, les légions marchent sur Suessa Pométia, où s'était réfugié l'ennemi ; en quelques jours la place est prise et livrée au pillage. Le butin procure quelque aisance aux soldats pauvres ; le consul, couvert de gloire, ramène son armée victorieuse à Rome. En route, il reçoit une délégation des Volsques d'Écétra, qui se croyaient menaut sacramento dicerent fieri. [8]Magna ea manus fuit, neque aliorum magis in Volsco bello uirtus atque opera enituit. Consul copias contra hostem educit ; paruo dirimente interuallo castra ponit.

XXV. [1]Proxima inde nocte Volsci, discordia Romana freti, si qua nocturna transitio proditioue fieri posset, temptant et castra. Sensere uigiles ; excitatus exercitus ; signo dato concursum est ad arma ; ita frustra id inceptum Volscis fuit. [2]Reliquum noctis utrimque quieti datum. Postero die prima luce Volsci fossis repletis uallum inuadunt. [3]Iamque ab omni parte munimenta uellebantur, cum consul, quamquam cuncti undique et nexi ante omnes ut signum daret clamabant, experiendi animos militum causa parumper moratus, postquam satis apparebat ingens ardor, dato tandem ad erumpendum signo militem auidum certaminis emittit. [4]Primo statim incursu pulsi hostes ; fugientibus, quoad insequi pedes potuit, terga caesa ; eques usque ad castra pauidos egit. Mox ipsa castra, legionibus circumdatis, cum Volscos inde etiam pauor expulisset, capta direptaque. [5]Postero die ad Suessam Pometiam quo confugerant hostes legionibus ductis, intra paucos dies oppidum capitur ; captum praedae datum. Inde paulum recreatus egens miles ; [6]consul cum maxima gloria sua uictorem exercitum Romam reducit. Decedentem Romam Ecetranorum Volscorum legati, rebus suis timentes post

Des. *V. E. T. A.*

XXV, **1** posset ω : possit *H.LRD* || et castra *PFBS.U* : ad castra *O.H* a castra *LRD* castra *M.*R^1D^2, *Edd.* || **6** Romam Ecetranorum *F.L* : roma mecetranorum *M.P* — macetranorum *B* roman cetranorum *D* romam mecetranorum *S.O.H.R* — macetranorum D^2 [Romam] Ecetranorum *Crevier.*

cés depuis la prise de Pométia. Un sénatus-consulte leur accorde la paix, mais leur enlève des terres.

XXVI. Aussitôt, les Sabins, à leur tour, mirent Rome en émoi : car ce fut à proprement parler plutôt une alerte qu'une guerre. En pleine nuit, on annonça à Rome qu' « une armée de pillards sabins avait atteint l'Anio ; là ils saccageaient partout et brûlaient les fermes ». On y envoya immédiatement tous les corps de cavalerie avec Aulus Postumius, l'ancien dictateur de la guerre latine ; derrière lui venait le consul Servilius, avec une troupe de fantassins d'élite. Les ennemis, presque tous éparpillés, furent enveloppés par la cavalerie ; quand survint la colonne d'infanterie, le corps d'armée sabin n'offrit pas de résistance. La fatigue de la marche, jointe à celle d'une nuit de pillage, les victuailles et le vin, dont presque tous s'étaient gorgés dans les fermes, leur laissaient à peine la force de fuir[1].

Après avoir en une seule nuit appris et terminé la guerre des Sabins, dès le lendemain, alors qu'on comptait fermement sur une paix générale, le sénat reçoit un ultimatum des Aurunces : « si Rome n'évacue pas le territoire des Volsques, ils lui déclarent la guerre ». En même temps que leurs délégués, l'armée des Aurunces s'était mise en route ; la nouvelle qu'on l'avait déjà vue non loin d'Aricie jeta les Romains dans une telle agitation qu'ils ne purent au sénat ni délibérer dans les règles ni répondre avec calme à des ennemis en armes, s'armant de leur côté. Une colonne en ordre de combat marche vers Aricie ; à peu de distance de cette ville, une rencontre a lieu avec les Aurunces ; un seul combat termina la guerre.

Nouveaux troubles causés par les dettes.

XXVII. Après la défaite des Aurunces, après tant d'expéditions heureuses en si peu de jours, les Romains comptaient sur la parole du consul et

1. Thème banal, appliqué dans la suite aux Barbares (par exemple, V, 44, 6-7).

Pometiam captam, adeunt. His ex senatus consulto data pax, ager ademptus.

XXVI. [1]Confestim et Sabini Romanos territauere : tumultus enim fuit uerius quam bellum. Nocte in urbem nuntiatum est 'exercitum Sabinum praedabundum ad Anienem amnem peruenisse ; ibi passim diripi atque incendi uillas'. [2]Missus extemplo eo cum omnibus copiis equitum A. Postumius, qui dictator bello Latino fuerat ; secutus consul Seruilius cum delecta peditum manu. [3]Plerosque palantes eques circumuenit, nec aduenienti peditum agmini restitit Sabina legio. Fessi cum itinere tum populatione nocturna, magna pars in uillis repleti cibo uinoque, uix fugae quod satis esset uirium habuere.

[4]Nocte una audito perfectoque bello Sabino, postero die in magna iam spe undique partae pacis, legati Aurunci senatum adeunt, ni decedatur Volsco agro bellum indicentes. [5]Cum legatis simul exercitus Auruncorum domo profectus erat ; cuius fama haud procul iam ab Aricia uisi tanto tumultu conciuit Romanos ut nec consuli ordine patres nec pacatum responsum arma inferentibus arma ipsi capientes dare possent. [6]Ariciam infesto agmine itur ; nec procul inde cum Auruncis signa conlata, proelioque uno debellatum est.

XXVII. [1]Fusis Auruncis, uictor tot intra paucos dies bellis Romanus promissa consulis fidemque sena-

Des. *V. E. T. A.*

Substrinxit XXVI, **2** : qui dictator ... fuerat *F*$^{2-1}$.

XXVI, **1** Nocte in urbem *Mv?.PBS* : nocte in urbe *F.U.O.LRD* noctem urbe *H* || **4** partae *Mv?.S*^{x}, *Ed. Rom. 1469* : paratae *U.O.H. LRD* parata *PF* paratam *F*^{1}*?* parati *B* || **5** uisi *P.LRD* : uisa *O.H* uis *FBS.U* ; *in M deletum.*

sur la bonne foi du sénat, quand Appius, avec son caractère orgueilleux, joint au désir d'enlever toute valeur aux engagements de son collègue, se mit à prononcer des sentences aussi dures que possible en matière de dettes, rendant par séries les anciens insolvables aux chaînes de leurs créanciers, et en mettant même sans cesse de nouveaux aux fers. Quand c'étaient d'anciens combattants, ils en appelaient à son collègue. Un rassemblement se faisait devant Servilius ; ils lui rappelaient ses promesses ; ils lui représentaient leurs états de services, leurs blessures ; ils le sommaient « soit de saisir le sénat de la question, soit de porter secours comme consul aux civils, comme général à ses soldats ». Malgré son émotion, le consul, dans la circonstance, était obligé de se tenir sur la réserve, tant son collègue et tout le parti de la noblesse s'étaient jetés dans l'opposition. En gardant ainsi la neutralité, il n'évita pas la rancune du peuple, sans gagner pour cela la faveur du sénat : au sénat, il passait pour un consul sans énergie et pour un intrigant, dans la plèbe pour un fourbe, et on ne tarda pas à avoir la preuve qu'il était aussi impopulaire qu'Appius. Les consuls se disputaient l'honneur de consacrer le temple de Mercure. Le sénat se dessaisit de la question en faveur du peuple : celui qui serait chargé de la consécration par décision du peuple serait également préposé aux approvisionnements, formerait un syndicat de marchands et aurait les pouvoirs d'un pontife pour la célébration du culte. Le peuple remet le soin de la consécration à Marcus Laetorius, centurion de la première compagnie, pour bien montrer qu'il cherchait moins à lui faire honneur en lui confiant une charge supérieure à son rang qu'à faire affront aux consuls[1] : d'où, fatalement, un redoublement de sévérité de l'un d'entre eux et du sénat. Mais la plèbe avait pris de l'assurance et suivait une tout autre voie que

1. La dédicace du temple de Mercure par un plébéien est appelée ici à fortifier l'unité dramatique et psychologique. En fait, les détails conservés par Tite-Live sont suffisants pour évoquer un culte plébéien, établi hors du pomérium sacré (cf. E. Pais), et pour donner une

tus exspectabat, cum Appius, et insita superbia animo et ut collegae uanam faceret fidem, quam asperrime poterat ius de creditis pecuniis dicere. Deinceps et qui ante nexi fuerant creditoribus tradebantur et nectebantur alii. [2]Quod ubi cui militi inciderat, collegam appellabat. Concursus ad Seruilium fiebat : illius promissa iactabant ; illi exprobrabant sua quisque belli merita cicatricesque acceptas ; postulabant ut 'aut referret ad senatum, aut ut auxilio esset consul ciuibus suis, imperator militibus'. [3]Mouebant consulem haec, sed tergiuersari res cogebat : adeo in alteram causam non collega solum praeceps erat, sed omnis factio nobilium. Ita medium se gerendo nec plebis uitauit odium nec apud patres gratiam iniit : [4]patres mollem consulem et ambitiosum rati, plebes fallacem, breuique apparuit aequasse eum Appi odium. [5]Certamen consulibus inciderat, uter dedicaret Mercuri aedem. Senatus a se rem ad populum reiecit : utri eorum dedicatio iussu populi data esset, eum praeesse annonae, mercatorum collegium instituere, sollemnia pro pontifice iussit suscipere. [6]Populus dedicationem aedis dat M. Laetorio, primi pili centurioni, quod facile appareret non tam ad honorem eius cui curatio altior fastigio suo data esset factum quam ad consulum ignominiam. [7]Saeuire inde utique consulum alter patresque. Sed plebi creuerant animi et longe alia quam primo instituerant uia grassabantur : [8]desperato enim

Des. *V. E. T. A.*

XXVII, 1 dicere *M.U.O.H.RD* : di | dicere *L* diceret *PFBS* || 2 exprobrabant ω.F^3 : exprobrant *PBS.U* exprobrabat *F?* || aut *utrumque post Gron. delet Conway* || 3 cogebat ω.P^2O^1 : cogebant *PFBS.U* cogitabat *O* || praeceps erat ν^2 (*marg.*). F^3 : praeceps ierat R^2, *Sabellicus* praeceperat *νFR. cett.* || 4 aequasse : adaequasse *M* || 6 appareret *M.*P^{2-1}*S.O.H.RD* : apparaeret *P* appararet *FB* appares et *L* apparet *U* || 7 utique ω : utrimque *F*P^1*S* utrumque *B.U.*

la première fois. N'attendant plus de secours des consuls ni du sénat, dès qu'elle voyait un débiteur traduit en justice, elle accourait de tous côtés ; la sentence du consul se perdait au milieu du tumulte et des cris[1], et, une fois rendue, personne n'y obéissait. La violence s'en mêlait ; craintes de toute sorte et risque d'être opprimé, depuis que sous les yeux des consuls tout plaignant était assailli par une bande, passaient des débiteurs aux créanciers. A quoi s'ajouta la menace d'une guerre avec les Sabins ; après le décret d'enrôlement, personne ne se fit inscrire, à la grande colère d'Appius. Il incrimina les complaisances coupables de son collègue, « qui se rendait populaire par son silence en trahissant l'intérêt public, et qui, non content de ne pas prononcer de condamnations pour dettes, ne faisait même plus les enrôlements ordonnés par le sénat. Malgré tout, l'État n'était pas sans défenseurs, ni l'autorité consulaire entièrement tombée : à lui seul il se chargeait de sauvegarder la dignité du sénat et la sienne ». A un moment donné, entouré comme chaque jour d'une foule ardente de mutins, il fit saisir un homme qui se signalait comme un meneur. L'homme, entraîné par les licteurs, déclara faire appel : mais l'appel n'aurait pas fait reculer le consul (il n'y avait pas d'illusions à garder sur la décision du peuple) : cet entêté céda, bien à regret aux avis et à l'ascendant de la noblesse, mais non pas aux cris de la foule, tant il trouvait de courage pour braver sa haine. Dès lors, le mal empira tous les jours, avec des manifestations publiques, mais aussi, symptôme beaucoup plus grave, avec des groupements et des conciliabules secrets. Enfin, les consuls impopulaires sortent de charge, Servilius sans avoir contenté personne, Appius avec toute la faveur du sénat.

XXVIII. Aulus Verginius et Titus Vétusius entrent

idée de l'importance de la plèbe comme classe spécifiquement commerçante.

1. L'énoncé est essentiel dans l'ancien droit.

consulum senatusque auxilio, cum in ius duci debitorem uidissent, undique conuolabant; neque decretum exaudiri consulis prae strepitu et clamore poterat, neque cum decresset quisquam obtemperabat. [9]Vi agebatur, metusque omnis et periculum libertatis, cum in conspectu consulis singuli a pluribus uiolarentur, in creditores a debitoribus uerterant. [10]Super haec timor incessit Sabini belli; dilectuque decreto nemo nomen dedit, furente Appio et insectante ambitionem collegae, 'qui populari silentio rem publicam proderet et, ad id quod de credita pecunia ius non dixisset, adiceret ut ne dilectum quidem ex senatus consulto haberet; [11]non esse tamen desertam omnino rem publicam neque proiectum consulare imperium; se unum et suae et patrum maiestatis uindicem fore'. [12]Cum circumstaret cotidiana multitudo licentia accensa, arripi unum insignem ducem seditionum iussit. Ille, cum a lictoribus iam traheretur, prouocauit; nec cessisset prouocationi consul, quia non dubium erat populi iudicium, nisi aegre uicta pertinacia foret consilio magis et auctoritate principum quam populi clamore : adeo supererant animi ad sustinendam inuidiam. [13]Crescere inde malum in dies, non clamoribus modo apertis, sed, quod multo perniciosius erat, secessione occultisque conloquiis. Tandem inuisi plebi consules magistratu abeunt, Seruilius neutris, Appius patribus mire gratus.

XXVIII. [1]A. Verginius inde et T. Vetusius consu-

Des. *V. E. T. A.*

XXVII, **9** periculum libertatis : periculum *M* || **12** et auctoritate : auctoritate *M*.

XXVIII, **1** plebs ω.$D^{2.1}$: plebis *LRD?* plebes R^2.

alors en fonctions. Alors la plèbe, ne sachant ce qu'elle devait attendre des nouveaux consuls, tint des réunions la nuit, partie aux Esquilies, partie sur l'Aventin[1], pour éviter de prendre au forum des décisions improvisées et confuses, et de toujours marcher sans but et au hasard. Les consuls, voyant là un danger, d'ailleurs réel, font un rapport au sénat ; mais il ne put y avoir sur ce rapport de délibération régulière, tant il déchaîna sur tous les bancs de tumulte et de cris indignés contre « ces consuls qui, au lieu d'user de l'autorité de leur charge pour agir, rejetaient sur le sénat la responsabilité de mesures impopulaires. Oui, si Rome avait un gouvernement, il n'y aurait que des assemblées officielles. Mais, en fait, mille sénats, mille assemblées du peuple, [tenant des réunions qui aux Esquilies, qui sur l'Aventin], désagrègent et éparpillent l'État. Et dire qu'il suffirait d'un homme à poigne — mais c'est autre chose qu'un consul —, d'un Appius Claudius, par exemple, pour disperser en un instant ces réunions ! » Devant ces reproches, les consuls demandent ce qu'on attend d'eux : « ils agiront sans tergiverser et sans faiblir, comme le veut le sénat ». Et le sénat leur enjoint de faire les enrôlements avec la dernière énergie : « c'est l'inaction qui cause les désordres populaires ». Les consuls lèvent la séance et montent sur leur tribunal[2] ; ils font l'appel des jeunes gens. Pas un ne répond à l'appel de son nom ; et la foule, les enveloppant, prend l'allure d'une assemblée pour déclarer « qu'on ne se moquera pas plus longtemps de la plèbe ; on ne trouvera plus un seul soldat si l'État ne tient pas ses engagements ; il faut rendre la liberté à chaque individu avant de lui donner des armes ; ils veulent combattre pour leur patrie, pour leurs concitoyens, et non pour leurs maîtres ». Les consuls voyaient bien ce que leur

1. Les Esquilies restent « faubourg » jusqu'à la fin du Ier siècle. L'Aventin, dominant les accès au marché extérieur de Rome et les sanctuaires plébéiens (Cérès, Mercure), est une citadelle de la plèbe.

2. L'estrade ou butte d'où un magistrat s'adresse à la foule.

latum ineunt. Tum uero plebs, incerta quales habitura consules esset, coetus nocturnos, pars Esquiliis, pars in Auentino facere, ne in foro subitis trepidaret consiliis et omnia temere ac fortuito ageret. [2]Eam rem consules rati, ut erat, perniciosam ad patres deferunt, sed delatam consulere ordine non licuit : adeo tumultuose excepta est clamoribus undique et indignatione patrum, 'si, quod imperio consulari exsequendum esset, inuidiam eius consules ad senatum reicerent : [3]profecto, si essent in re publica magistratus, nullum futurum fuisse Romae nisi publicum concilium ; nunc in mille curias contionesque [cum alia in Esquiliis, alia in Auentino fiant concilia] dispersam et dissipatam esse rem publicam. [4]Vnum hercule uirum — id enim plus esse quam consulem —, qualis Ap. Claudius fuerit, momento temporis discussurum illos coetus fuisse'. [5]Correpti consules cum 'quid ergo se facere uellent — nihil enim segnius molliusue quam patribus placeat acturos —' percontarentur, decernunt ut 'dilectum quam acerrimum habeant : otio lasciuire plebem'. [6]Dimisso senatu consules in tribunal escendunt ; citant nominatim iuniores. Cum ad nomen nemo responderet, circumfusa multitudo in contionis modum negare 'ultra decipi plebem posse ; [7]nunquam unum militem habituros ni praestaretur fides publica ; libertatem unicuique prius reddendam esse quam arma danda, ut pro patria ciuibusque, non pro dominis pugnent'. [8]Consules quid mandatum esset a senatu uidebant, sed eorum qui intra parietes

Des. *V. E. T. A.*

XXVIII, **2** ut erat ω.$P^2R^1D^3$: ut erant *M.P.LRD* || consulere ω : consululere *M* consuli M^3 || **3** [cum alia ... fiant concilia] *secl. Wecklein* || dissipatam ω : dispensatam *LRD* || **6** escendunt *M.PP*^{3} : ascendunt P^2.ω descendunt *LRD* || negare *M. dett. aliq.* : negaret *cett.*

avaient dit de faire les sénateurs ; mais, si derrière les murs de la curie ceux-ci parlaient haut et ferme, pas un n'était là pour partager leur impopularité, et tout annonçait une lutte sévère avec la plèbe. Aussi, avant d'employer les moyens extrêmes, ils résolurent de consulter encore le sénat. Mais alors, volant pour ainsi dire vers le siège des consuls, les plus jeunes sénateurs les sommèrent de démissionner et de « déposer un pouvoir qu'ils n'avaient pas le courage de faire respecter ».

XXIX. A bout d'expédients d'un côté comme de l'autre, les consuls finissent par déclarer : « Vous êtes prévenus, sénateurs, vous ne direz pas le contraire : il va y avoir une grave émeute. Nous demandons à ceux qui blâment le plus notre faiblesse de se joindre à nous pour faire l'enrôlement. Nous emploierons sans aucun ménagement la manière forte, puisque vous le voulez. » Ils reviennent à leur tribunal : ils font appeler le nom d'un homme choisi à dessein parmi ceux qu'ils avaient devant les yeux[1]. Il ne bouge pas et ne répond pas, et, comme un petit groupe s'était formé autour de lui pour s'opposer à un coup de force, les consuls envoient vers lui un licteur. On le repousse. Alors, criant que « pour le coup, c'est une indignité », les sénateurs qui assistaient les consuls s'élancent en bas du tribunal pour prêter main-forte au licteur. Mais après le licteur, qu'on se borna à empêcher de faire l'arrestation, l'émeute s'en prenait aux sénateurs, quand l'intervention hâtive des consuls apaisa la bagarre : tout se passait d'ailleurs sans pierres, sans armes, en cris de colère plutôt qu'en violences. Le sénat, réuni en pleine confusion, délibère plus confusément encore[2], ceux qu'on avait bousculés réclamant une enquête, les exaltés l'acceptant, moins par un vote régulier que par des cris désordonnés. Finalement, comme

1. Tout faux-fuyant est ainsi évité.

2. Dans une discussion régulière, chaque sénateur ne parlait qu'à son tour et quand le président lui demandait son avis.

curiae ferociter loquerentur neminem adesse inuidiae suae participem ; et apparebat atrox cum plebe certamen. [9]Prius itaque quam ultima experirentur, senatum iterum consulere placuit. Tum uero ad sellas consulum prope conuolauere minimus quisque natu patrum, abdicare consulatum iubentes et 'deponere imperium, ad quod tuendum animus deesset'.

XXIX. [1]Vtraque re satis experta, tum demum consules : « Ne praedictum negetis, patres conscripti, adest ingens seditio. Postulamus ut hi qui maxime ignauiam increpant adsint nobis habentibus dilectum. Acerrimi cuiusque arbitrio, quando ita placet, rem agemus. » [2]Redeunt in tribunal ; citari nominatim unum ex iis qui in conspectu erant dedita opera iubent. Cum staret tacitus et circa eum aliquot hominum, ne forte uiolaretur, constitisset globus, lictorem ad eum consules mittunt. [3]Quo repulso, 'tum uero indignum facinus esse' clamitantes qui patrum consulibus aderant, deuolant de tribunali ut lictori auxilio essent. [4]Sed ab lictore nihil aliud quam prendere prohibito cum conuersus in patres impetus esset, consulum intercursu rixa sedata est, in qua tamen sine lapide, sine telo, plus clamoris atque irarum quam iniuriae fuerat. [5]Senatus tumultuose uocatus tumultuosius consulitur, quaestionem postulantibus iis qui pulsati fuerant, decernente ferocissimo quoque non sententiis magis quam clamore et strepitu. [6]Tandem cum irae resedissent, exprobrantibus consulibus 'ni-

Des. *V. E. T. A.*

XXVIII, **9** prope *ω.υ?* : propere *M³D²* || conuolauere *ω* : conuolar *Mυ?*

XXIX, **2** erant *ω* : erat *M.LRD.*

les colères s'étaient calmées, les consuls se plaignant de ne pas trouver plus de sang-froid dans la curie qu'au forum, une délibération régulière s'établit. Il y eut trois ordres du jour : celui de Publius Verginius[1] repoussait toute mesure générale et proposait de s'occuper seulement de ceux qui, sur la parole du consul Publius Servilius, avaient fait campagne contre les Volsques, les Aurunces et les Sabins. Titus Largius, au contraire, trouvait que « ce n'était pas le moment de libérer uniquement les anciens combattants ; toute la plèbe était enfoncée dans les dettes et ne reprendrait pied qu'à la suite d'une mesure générale ; bien plus, toute distinction entre plébéiens attiserait la discorde au lieu de l'apaiser[2] ». Quant à Appius Claudius, dont le caractère violent était surexcité à la fois par la haine du peuple et par la faveur du sénat, il disait que la licence et non la misère causait tous ces troubles ; la plèbe était plus frondeuse que furieuse. Tout le mal venait du droit d'appel : car le pouvoir des consuls se réduisait à une simple menace du moment qu'il était permis au coupable de faire appel devant ses complices. « Eh bien ! », dit-il, « nommons un dictateur ; il n'est pas soumis à l'appel ; aussitôt cette fureur, qui met tout en feu, cessera de gronder. Que quelqu'un me bouscule donc un licteur, s'il sait que son dos et sa tête[3] en répondront devant celui-là seul dont il outragera la majesté. »

XXX. La majorité trouvait avec raison sévère et cruel l'ordre du jour d'Appius. Par contre, ceux de Verginius et de Largius créaient un précédent qui n'était pas sans danger ; surtout celui de Largius, qui abolissait toute créance[4]. Celui de Verginius semblait le meilleur compromis, qui ménageait tout le monde. Mais l'esprit de parti et le souci

1. Non consulaire. On attendrait son avis après celui de T. Largius (consul : 18, 1).
2. Pourquoi? On dirait une pure formule rhétorique.
3. Allusion aux verges et à la hache (cf. 18, 8).
4. Évocation anachronique d'un mouvement monétaire important.

hilo plus sanitatis in curia quam in foro esse', ordine consuli coepit. [7]Tres fuere sententiae. P. Verginius rem non uolgabat ; de iis tantum, qui fidem secuti P. Seruili consulis Volsco Aurunco Sabinoque militassent bello, agendum censebat. [8]T. Largius, 'non id tempus esse ut merita tantummodo exsoluerentur ; totam plebem aere alieno demersam esse, nec sisti posse ni omnibus consulatur ; quin si alia aliorum sit condicio, accendi magis discordiam quam sedari'. [9]Ap. Claudius, et natura immitis et efferatus hinc plebis odio, illinc patrum laudibus, 'non miseriis' ait, 'sed licentia tantum concitum turbarum et lasciuire magis plebem quam saeuire. [10]Id adeo malum ex prouocatione natum : quippe minas esse consulum, non imperium, ubi ad eos qui una peccauerint prouocare liceat'. [11]« Agedum, inquit, dictatorem, a quo prouocatio non est, creemus ; iam hic quo nunc omnia ardent conticescet furor. [12]Pulset tum mihi lictorem qui sciet ius de tergo uitaque sua penes unum illum esse cuius maiestatem uiolarit. »

XXX. [1]Multis, ut erat, horrida et atrox uidebatur Appi sententia ; rursus Vergini Largique exemplo haud salubres, utique Largi [putabant sententiam], quae totam fidem tolleret ; medium maxime et moderatum utroque consilium Vergini habebatur. [2]Sed factione respectuque rerum priuatarum, quae sem-

Des. *V. E. T. A.*

XXIX, 8 posse ni *S.U.*R^{1-2} : posse in *O* possent ω.*R*D^1 possenib. (-ni om- *omisso*) *D* posse *H* || **11** Agedum M^3.P^2F^3*S.H.*R^x*D* : agendum *M.PF.R. cett.* || conticescet P^2*FBS.U* (*in quo* -cesset). *O.*$R^{1-2}D^3$: conticiscet *PRD. cett.* || **12** uiolarit R^2. *dett. aliq.* : uiolauit *υR. cett.*

XXX, **1** Multis, ut : multis *M* || salubres ω : salubrem *υ?*F^3.*O.H.*D^2 || [putabant sententiam] *deleuit Gebhard.*

des intérêts particuliers, qui ont toujours nui et nuiront toujours au bien public, firent triompher Appius : peu s'en fallut qu'on ne le fît lui-même dictateur, ce qui eût achevé d'indisposer la plèbe à l'heure d'un grave danger, quand les Volsques, les Èques et les Sabins étaient justement tous à la fois sous les armes. Mais les consuls et les sénateurs les plus âgés eurent soin de ne confier ce pouvoir violent en soi qu'à un caractère doux : ils nomment dictateur Manius Valérius, fils de Volésus[1]. Pour la plèbe, c'était évidemment contre elle qu'était créé ce dictateur : néanmoins, comme elle devait à son frère la loi sur le droit d'appel, elle ne redoutait de cette famille ni rigueur ni arrogance ; d'ailleurs un édit rendu par le dictateur confirma ces bonnes dispositions en reproduisant à peu près l'édit du consul Servilius[2] ; bref, trouvant que le mieux était de faire confiance à l'homme et à son autorité, ils cessèrent la lutte et s'enrôlèrent. Jamais encore de tels effectifs ne s'étaient vus : dix légions furent formées ; trois furent données à chaque consul ; quatre restèrent à la disposition du dictateur.

Campagnes simultanées contre les Èques, les Volsques et les Sabins.

Il n'était plus possible de retarder la guerre : les Èques avaient envahi le Latium ; les Latins faisaient réclamer au sénat l'envoi d'une troupe de soutien, ou l'autorisation de prendre les armes et d'assurer eux-mêmes la défense de leur territoire. La prudence conseillait de défendre les Latins désarmés plutôt que de les laisser se remettre aux armes. Le consul Vétusius y fut envoyé, ce qui mit fin aux ravages. Les Èques évacuèrent la plaine et, moins confiants en leur force qu'en leur position, ils se tenaient en lieu sûr dans les hauteurs des

1. Confusion, due à une diversité de sources, entre Manius Valérius, neveu de Publicola (18, 6), et Marcus, son frère (20, 1-3)?

2. Le dictateur est censé agir comme le préteur aux temps classiques.

per offecere officientque publicis consiliis, Appius uicit, ac prope fuit ut dictator ille idem crearetur; [3]quae res utique alienasset plebem periculosissimo tempore, cum Volsci Aequique et Sabini forte una omnes in armis essent. [4]Sed curae fuit consulibus et senioribus patrum, ut imperium sua ui *ue*hemens mansueto permitteretur ingenio : [5]M'. Valerium dictatorem Volesi filium creant. Plebes etsi aduersus se creatum dictatorem uidebat, tamen cum prouocationem fratris lege haberet, nihil ex ea familia triste nec superbum timebat; [6]edictum deinde a dictatore propositum confirmauit animos, Seruili fere consulis edicto conueniens; sed et homini et potestati melius rati credi, omisso certamine nomina dedere. [7]Quantus nunquam ante exercitus, legiones decem effectae; ternae inde datae consulibus, quattuor dictator usus.

[8]Nec iam poterat bellum differri. Aequi Latinum agrum inuaserant. Oratores Latinorum ab senatu petebant ut aut mitterent subsidium, aut se ipsos tuendorum finium causa capere arma sinerent. [9]Tutius uisum est defendi inermes Latinos quam pati retractare arma. Vetusius consul missus est; is finis populationibus fuit : cessere Aequi campis, locoque magis quam armis freti, summis se iugis montium tutabantur. [10]Alter consul in Volscos profectus, ne et ipse tereret tempus, uastandis maxime agris hostem ad conferenda propius castra dimicandumque acie exciuit. [11]Medio inter castra campo ante suum quisque

Des. *V. E. T. A.*

XXX, **4** imperium sua ui uehemens *Frigell* : imperium sua uihemens (*uel* itihemens) *M* imperium suo uehemens *O.R*², *Edd. uet. aliq.* imperio suo uehemens *M*¹*vR. cett.* || **6** animos (-mas *B*) : *om. M* || **9** is finis *M.R*² : is finis nibil *L* is finis nihil *R.ω* is finis illis nihil *U* (*delet* nihil *U*¹·²).

montagnes. L'autre consul marcha contre les Volsques, et, ne voulant pas perdre son temps, lui aussi, il ravagea complètement la campagne pour forcer l'ennemi à venir camper près de lui et à accepter la bataille. Dans une plaine entre les deux camps, chaque armée, au pied de ses retranchements, prit ses positions de combat. Les effectifs des Volsques étaient bien supérieurs : aussi, sans même daigner se ranger, ils commencèrent à attaquer. Le consul romain ne porta pas ses troupes en avant, leur défendit même de répondre aux cris de l'adversaire, mais les tint immobiles, le pilum fiché en terre ; son ordre était de laisser venir l'ennemi jusqu'au corps à corps et, à ce moment, d'attaquer à fond à l'épée. Quand les Volsques, épuisés par leur course et leurs cris, arrivent au contact des Romains soi-disant glacés d'épouvante, et qu'ils voient une contre-attaque se déclencher et les épées briller devant leurs yeux, alors, comme s'ils étaient tombés dans une embuscade, ils perdent la tête et font volte-face, et ils n'avaient même plus la force de s'enfuir après une charge au pas de course. Les Romains, au contraire, pleins de vigueur pour s'être ménagés au début du combat[1] et rattrapant sans peine l'ennemi épuisé, prirent son camp d'assaut et, une fois qu'il n'eut plus de camp, le poursuivirent jusqu'à Vélitres[2], où se jetèrent pêle-mêle vainqueurs et vaincus ; là, massacrant tout indistinctement, ils versèrent plus de sang que dans la bataille elle-même : quelques-uns seulement eurent la vie sauve en déposant les armes et en venant faire leur soumission.

XXXI. Durant cette expédition contre les Volsques, le dictateur, sur le théâtre le plus important de la guerre, défait les Sabins et les met en déroute, enlève leur camp. Une charge de cavalerie avait rompu leur centre auquel le développement excessif des deux ailes ne laissait qu'une

1. César (*Guerre civile*, III, 92) condamne l'attitude ici prônée.
2. Ville des Volsques (Velletri), de riche civilisation gréco-étrusque au VIe siècle, à la bordure sud-est des monts Albains.

uallum infestis signis constitere. Multitudine aliquantum Volsci superabant; [12]itaque effusi et contemptim pugnam iniere. Consul Romanus nec promouit aciem, nec clamorem reddi passus defixis pilis stare suos iussit : 'ubi ad manum uenisset hostis, tum coortos tota ui gladiis rem gerere'. [13]Volsci cursu et clamore fessi cum se uelut stupentibus metu intulissent Romanis, postquam impressionem sensere ex aduerso factam et ante oculos micare gladios, haud secus quam si in insidias incidissent, turbati uertunt terga; et ne ad fugam quidem satis uirium fuit, quia cursu in proelium ierant. [14]Romani contra, quia principio pugnae quieti steterant, uigentes corporibus, facile adepti fessos, et castra impetu ceperunt et castris exutum hostem Velitras persecuti uno agmine uictores cum uictis in urbem inrupere; [15]plusque ibi sanguinis promiscua omnium generum caede quam in ipsa dimicatione factum. Paucis data uenia, qui inermes in deditionem uenerunt.

XXXI. [1]Dum haec in Volscis geruntur, dictator Sabinos, ubi longe plurimum belli fuerat, fundit fugatque, exuit castris. [2]Equitatu immisso mediam turbauerat hostium aciem, qua se, dum cornua latius

Des. *V. E. T. A.*

XXX, **12** iniere ω : ingere *H* inire *M*ν || coortos S^x.ρ : cohortos *M.P.L.R.*D^1 cohortes P^2*FBS.U.O.H.D* cohortis M^3 || **13** quam si in D^x, *Ed. Mediol. 1495 Ald.* : quam si ω.ν*D* quam se *B* quam *M* || **14** Velitras M^3.R^2 (*in ras.*) : ueliras *M*.P^2 (*marg., ut secundam lectionem*). *L* uel atras *H* uelitres P^2 (*ut uidetur*) *S* uelires *PFB* uelites P^2? F^1.*U.O.*

XXXI, **1** fugatque, exuit ω.M^3ν : fugaque exuitque *M* fugatque et exuit *Gron.* || **2** qua ω.O^3D^2 : quia *O.H* quam *D*? (*et sic fortasse uoluit F, tildo super* q *posito*), *Salmasius Gron. Edd. rec.* || se dum cornua *B* : dum se cornua *cett.* (*sed* — comua *L*) || latius pandunt, parum ω.M^3D^3 : latiuri spandunt se parum *M*? latius scandunt parum *H* latium spandunt parum *L.*

profondeur insuffisante : dans cette trouée, l'infanterie se lança. Une seule et même attaque nous livra le camp et termina la campagne. Après la bataille du lac Régille, il n'y en a pas eu de plus fameuse à cette époque. Le dictateur rentre à Rome en triomphe. En plus des honneurs ordinaires, une place lui fut réservée à lui et à ses descendants dans les spectacles du cirque, et on y mit une chaise curule[1].

Les Volsques perdirent par cette défaite le territoire de Vélitres ; la ville fut peuplée de Romains qu'on y conduisit en colonie[2].

Quant aux Èques, on ne leur livra bataille que bien plus tard, et malgré le consul, parce qu'on était en contre-bas pour attaquer l'ennemi. Mais ses hommes l'accusèrent de faire traîner l'affaire pour laisser expirer les pouvoirs du dictateur avant leur retour à Rome et rendre ses promesses caduques, comme autrefois celles du consul. Ils le décidèrent à lancer sans précaution et à tout risque ses troupes droit sur la montagne. L'opération, mal engagée, prit, grâce à la lâcheté de l'adversaire, une tournure favorable : avant d'être à portée de trait, l'ennemi, démoralisé par l'audace des Romains, abandonna le camp qu'il occupait dans une position très forte, pour se jeter dans les vallées de l'autre versant ; ce qui nous valut un butin appréciable et une victoire sans pertes.

Retraite de la plèbe sur le mont Sacré.

Malgré ce triple succès militaire, la solution des difficultés intérieures ne cessait de préoccuper tant le sénat que la plèbe. A force de protections et d'intrigues, les usuriers avaient pris leurs dispositions pour frustrer l'espoir de la plèbe et du dictateur lui-même. Valérius, en effet, dès le retour du consul Vétusius et avant toute autre question, plaida d'abord au sénat la cause du peuple vainqueur et mit à l'ordre du jour le pro-

1. Cet honneur avait été attribué à Pompée, puis à César.
2. Tite-Live distingue « peuplement » (*coloni*) et « colonie » en forme

pandunt, parum apte introrsum ordinibus [aciem] firmauerant; turbatos pedes inuasit; eodem impetu castra capta debellatumque est. [3]Post pugnam ad Regillum lacum non alia illis annis pugna clarior fuit. Dictator triumphans urbem inuehitur. Super solitos honores locus in circo ipsi posterisque ad spectaculum datus; sella in eo loco curulis posita.

[4]Volscis deuictis Veliternus ager ademptus; Velitras coloni ab urbe missi et colonia deducta.

Cum Aequis post aliquanto pugnatum est, inuito quidem consule quia loco iniquo subeundum erat ad hostes; [5]sed milites 'extrahi rem' criminantes 'ut dictator, priusquam ipsi redirent in urbem, magistratu abiret inritaque, sicut ante consulis, promissa eius caderent', perpulere ut forte temere in aduersos montis agmen erigeret. [6]Id male commissum ignauia hostium in bonum uertit, qui, priusquam ad coniectum teli ueniretur, obstupefacti audacia Romanorum, relictis castris quae munitissimis tenuerant locis, in auersas ualles desiluere. Ibi satis praedae et uictoria incruenta fuit.

[7]Ita trifariam re bello bene gesta, de domesticarum rerum euentu nec patribus nec plebi cura decesserat: tanta cum gratia tum arte praeparauerant feneratores quae non modo plebem, sed ipsum etiam dictatorem frustrarentur. [8]Namque Valerius post Vetusi consulis reditum omnium actionum in senatu primam habuit pro uictore populo, rettulitque quid de

Des. *V. E. T. A.*

XXXI, **2** ordinibus [aciem] *Gron.* || **6** auersas *Tan. Faber* : aduersas *codd.* || desiluere ω : disiluere *LRD* (*in quo* diss-) || Ibi *det. un.*, *Tan. Faber* : ubi *codd.* || **7** gratia $M.P^{2\text{-}3}F^{x}.O.H.RD$: gratiam *PFBS* (tantam *supra scribens*). *U* grā *L* || tum arte $M^{3}.F.O.D^{x}$: tam arte *H* tum artem *PBS.U.LRD* cum arte *M* || **8** in senatu $F^{x}.U$: in senatum *F. cett.*

blème des dettes. L'ordre du jour fut rejeté. « Je déplais », dit-il, « en voulant faire l'union. Dans quelques jours, sûrement, vous souhaiterez que la plèbe romaine n'ait que des défenseurs comme moi. Pour ma part, je ne continuerai pas à bercer d'illusions mes concitoyens ni à garder moi-même une dictature illusoire. Des difficultés à l'intérieur et la guerre au dehors rendaient cette magistrature nécessaire à l'État ; la paix est assurée au dehors ; à l'intérieur, on s'y oppose ; c'est en citoyen et non en dictateur que je me mêlerai aux troubles. » Il sortit alors de la curie et donna sa démission. Les plébéiens comprirent ses raisons : c'était leur sort qui le révoltait et lui faisait quitter sa charge ; aussi, le jugeant quitte de sa promesse, puisqu'il ne dépendait pas de lui de la tenir, ils le reconduisirent chez lui avec des acclamations et des éloges.

XXXII. Alors, le sénat se prit à craindre que la libération des soldats ne fît renaître les assemblées secrètes et les complots. Aussi, bien qu'ils eussent été enrôlés par le dictateur, comme c'étaient les consuls qui leur avaient fait prêter serment, on estima que ce serment les liait encore et, sous prétexte que les Èques reprenaient les hostilités, on donna l'ordre aux légions d'entrer en campagne. Cela ne fit que hâter la révolte. Il fut d'abord question, paraît-il, de massacrer les consuls pour se délier du serment ; puis, apprenant que jamais un crime ne déliait d'une obligation sacrée[1], l'armée, à l'instigation d'un certain Sicinius, cessa d'obéir aux consuls et se retira sur le mont Sacré, sur la rive droite de l'Anio, à trois milles de Rome. Telle est la tradition la plus répandue ; selon une autre adoptée par Pison, c'est sur l'Aventin qu'ils se seraient retirés[2]. Là, sans général, ils firent un camp entouré d'un

(*colonia*), cette dernière ayant une fonction militaire : ici, la disjonction des Volsques et des Èques.

1. Cette tradition combine une croyance très archaïque (le serment, lié à la personne à laquelle on l'a prêté, périt avec elle : cf. III, 20, 4) et une conception plus rigoureuse des obligations morales.

2. Tradition que suit Tite-Live lui-même, III, 54, 9.

nexis fieri placeret. [9]Quae cum reiecta relatio esset, « Non placeo, inquit, concordiae auctor. Optabitis, mediusfidius, propediem, ut mei similes Romana plebis patronos habeat. Quod ad me attinet, neque frustrabor ultra ciues meos neque ipse frustra dictator ero. [10]Discordiae intestinae, bellum externum fecere ut hoc magistratu egeret res publica : pax foris parta est, domi impeditur ; priuatus potius quam dictator seditioni interero. » Ita curia egressus dictatura se abdicauit. [11]Apparuit causa plebi, suam uicem indignantem magistratu abisse ; itaque, uelut persoluta fide, quoniam per eum non stetisset quin praestaretur, decedentem domum cum fauore ac laudibus prosecuti sunt.

XXXII. [1]Timor inde patres incessit ne, si dimissus exercitus foret, rursus coetus occulti coniurationesque fierent. Itaque, quamquam per dictatorem dilectus habitus esset, tamen quoniam in consulum uerba iurassent sacramento teneri militem rati, per causam renouati ab Aequis belli educi ex urbe legiones iussere. Quo facto maturata est seditio. [2]Et primo agitatum dicitur de consulum caede, ut soluerentur sacramento ; doctos deinde nullam scelere religionem exsolui, Sicinio quodam auctore iniussu consulum in Sacrum montem secessisse. Trans Anienem amnem est, tria ab urbe milia passuum. [3]Ea frequentior fama est quam cuius Piso auctor est, in Auentinum secessionem factam esse. [4]Ibi sine ullo duce uallo fossaque

Des. *V. E. T. A.*

XXXI, **9** plebis *M.P.H.LR?D* : plebes *M²P²*. *cett.* || **11** plebi ω.*P²*ρ : plebis *PF³.O.R³*.

XXXII, **2** amnem est *Mυ?.H.RD* : annem est *L* amnem *PFBS.U.O.R²D*ˣ an nē *F*ˣ || **5** plebis *M.P.LRD* : plebes *M²P²D³*. *cett.*

fossé et d'une palissade, et, paisibles, se bornant à prendre les vivres nécessaires[1], ils demeurèrent quelques jours sans attaquer ni être attaqués.

La terreur régnait à Rome ; une appréhension mutuelle tenait tout en suspens : on craignait dans la plèbe privée des siens un coup de force du sénat ; on craignait au sénat la plèbe demeurée à Rome, et les sénateurs se demandaient s'il valait mieux la voir rester ou partir. « D'ailleurs, combien de temps durerait le calme des mutins? Qu'arriverait-il si sur ces entrefaites une guerre éclatait au dehors? » Sans l'union de tous les citoyens, la situation apparaissait comme désespérée ; cette union, il fallait coûte que coûte la ramener dans l'État. On décida donc d'envoyer à la plèbe un parlementaire, Ménénius Agrippa, orateur éloquent, que ses origines plébéiennes[2] rendaient populaire. Une fois introduit dans le camp, il eut recours à un procédé oratoire archaïque et primitif[3], et se borna à raconter cette fable : «Au temps où le corps humain ne formait pas comme aujourd'hui un tout en parfaite harmonie, mais où chaque membre avait son opinion et son langage, tous s'étaient indignés d'avoir le souci, la peine, la charge d'être les pourvoyeurs de l'estomac, tandis que lui, oisif au milieu d'eux, n'avait qu'à jouir des plaisirs qu'on lui procurait ; tous, d'un commun accord, avaient décidé, les mains de ne plus porter les aliments à la bouche, la bouche de ne plus les recevoir, les dents de ne plus les broyer. Mais, en voulant, dans leur colère, réduire l'estomac par la famine, du coup les membres, eux aussi, et le corps entier étaient tombés dans un complet épuisement. Ils avaient alors compris que la fonction de l'estomac n'était pas non plus une sinécure, que s'ils le nourrissaient il les nourrissait,

1. Dans la campagne, qui appartenait aux patriciens. Mais cette affirmation est en contradiction avec le chap. 34, 2 et 10-11.

2. A Ménénius Agrippa, patricien issu de la plèbe (ce qui est singulier), certains auteurs, dont Cicéron (*Brutus*, 54), substituaient M. Valérius.

3. Tite-Live affecte (contre d'autres historiens-rhéteurs?) de retrouver une éloquence sans parure et ignorante de l'amplification.

communitis castris quieti, rem nullam nisi necessariam ad uictum sumendo, per aliquot dies neque lacessiti neque lacessentes sese tenuere.

[5]Pauor ingens in urbe, metuque mutuo suspensa erant omnia. Timere relicta ab suis plebis uiolentiam patrum ; timere patres residem in urbe plebem, incerti manere eam an abire mallent : [6]'quamdiu autem tranquillam quae secesserit multitudinem fore? quid futurum deinde si quod externum interim bellum exsistat?' ; [7]nullam profecto nisi in concordia ciuium spem reliquam ducere : 'eam per aequa, per iniqua reconciliandam ciuitati esse'. [8]Placuit igitur oratorem ad plebem mitti Menenium Agrippam, facundum uirum et quod inde oriundus erat plebi carum. Is intromissus in castra prisco illo dicendi et horrido modo nihil aliud quam hoc narrasse fertur : [9]'tempore quo in homine non ut nunc omnia in unum consentiant, sed singulis membris suum cuique consilium, suus sermo fuerit, indignatas reliquas partes sua cura, suo labore ac ministerio uentri omnia quaeri, uentrem in medio quietum nihil aliud quam datis uoluptatibus frui ; [10]conspirasse inde ne manus ad os cibum ferrent, nec os acciperet datum, nec dentes conficerent. Hac ira, dum uentrem fame domare uellent, ipsa una membra totumque corpus ad extremam tabem uenisse. [11]Inde apparuisse uentris quoque haud segne ministerium esse, nec magis ali quam alere eum, reddentem

Des. *V. E. T. A.*

8 Placuit ω : sic placuit *Mυ* || **9** consentiant ω.υ : consentiunt *U* consentiebant F^3 consentientia *Heerwagen* || fuerit ω.υP^2 : fuerat *P*F^3. *O.H* || **10** nec dentes conficerent *PFBS.U* (*in quo* ne-). D^3 : nec dentesq. conficerent *M* nec dentes quae conficerent M^3.*H.LRD* nec dentes acciperent. que conficerent *O* nec dentes quae acciperent conficerent *Walters* (*cf.* Cic., *Nat. Deor.*, *II*, *135*).

en renvoyant à toutes les parties du corps ce principe de vie et de force réparti entre toutes les veines, le fruit de la digestion, le sang[1]. » Faisant alors un parallèle entre la révolte interne du corps et la colère des plébéiens contre le sénat, il les fit changer de sentiment.

XXXIII. On se mit alors à traiter de la réconciliation et l'on consentit à accorder à la plèbe des magistrats spéciaux et inviolables, chargés de prendre sa défense contre les consuls, et à exclure tout patricien de cette fonction. C'est ainsi qu'on nomma deux tribuns plébéiens, Gaius Licinius et Lucius Albinus. Ils se donnèrent[2] trois collègues, parmi lesquels Sicinius, le meneur de l'insurrection ; sur le nom des deux autres, il y a doute. Selon quelques-uns même[3], on n'aurait créé que deux tribuns sur le mont Sacré, et c'est là que la loi Sacrée[4] aurait été portée.

Coriolan.

Pendant la retraite de la plèbe, Spurius Cassius et Postumius Cominius étaient devenus consuls. Sous leur consulat, on fit avec les Latins un traité d'alliance. Pour le conclure, l'un des consuls resta à Rome. L'autre, envoyé en expédition contre les Volsques, bat les Volsques d'Antium, les met en fuite, les refoule sur Longula, les y poursuit et s'empare de la place. De là il poussa vers Polusca, également aux Volsques, et la prit ; puis il attaqua vigoureusement Corioles. Il y avait alors à l'armée, parmi l'élite de la jeunesse, Gnaeus Marcius, à la fois homme de tête et homme d'action, surnommé depuis Coriolan. Soudain, tandis que l'armée romaine qui assiégeait Corioles ne s'occupait qu'à faire le blocus de la place et ne se croyait

1. Ce développement de l'apologue suppose une connaissance peu vraisemblable à cette date de l'anatomie et de la physiologie.

2. Par cooptation. Ceci ne s'accorde pas avec l'hypothèse qui fait des tribuns les chefs plébéiens des quatre tribus urbaines.

3. Ainsi : Sempronius Tuditanus, Atticus, Cicéron.

4. Cette loi faisait du tribun un personnage *sacrosanctus*, c'est-à-dire

in omnes corporis partes hunc quo uiuimus uigemusque, diuisum pariter in uenas maturum confecto cibo sanguinem'. [12]Comparando hinc quam intestina corporis seditio similis esset irae plebis in patres, flexisse mentes hominum.

XXXIII. [1]Agi deinde de concordia coeptum, concessumque in condiciones ut plebi sui magistratus essent sacrosancti quibus auxilii latio aduersus consules esset, neue cui patrum capere eum magistratum liceret. [2]Ita tribuni plebei creati duo, C. Licinius et L. Albinus ; ii tres collegas sibi creauerunt. In his Sicinium fuisse, seditionis auctorem ; de duobus, qui fuerint minus conuenit. [3]Sunt qui duos tantum in Sacro monte creatos tribunos esse dicant, ibique sacratam legem latam.

Per secessionem plebis Sp. Cassius et Postumius Cominius consulatum inierunt. [4]Iis consulibus cum Latinis populis ictum foedus. Ad id feriendum consul alter Romae mansit. Alter, ad Volscum bellum missus, Antiates Volscos fundit fugatque ; compulsos in oppidum Longulam persecutus moenibus potitur. [5]Inde protinus *Pol*uscam, item Volscorum, cepit ; tum magna ui adortus est Coriolos. Erat tum in castris inter primores iuuenum Cn. Marcius, adulescens et consilio et manu promptus, cui cognomen postea Coriolano fuit. [6]Cum subito exercitum Romanum Coriolos obsidentem atque in oppidanos quos intus clausos

Des. *V. E. T. A.*

XXXIII, **3** Cominius *Mυ?.P*ᵏ : comminius *O.LRD* comunius *PFB S.U* comminus co͞nss. noui *H* || **5** protinus Poluscam, item *Sigonius* (*ex* Dion. Hal., *VI, 91, 3*) : protinus mus camitem *P* protimus mucamitem *M* protinus mucamitem M^2P^2. *cett.* || Cn. Marcius R^2 : lc̄ martius *M* c̄. marcius *S* c̄. martius *F. D* c. marcius M^{2-1}.*PB.U.*

menacée d'aucune attaque venant du dehors, des légions volsques partant d'Antium fondirent sur elle ; en même temps, les assiégés faisaient une sortie. Justement Marcius était de garde. Avec une poignée de soldats d'élite, il ne se contenta pas de repousser la sortie, mais il eut l'audace de pénétrer par la porte ouverte dans le quartier le plus proche, massacra tout et, trouvant sous sa main du feu, le jeta dans les maisons attenantes aux remparts. Les cris des assiégés, joints aux plaintes que poussaient les femmes et les enfants, comme toujours dans le premier moment de frayeur, encouragèrent les Romains et jetèrent le désarroi parmi les Volsques : car ils crurent prise la ville qu'ils venaient secourir. Ainsi furent défaits les Volsques d'Antium et la place de Corioles emportée[1]. La gloire de Marcius éclipsa le renom du consul, au point que, si le traité avec les Latins, gravé sur une colonne de bronze, n'était pas là pour nous rappeler que Spurius Cassius seul l'a conclu, et que son collègue était absent, le commandement de Postumius Cominius contre les Volsques n'aurait laissé aucun souvenir[2].

A cette même date meurt Agrippa Ménénius ; toute sa vie, il avait été également cher aux patriciens et aux plébéiens ; mais la retraite [sur le mont Sacré] l'avait rendu plus cher à la plèbe. Après avoir négocié et rétabli l'union nationale, représenté le sénat devant la plèbe et ramené la plèbe romaine à Rome, il ne laissait pas de quoi payer ses funérailles : la plèbe y pourvut en versant une cotisation d'un sixième d'as[3] par tête.

religieusement intouchable (donc inviolable), puissance quasi magique « sanctionnée » par serment.

1. La prise de Corioles (entre Ardée et Aricie) ouvre à Rome le pays Pontin.

2. On saisit l'embarras des « antiquaires » romains en présence d'un document très archaïque et celui des annalistes devant des traditions discordantes et non datées : Marcius de Corioles avait peut-être agi de sa propre initiative, comme chef de *gens* (Denys d'Hal., VII, 19 : cf. les Fabius, plus bas, chap. 48 et suiv.) ; d'autres le disaient consul (*De uiris illustr.*, 19, 2).

3. Ce n'est pas tout à fait la plus petite monnaie, l'as étant divisé en

pronius, il y eut un gros arrivage de blé de Sicile[1], et l'on examina au sénat à quel prix on le céderait à la plèbe. Beaucoup trouvaient que c'était le moment de faire pression sur la plèbe et de lui reprendre les droits que sa retraite avait arrachés de force au sénat. En particulier, Marcius Coriolan, adversaire de la puissance tribunicienne, déclara : « S'ils veulent les anciens prix, qu'ils rendent ses anciens droits au sénat. Faut-il que sous mes yeux des plébéiens soient magistrats, qu'un Sicinius soit tout-puissant et que moi je sois mis sous le joug, rançonné par ces espèces de brigands ? Et je souffrirais, moi, de telles indignités plus longtemps qu'il n'est nécessaire ? La tyrannie d'un Tarquin m'a été intolérable, et je souffrirais celle d'un Sicinius ? Qu'il se retire aujourd'hui ! Qu'il emmène la plèbe ! La route est libre vers le mont Sacré et les autres collines. Qu'ils volent du blé dans nos campagnes, comme il y a deux ans. Qu'ils récoltent ce que leur folie a semé. Je ne crains pas d'affirmer que la souffrance les réduira à se mettre d'eux-mêmes aux travaux des champs, au lieu de les entraver par les armes et la révolte. » Je ne prétends pas que le sénat devait, mais certainement il pouvait, en mettant des conditions à l'abaissement des prix, se débarrasser de la puissance tribunicienne et de toutes les contraintes qu'on lui avait imposées[2].

XXXV. Le sénat trouva trop dure cette proposition ; quant aux plébéiens, ils faillirent prendre les armes, de colère. « Voilà qu'on les prenait par la famine, comme des ennemis ! On leur coupait vivres et subsistance ! Ce blé importé, le seul aliment qu'une chance inespérée leur

1. Que l'annalistique disait envoyé par un « tyran » grec, sans pouvoir établir un synchronisme précis : on nommait Gélon (tyran de Géla entre 491 et 485 ; de Syracuse entre 485 et 478) et Denys l'Ancien (mort en 367 !). Cf. Denys d'Hal., VII, 1.

2. La prudence de Tite-Live est notable : peu favorable au tribunat (comme Cicéron), il le considère pourtant comme élément essentiel de la vie nationale (comme tel, Auguste se l'annexa).

habebat intentum, sine ullo metu extrinsecus imminentis belli, Volscae legiones profectae ab Antio inuasissent, eodemque tempore ex oppido erupissent hostes, forte in statione Marcius fuit. [7]Is cum delecta militum manu non modo impetum erumpentium rettudit, sed per patentem portam ferox inrupit in proxima urbis, caedeque facta ignem temere arreptum imminentibus muro aedificiis iniecit. [8]Clamor inde oppidanorum mixtus muliebri puerilique ploratu ad terrorem, ut solet, prim*um* ort*o* et Romanis auxit animum et turbauit Volscos, utpote capta urbe *c*ui ad ferendam opem uenerant. [9]Ita fusi Volsci Antiates, Corioli oppidum captum ; tantumque sua laude obstitit famae consulis Marcius ut, nisi foedus cum Latinis *in* columna aenea insculptum monumento esset ab Sp. Cassio uno, quia collega afuerat, ictum, Postumium Cominium bellum gessisse cum Volscis memoria cessisset.

[10]Eodem anno Agrippa Menenius moritur, uir omni in uita pariter patribus ac plebi carus, post secessionem carior plebi factus. [11]Huic interpreti arbitroque concordiae ciuium, legato patrum ad plebem, reductori plebis Romanae in urbem sumptus funeri defuit : extulit eum plebs *s*extantibus conlatis in capita.

Des. *V. E. T. A.*

XXXIII, **6** extrinsecus imminentis *M.*P^2 (*marg.*) *S.U.O.H. R*D^2 : — imminentes *LD* extrinsecus *PFB*, *Conway* ‖ **7** Is cum ω.M^3P^2 : his cum *M.S* quis cum *PFB* qui cum *F.U* ‖ rettudit *D*, *Madv.* : retrudit *LR* retudit *M.*P^2*.O.H.*D^3 retulit *PFBS.U* ‖ in proxima urbis, caedeque *Madv.* : caedeque in proxima urbis *codd.* caedeque in proximo urbis *Ed. Par. 1510* ‖ **8** primum orto *Madv.* : primo ortu ω.υ primo ortus F^3*.*R^2 ‖ cui *Ed. Mogunt 1518* : qui *codd.* ‖ **9** ⟨in⟩ columna *H. J. Mueller* ‖ Cominium *M.H.LD* : comminium P^2*S.O.R* communium *PFB* comunium *U* ‖ **10** omni in *det. un.*, *Iac. Gron.* : omnium *codd.* ‖ **11** sextantibus *Ed. Rom. 1469* : extantibus *codd.*

XXXIV. Les consuls suivants furent Titus Géganius et Publius Minucius. Cette année-là, toutes les guerres étaient apaisées au dehors et Rome guérie de ses troubles, quand un fléau bien plus grave fondit sur la ville : d'abord la vie chère, car les champs étaient restés incultes pendant la retraite de la plèbe, puis la famine, comme dans une ville assiégée. Elle aurait amené des décès surtout parmi les esclaves et les gens de la plèbe, si les consuls n'avaient pris des mesures, en faisant la chasse au blé de toutes parts, sur la côte étrusque au nord d'Ostie, au sud en longeant par mer les Volsques, jusqu'à Cumes, et même en Sicile, tant la rancune des voisins les obligeait à chercher au loin du secours[1]. A Cumes, le marché une fois conclu, le tyran Aristodème saisit la cargaison, en remplacement de la fortune des Tarquins dont il était l'héritier ; chez les Volsques et dans le pays Pontin, tout marché fut même impossible : bien plus, la vie des acheteurs fut mise en danger par les attaques de la population. L'Étrurie, au contraire, envoya du blé par le Tibre : c'est ce qui soutint le peuple. Une guerre, bien malencontreuse au milieu d'une pareille disette, aurait redoublé les souffrances, si les Volsques, qui prenaient déjà les armes, n'avaient été attaqués par une peste violente. Ce fléau jeta la terreur dans leurs esprits[2] ; et, afin de leur laisser un sujet d'alarmes même une fois le mal calmé, Rome renforça sa colonie de Vélitres et envoya une colonie nouvelle à Norba, dans la montagne, pour avoir une forteresse en pays Pontin.

Sous le consulat de Marcus Minucius et d'Aulus Sem-

douzièmes ou « onces », mais la plus commune, quand il y eut à Rome (bien plus tard) des pièces de billon.

1. Cette mise en scène dramatique s'organise autour de réalités religieuses dont Tite-Live n'a pas bien conscience : le consul Sp. Cassius avait consacré l'année précédente le temple de Cérès (voué dans une guerre contre les Latins et les Volsques par le dictateur A. Postumius : Denys, VI, 17 et 94), très hellénique de construction et de rites, desservi par une prêtresse grecque de Campanie et qui devint un des grands sanctuaires de la plèbe, géré par des « édiles » issus d'elle.

2. Parce que la peste passait pour une punition des dieux.

XXXIV. [1]Consules deinde T. Geganiu cius facti. Eo anno cum et foris quieta om essent et domi sanata discordia, aliud mult malum ciuitatem inuasit, [2]caritas primum ex incultis per secessionem plebis agris, fames qualis clausis solet. [3]Ventumque ad interitun tiorum utique et plebis esset, ni consules prouid dimissis passim ad frumentum sectan*d*um [co dum], non in Etruriam modo dextris ab Ostia l bus laeuoque per Volscos mari usque ad Cumas, [quaesitum] in Siciliam quoque : adeo finitimo odia longinquis coegerant indigere auxiliis. [4]Frum tum Cumis cum coemptum esset, naues pro bo Tarquiniorum ab Aristodemo tyranno, qui heres era retentae sunt ; in Volscis Pomptinoque ne emi qui dem potuit : periculum quoque ab impetu hominum ipsis frumentatoribus fuit ; [5]ex Tuscis frumentum Tiberi uenit ; eo sustentata est plebs. Incommodo bello in tam artis commeatibus uexati forent, ni Volscos iam mouentes arma pestilentia ingens inuasisset. [6]Ea clade conterritis hostium animis, ut etiam ubi ea remisisset terrore aliquo tenerentur, et Velitris auxere numerum colonorum Romani, et Norba*m* in montis nouam coloniam, quae arx in Pomptino esset, miserunt.

[7]M. Minucio deinde et A. Sempronio consulibus

Des. *V. E. T. A.*

XXXIV, **1** a bello *M.H.LRD* : bello *cett.* || **3** passim ω.M^2 : passis *M* || sectandum [coemendum] *O. Rossbach* : sed tantum coemendum *PF?BS.U* coemendum *cett.* || per Volscos (*uel* uul-) *M.P*^{2} (*marg.*) *S.O.H.LRD* : post uolscos *PFB.U* || mari *M.U.O.H.D*^{x} : maris *LRD?* marique *PFB.D?* marisque P^2S || in Siciliam *Crevier* : quaesitum in Siciliam ω.*v?* quaesitum in Sicilia *FB.O* || **5** sustentata ω.M^2P^2 : sustenta *Mv.P.H.LR* || **6** conterritis ω : contritis *LR* contritis *O* || ubi ea *U.D*^{x} : ubi eam *D. cett.* || Norbam *Duker* : norbae *codd.*

magna uis frumenti ex Sicilia aduecta, agitatumque in senatu quanti plebi daretur. [8]Multi uenisse tempus premendae plebis putabant reciperandique 'iura quae extorta secessione ac ui patribus essent'. In primis Marcius Coriolanus, hostis tribuniciae potestatis, [9]« Si annonam, inquit, ueterem uolunt, ius pristinum reddant patribus. Cur ego plebeios magistratus, cur Sicinium pollentem uideo, sub iugum missus tamquam ab latronibus redemptus? [10]Egone has indignitates diutius patiar quam necesse est? Tarquinium regem qui non tulerim, Sicinium feram? Secedat nunc; auocet plebem : patet uia in Sacrum montem aliosque colles. Rapiant frumenta ex agris nostris, quemadmodum tertio anno rapuere : [11]utantur annona quam furore suo fecere. Audeo dicere hoc malo domitos ipsos potius cultores agrorum fore quam ut armati per secessionem coli prohibeant. » [12]Haud tam facile dictu est faciendumne fuerit quam potuisse arbitror fieri ut condicionibus laxandi annonam et tribuniciam potestatem et omnia inuitis iura imposita patres demerent sibi.

XXXV. [1]Et senatui nimis atrox uisa sententia est et plebem ira prope armauit : 'Fame se iam sicut hostes peti, cibo uictuque fraudari; peregrinum frumentum, quae sola alimenta ex insperato fortuna de-

Des. *V. E. T. A.*

XXXIV, **9** uolunt, ius ω.D^3 : uolent ius *H* uoluent ius *L* soluentium *M* || Cur ego ω.$P^2R^2D^2$: cur ergo *P.O.H.LRD* || pollentem *PFBS.U.O* : *uel* potentem *M*υ?*.H.LRD* potentem pollentemque *dett. duo* || **10** auocet *M.O.H.LR* : amuocet *D* uocet *PFBS.U* || tertio anno *codd.* : tertio ante anno *Wesenberg* || **11** Utantur ω : fruantur utantur *M*υ fruantur *dett. duo. Alsch. Edd. rec.* || cultores agrorum M^2.P^2 (*marg.*) *S.O.H.LRD* : cultore sacrorum *M* cultores sacrorum P^1*FB.U* cultures sacrorum *P* || **12** dictu est P^3F^x.*U*.R^2 : dictum est *PFR. cett.*

offrait, on le leur enlevait de la bouche s'ils ne livraient pas à Gnaeus Marcius leurs tribuns enchaînés, si la plèbe romaine ne tendait pas le dos. Voici que devant eux se dressait un bourreau monstrueux, qui leur donnait le choix entre la mort et l'esclavage ». En sortant de la curie, il allait être attaqué, si à point nommé les tribuns ne l'avaient assigné [devant le peuple][1]. Alors, la colère s'apaisa : on devenait le juge de l'ennemi ; on avait sur lui droit de vie et de mort. Marcius commença par traiter avec mépris les menaces des tribuns : « Simples défenseurs, le droit de punir n'était pas dans leurs attributions. D'ailleurs, tribuns de la plèbe, oui, mais non pas de la noblesse ». Mais tel était l'acharnement de la masse plébéienne que les sénateurs devaient sacrifier un des leurs pour en finir. Ils firent tête, d'ailleurs, avec la même obstination, mettant en œuvre tantôt leur influence personnelle, tantôt celle de l'assemblée tout entière. Ils commencèrent par essayer de leurs clients[2], les chargeant de prendre à part les gens et de les amener à déserter les ligues et les réunions, pour essayer de les désorganiser. Puis le sénat en corps parut en public ; là, tous, tant qu'ils étaient, faisant figure d'accusés, priaient et suppliaient la plèbe pour un seul citoyen, un seul sénateur : « Si l'on ne voulait pas l'acquitter comme innocent, qu'on leur accordât la grâce du coupable ». Mais, au jour fixé, l'accusé fit défaut et la colère suivit son cours. Condamné par contumace, il s'exila chez les Volsques en proférant des menaces contre sa patrie et déjà, en son cœur, son ennemi.

A son arrivée, les Volsques lui firent bon accueil ; ils redoublaient chaque jour de bienveillance, en voyant croître sa colère contre les siens, et se multiplier et ses plaintes et ses menaces, qu'ils étaient les premiers à recueillir. Il était l'hôte d'Attius Tullius. C'était alors et de beaucoup le premier des Volsques, et l'ennemi impla-

1. Anachronisme grave : les tribuns de la plèbe ne mirent en jugement des patriciens qu'aux IIIe-IIe siècles.
2. Plébéiens, mais rattachés aux *gentes* patriciennes.

derit, ab ore rapi nisi Cn. Marcio uincti dedantur tribuni, nisi de tergo plebis Romanae satisfiat : eum sibi carnificem nouum exortum, qui aut mori aut seruire iubeat'. [2]In exeuntem e curia impetus factus esset, ni peropportune tribuni diem dixissent. Ibi ira est suppressa : se iudicem quisque, se dominum uitae necisque inimici factum uidebat. [3]Contemptim primo Marcius audiebat minas tribunicias : 'auxilii, non poenae ius datum illi potestati, plebisque, non patrum tribunos esse'. Sed adeo infensa erat coorta plebs ut unius poena defungendum esset patribus. [4]Restiterunt tamen aduersa inuidia, usique sunt qua suis quisque, qua totius ordinis uiribus. Ac primo temptata res est si dispositis clientibus absterrendo singulos a coitionibus conciliisque disicere rem possent. [5]Vniuersi deinde processere — quidquid erat patrum, reos diceres — precibus plebem exposcentes 'unum sibi ciuem, unum senatorem, si innocentem absoluere nollent, pro nocente donarent'. [6]Ipse cum die dicta non adesset, perseueratum in ira est. Damnatus absens in Volscos exsulatum abiit, minitans patriae hostilesque iam tum spiritus gerens.

Venientem Volsci benigne excepere, benigniusque in dies colebant, quo maior ira in suos eminebat crebraeque nunc querellae, nunc minae praecipiebantur. [7]Hospitio utebatur Atti Tulli. Longe is tum princeps Volsci nominis erat Romanisque semper infestus. Ita cum alterum uetus odium, alterum ira recens stimu-

Des. *V. E. T. A.*

XXXV, **3** poena *PP^2?F^3S.L^1* : poenae (*uel* poene *uel* penae *uel* pene) *P^1?FL. cett.* || **4** aduersa inuidia *codd.* : aduersae inuidiae *H. J. Mueller* || coitionibus *ω.υ?* : contionibus *U.O.D^3* || **6** minitans : ministrans *M* || benigne *M^2.P^2FBS.U.O.R^2D^2* : benigni *M.P.H.LRD* || praecipiebantur *codd.* (*sed* praeciebantur *L*) : percipiebantur ***R^x. Ald., Edd.***

cable des Romains. Ainsi, poussés l'un par sa haine invétérée, l'autre par sa rancune récente, ils forment en commun le projet d'une guerre contre Rome. Il leur semblait difficile de décider le peuple, après tant de tentatives malheureuses, à reprendre les armes : « toutes les guerres et la peste en dernier lieu avaient enlevé la jeunesse et brisé toute audace ; il fallait agir adroitement avec cette haine usée par le temps ; il fallait un nouveau ressentiment pour raviver la colère ».

XXXVI. Justement, Rome faisait des préparatifs pour recommencer les grands jeux[1]. On les recommençait pour la raison que voici. Le matin des jeux, avant le début du spectacle, un maître avait mené à travers tout le cirque[2] un esclave la fourche au cou, en le faisant fouetter. Après quoi, on avait commencé les jeux, comme si l'incident n'intéressait en rien la religion. Peu après, un plébéien, Titus Latinius, eut un songe : Jupiter lui apparut et lui dit que les jeux avaient commencé par une danse[3] qui lui avait déplu ; qu'il fallait les recommencer avec magnificence, sous peine de danger pour la ville ; qu'il allât le dire aux consuls. Quoique sa conscience ne fût pas exempte de tout scrupule religieux, il céda au respect de la majesté consulaire ou à la crainte de se couvrir de ridicule en présence de tout le monde. Il paya cher cette hésitation : il perdit son fils quelques jours après, et, pour qu'il n'eût aucun doute sur la cause de ce coup inattendu, dans sa douleur, il revit en songe la même image qui lui demanda s'il n'était pas assez puni d'avoir méprisé la volonté divine ; un châtiment plus grave l'attendait s'il ne se hâtait d'aller prévenir les consuls. L'affaire devenait plus urgente :

1. On devait recommencer (*instaurare*) toute cérémonie religieuse, donc les Jeux, lorsque le rite n'avait pas été scrupuleusement suivi ou qu'un incident de mauvais augure l'avait troublé.

2. Le Cirque, même lorsqu'il fut maçonné, était un lieu de passage.

3. Le *praesultator* semble être le danseur qui introduit la procession du Cirque. La danse a un caractère sacré (les prêtres Saliens, les Ar-

laret, consilia conferunt de Romano bello. [8]Haud facile credebant plebem suam impelli posse ut totiens infeliciter temptata arma caperent : 'multis saepe bellis, pestilentia postremo amissa iuuentute fractos spiritus esse ; arte agendum in exoleto iam uetustate odio, ut recenti aliqua ira exacerbarentur animi'.

XXXVI. [1]Ludi forte ex instauratione magni Romae parabantur. Instaurandi haec causa fuerat. Ludis mane seruum quidam pater familiae, nondum commisso spectaculo, sub furca caesum medio egerat circo ; coepti inde ludi, uelut ea res nihil ad religionem pertinuisset. [2]Haud ita multo post Tito Latinio, de plebe homini, somnium fuit : uisus Iuppiter dicere sibi 'ludis praesultatorem displicuisse ; nisi magnifice instaurarentur ii ludi, periculum urbi fore ; iret, ea consulibus nuntiaret'. [3]Quamquam haud sane liber erat religione animus, uerecundia tamen maiestatis magistratuum timor*ue* uicit ne in ora hominum pro ludibrio abiret. [4]Magno illi ea cunctatio stetit : filium namque intra paucos dies amisit. Cuius repentinae cladis ne causa *ei* dubia esset, aegro animi eadem illa in somnis obuersata species uisa est rogitare 'satin' magnam spreti numinis haberet mercedem? Maiorem instare ni eat propere ac nuntiet consulibus'.

Des. *V. E. T. A.*

Add. XXXVI, 3 (*post* Quamquam haud) : ludi ex instauratione, quos displicuisse ioui latinius ab eo per somnium monitus ut nuntiaret debereq. repeti dum non (*sed* nondum *M*) uult magistratib. nuntiare, taciturnitas orbitate punita est *Mv*.

XXXVI, 1 Instaurandi ω.*vP²?* : instaurandis *M³.P¹?.U.R²* || 2 Latinio *Mv.LRD* : lacinio *P²S* latino *P cett.* || instaurarentur ω : *uel* instaurentur *M.S* || 3 timorue *ego* : timorem *codd.* et timor *Madv.³* timorque *H. J. Mueller* [timorem] *Madv.² Conway* || 4 ne causa ei *Conway* : ne causae *P* ne causi *FB* nem causa *M* ne causa *P².*ω nemini causa *M³* || eat propere ac nuntiet ω : ea propere annuntiet *M.R².D.*

mais il balançait et différait encore, quand il fut pris d'un mal violent et frappé subitement de paralysie. Alors, la colère des dieux lui ouvrit les yeux : cédant aux maux dont il était déjà accablé et encore menacé, il tint conseil avec ses proches, leur exposa ce qu'il avait vu et entendu, les apparitions successives de Jupiter pendant son sommeil, les menaces du dieu irrité et les malheurs qui en résultaient ; sur l'avis formel de toute l'assistance, il se fait porter en litière au forum devant les consuls. De là les consuls le firent porter dans la curie ; il refit le même récit aux sénateurs, tous remplis d'étonnement, et soudain nouveau miracle : cet homme paralysé de tous ses membres et qu'on avait porté au sénat, une fois sa mission remplie, rentra à pied chez lui, dit la tradition[1].

XXXVII. Des jeux de la plus grande magnificence furent décrétés par le sénat. Poussés par Attius Tullius, les Volsques y viennent en foule. Avant l'ouverture des jeux, Tullius, suivant le plan arrêté chez lui avec Coriolan, va trouver les consuls et leur dit qu'il a un avis à leur donner en secret dans l'intérêt de l'État. Une fois sans témoins : « Je regrette », dit-il, « d'avoir à tenir des propos fâcheux sur mes compatriotes. Je ne viens, d'ailleurs, pas les accuser d'avoir commis une faute, mais les empêcher de la commettre. Nos gens ont, à mon gré, l'humeur beaucoup trop remuante. Le nombre de nos défaites en est la preuve : car nous devons moins à notre sage conduite qu'à votre tolérance de subsister encore. Il y a ici aujourd'hui un grand nombre de Volsques ; on donne des jeux ; la ville

vales dansent) et l'acte initial a une portée religieuse particulière. — Noter l'ironie de Jupiter.

1. Cette anecdote édifiante (cf. Cicéron, *De la divination*, I, 55 ; Macrobe, *Saturnales*, I, 11, 3 : avec des variantes graves) est évidemment destinée à prouver la nécessité de l'*instauratio* et à en signaler la première apparition. Mais Fabius Pictor et les annalistes cités par Cicéron la dataient de la guerre latine de 499 (ou 496) av. J.-C. ; Macrobe donne l'an 280 (474 de Rome). — Le détail semble en avoir été influencé par

5Iam praesentior res erat. Cunctantem tamen ac prolatantem ingens uis morbi adorta est debilitate subita. 6Tunc enimuero deorum *eum* ira admonuit. Fessus igitur malis praeteritis instantibusque, consilio propinquorum adhibito, cum uisa atque audita et obuersatum totiens somno Iouem, minas irasque caelestes repraesentatas casibus suis exposuisset, consensu inde haud dubi*o* omnium qui aderant in forum ad consules lectica defertur. 7Inde in curiam iussu consulum delatus, eadem illa cum patribus ingenti omnium admiratione enarrasset, ecce aliud miraculum : 8qui captus omnibus membris delatus in curiam esset, eum functum officio pedibus suis domum redisse traditum memoriae est.

XXXVII. 1Ludi quam amplissimi ut fierent senatus decreuit. Ad eos ludos auctore Attio Tullio uis magna Volscorum uenit. 2Priusquam committerentur ludi, Tullius, ut domi compositum cum Marcio fuerat, ad consules uenit ; dicit 'esse quae secreto agere de re publica uelit'. 3Arbitris remotis, « Inuitus, inquit, quod sequius sit de meis ciuibus loquor. Non tamen admissum quicquam ab iis criminatum uenio, sed cautum ne admittant. 4Nimio plus quam uelim, nostrorum ingenia sunt mobilia. 5Multis id cladibus sensimus, quippe qui non nostro merito, sed uestra patientia incolumes simus. Magna hic nunc Volscorum

Des. *V. E. T. A.*

XXXVI, **6** eum ira *ego* : cura *M* iura M^3 ira ω.R^2D^3 ; *om. LRD* || consilio *M.PFBS.U* : consilioque *cett.* || repraesentatas M^2.*PFBS.U.O.H* : prepresentatas *M* repraesentatis *LRD* || dubio *Ald.* : dubie (*uel* -iae) *codd.* || defertur *M.PFBS.U.O* : adfertur *cett.*

XXXVII, **3** sequius sit *PFB* : sequi iussit *S.LD* sequi quod sequius ussit *M* quod sequi usus sit M^3 aequius sequi iussit P^2 aequius sit *U* nequius sit *O.H* scaeuum sit R^2.

sera toute au spectacle. Je me rappelle quelle fut en pareille circonstance la conduite des jeunes Sabins en cette ville[1]; je redoute une inconséquence, une étourderie. Voilà, dans votre intérêt comme dans le nôtre, l'avis que j'ai cru devoir vous donner, consuls. En ce qui me concerne, j'ai l'intention de rentrer chez moi : je ne tiens pas à rester pour être mêlé à des actions ou à des paroles compromettantes. » Cela dit, il partit. Quand les consuls saisirent les sénateurs de cet avis peu précis, mais de provenance sûre, ce fut, comme toujours, l'informateur plutôt que l'information qui les amena à prendre des précautions peut-être injustifiées. Un décret du sénat enjoignit aux Volsques de quitter Rome. Des hérauts parcourent la ville pour leur signifier à tous de partir avant la nuit. Ils commencèrent par être frappés de terreur ; ils couraient reprendre leurs bagages chez leurs hôtes[2]. Puis, en partant, ils furent saisis d'indignation : « On les tenait pour des criminels, des maudits, en les chassant des jeux, des fêtes et, en quelque sorte, de la société des dieux et des hommes[3] ! »

XXXVIII. Comme ils formaient une file presque ininterrompue, Tullius, qui les attendait à la source Férentine[4], abordait, à mesure qu'ils arrivaient, les principaux citoyens ; par ses plaintes, par ses paroles indignées, mais bien accueillies, parce qu'elles répondaient à leur colère, il les entraîna, et avec eux toute la foule, dans une plaine en contre-bas de la route. Là, entamant une sorte de harangue, il dit : « Si le passé, les injustices des Romains, les désastres du peuple volsque, si tout le reste peut s'ou-

une étymologie grecque absurde (*ïnstauratio* ἀπὸ τοῦ σταυροῦ ; σταυρός = *furca*).

1. Allusion aux faits rapportés, II, 18, 2.

2. Dans une ville étrangère, on n'est reçu et en sûreté que sous la garantie d'un « correspondant » qui vous offre l'hospitalité.

3. Forte notation du caractère originel des Jeux publics : communion entre les hommes et les dieux ; réalisation momentanée de la paix et de la « pureté » (religieuse) chez chacun des assistants et entre eux.

4. Les Volsques suivent la route de Bovilles (la future voie Ap-

multitudo est; ludi sunt; spectaculo intenta ciuitas erit. 6Memini quid per eandem occasionem ab Sabinorum iuuentute in hac urbe commissum sit; horret animus, ne quid inconsulte ac temere fiat. Haec nostra uestraque causa prius dicenda uobis, consules, ratus sum. 7Quod ad me attinet, extemplo hinc domum abire in animo est, ne cuius facti dictiue contagione praesens uioler. » Haec locutus abiit. 8Consules cum ad patres rem dubiam sub auctore certo detulissent, auctor magis, ut fit, quam res ad praecauendum uel ex superuacuo mouit, factoque senatus consulto 'ut urbe excederent Volsci', praecones dimittuntur qui omnes eos proficisci ante noctem iuberent. 9Ingens pauor primo discurrentis ad suas res tollendas in hospitia perculit; proficiscentibus deinde indignatio oborta, 'se ut consceleratos contaminatosque ab ludis, festis diebus, coetu quodam modo hominum deorumque abactos esse'.

XXXVIII. 1Cum prope continuato agmine irent, praegressus Tullius ad caput Ferentinum, ut quisque ueniret, primores eorum excipiens querendo indignandoque, et eos ipsos, sedulo audientes secunda irae uerba, et per eos multitudinem aliam in subiectum uiae campum deduxit. 2Ibi in contionis modum orationem exorsus, « *Vt* ueteres populi Romani iniurias cladesque gentis Volscorum, ut omnia, inquit, obliuiscamini alia, hodiernam hanc contumeliam quo tandem animo fertis, qua per nostram igno-

Des. *V. E. T. A.*

XXXVII, 8 urbe *H. dett. aliq.* : urbem *cett.*

XXXVIII, 1 ueniret *det. un.* : eueniret *codd.* || ⟨Vt⟩ ueteres ... Volscorum *Drak.* : ueteres ... Volscorum *codd.* ⟨exsecutus⟩ ueteres ... Volscorum *Fr. Walter* ; ueteres ... Volscorum *post* Vt omnia, inquit, obliuiscamini alia *transponit Walters.*

blier, aujourd'hui comment supporter, enfin, cet outrage qui fait de notre déshonneur le prélude de leurs jeux? N'avez-vous pas compris qu'ils triomphaient de vous aujourd'hui? Qu'ils offraient à tout le monde, compatriotes et étrangers, à tous nos voisins, votre départ en spectacle? Que vos femmes et vos enfants, on les a livrés en pâture à tous les regards? Et ceux qui entendaient la proclamation du crieur, ceux qui assistaient à notre départ, ceux qui croisaient ce honteux cortège, que devaient-ils penser, sinon que nous étions chargés de quelque crime, que notre présence au spectacle profanerait les jeux et serait un sacrilège, et qu'à cause de cela on nous chassait du séjour des justes, de leur société, de leur assemblée? Et puis, ne songez-vous pas que nous ne devons la vie qu'à notre départ précipité, un départ qui fut plutôt une fuite? Et cette ville ne vous semble pas une ennemie, quand vous n'y pouviez rester un jour de plus sans être tous massacrés? On vous a déclaré la guerre : malheur à ceux qui l'ont déclarée, si vous êtes des hommes. » Déjà irrités par eux-mêmes et surexcités, ils rentrèrent dans leurs foyers, et, en soulevant chacun leurs concitoyens, ils amenèrent une révolte générale de la nation volsque.

XXXIX. Pour diriger la guerre, les cités choisirent à l'unanimité Attius Tullius et Gnaeus Marcius, l'exilé romain[1], sur lequel on fondait encore plus d'espérances. Ces espérances ne furent pas déçues : et ce fut la preuve évidente que ses généraux et non ses troupes faisaient la principale force de Rome[2]. Circeii fut son premier objectif : il en chassa la colonie romaine et, après avoir délivré la ville,

pienne). Il est tout de même curieux que Tullius les rallie à la source de Férentina, sanctuaire des Latins (voir I, 51, 9).

1. Insistance singulière : les modernes doutent que le surnom de *Coriolanus* puisse, à cette date, signifier une victoire; reste qu'il énonce l'origine volsque ou l'établissement à Corioles de Gnaeus Marcius.

2. Comparer les réflexions de Salluste, *Catilina*, 53.

miniam ludos commisere? [3]An non sensistis triumphatum hodie de uobis esse? uos omnibus, ciuibus, peregrinis, tot finitimis populis, spectaculo abeuntes fuisse? uestras coniuges, uestros liberos traductos per ora hominum? [4]Quid eos qui audiuere uocem praeconis, quid qui nos uidere abeuntis, quid eos qui huic ignominioso agmini fuere obuii, existimasse putatis, nisi aliquod profecto nefas esse quo, si intersimus spectaculo, uiolaturi simus ludos piaculumque merituri, ideo nos ab sede piorum, coetu concilioque abigi? [5]Quid deinde? illud non succurrit, uiuere nos quod maturarimus proficisci? si hoc profectio et non fuga est! Et hanc urbem uos non hostium ducitis ubi, si unum diem morati essetis, moriendum omnibus fuit? Bellum uobis indictum est, magno eorum malo qui indixere, si uiri estis. » [6]Ita et sua sponte irarum pleni et incitati domos inde digressi sunt, instigandoque suos quisque populos effecere ut omne Volscum nomen deficeret.

XXXIX. [1]Imperatores ad id bellum de omnium populorum sententia lecti Attius Tullius et Cn. Marcius, exsul Romanus, in quo aliquanto plus spei repositum. [2]Quam spem nequaquam fefellit, ut facile appareret ducibus ualidiorem quam exercitu rem Romanam esse. Circeios profectus primum colonos inde Romanos expulit liberamque eam urbem Volscis tra-

Des. *V. E. T. A.*

Iterat XXXIX, 2 (*post* Volscis) : ualidiorem quam exercitu rem Romanam esse *O* (*substrinxit* O^1).

XXXVIII, 4 quo, si R^2, *Ed. Paris. 1510* : quod si *R. cett.* || 5 maturarimus ω : maturarimus, *littera* u *supra* r *addita*, F^1 maturauimus *O.H* || 6 effecere ω : effeceret *B* efficere *M*.

la rendit aux Volsques. Puis, il enleva aux Romains Satricum, Longula, Polusca, Corioles, Mugilla. Puis il reprend Lavinium. Alors, gagnant la voie Latine par des chemins de traverse, il s'empara coup sur coup de Corbion, Vétélia, Trébium, Labici, Pédum[1]. Enfin, de Pédum, il marche sur Rome, vient camper près du fossé de Cluilius, à cinq milles de la ville, et de là ravage la banlieue, mais en adjoignant aux pillards des surveillants chargés d'empêcher tout dégât dans les propriétés des patriciens, soit qu'il en voulût surtout à la plèbe, soit qu'il eût l'intention de mettre ainsi la discorde entre patriciens et plébéiens. Et il y serait certainement arrivé : car les tribuns excitaient par leurs accusations la mauvaise humeur naturelle de la plèbe envers les grands. Mais la crainte de l'ennemi, le nœud le plus solide de l'entente, maintenait, malgré la défiance et la haine, l'union entre les esprits. Un seul point les divisait : le sénat et les consuls n'avaient d'espoir que dans les armes ; pour la plèbe, tout était préférable à la guerre. Spurius Nautius et Sextus Furius étaient maintenant consuls. Comme ils passaient en revue les légions et plaçaient des détachements

1. Texte corrigé. Dans nos manuscrits, « gagnant la voie Latine par des chemins de traverse » figure au début de la phrase, avant l'énumération « Satricum, Longula, Polusca, Corioles » : absurdité géographique. — Sans doute Tite-Live n'est pas en principe à l'abri d'erreurs de ce genre, et, en narrant les faits qui préludent au dernier acte du drame de Coriolan, il concentre tellement les données de ses sources qu'une confusion n'est pas en soi impossible. Pourtant, il s'agit de régions si voisines de Rome et si connues que l'erreur semble ici invraisemblable : Satricum, Longula, Polusca, Corioles sont dans le pays volsque sur le chemin d'Antium à Rome (cf. Liv., II, 33, 4 ; 39, 3 ; IX, 39. Voir Denys d'Hal., IV, 45 ; VI, 91-94 ; VII, 19 ; VIII, 30 ; 36 ; 85), donc sur l'ouest de la future voie Appienne ; Corbion, Vétélia, Trébium, Labici, Pédum relèvent bien au contraire de la voie Latine, qui passait, par le nord-est des monts Albains, dans la vallée du Trérus, et de la voie Labicane, voisine (Liv., II, 39 ; III, 24 ; 28 ; 30, 8 ; 66 ; 69 ; IV, 47 ; V, 29 ; VII, 12 ; VIII, 12-13. Cf. Denys, V, 61 ; VI, 3 ; VIII, 26 ; X, 24 ; 26 ; 30) ; de Lavinium (Prattica di Mare), Coriolan a dû couper, pour gagner la voie Latine, à travers les contreforts ouest des monts Albains.

didit. [3]Inde [in Latinam uiam transuersis tramitibus transgressus] Satricum, Longulam, Poluscam, Coriolos, *Mugi*llam [haec] Romanis [oppida] ademit ; [4]inde Lauinium recipit. Tunc, ⟨in Latinam uiam transuersis tramitibus transgressus⟩, deinceps Corbionem, Veteliam, Trebium, Labicos, Pedum cepit. [5]Postremum ad urbem a Pedo ducit et, ad fossas Cluilias quinque ab urbe milia passuum castris positis, populatur inde agrum Romanum, custodibus inter populatores missis [6]qui patriciorum agros intactos seruarent, siue infensus plebi magis, siue ut discordia inde inter patres plebemque oreretur. [7]Quae profecto orta esset — adeo tribuni iam ferocem per se plebem criminando in primores ciuitatis instigabant — ; sed externus timor, maximum concordiae uinculum, quamuis suspectos infensosque inter se iungebat animos. [8]Id modo non conueniebat quod senatus consulesque nusquam alibi spem quam in armis ponebant, plebes omnia quam bellum malebat. [9]Sp. Nautius iam et Sex. Furius consules erant. Eos recensentes legiones,

Des. *V. E. T. A.*

XXXIX, 3 Inde *om. FB* (*translationis indicium, mihi ut uidetur, certum ita afferentes*) || in Latinam uiam ... transgressus *post* tradidit inde (*sed* tradidit *FB*) *codd.*, *errore manifesto : sententiam, duos scilicet archetypi Nicomach. uersus*, *inter* tunc *et* deinceps (§ 4) *transpono*, *post* tunc deinceps *Niebuhr*, Inde in Latinam uiam ... transgressus *inter* recepit (*sic*) *et* tunc deinceps *Conway-Walters* (*cf. Class. Quart., 1910, p. 274*) ; *sine translatione, sed parum liuiano modo*, in Latinam uiam ... transgressurus *Th. Mommsen* (*Rœm. Forsch. II, p. 176*) || Longulam $\omega.F^3R^{1-2}D^3$: longalam *F?* longu iam *M*υ longa iam *R* longo iam *L* || Mugillam *Iac. Gron.* : nouellam $\omega.\upsilon$ nouella *O.H*, *Sigon.* Bouillas *Gron.*, *ab aliis secutus* (*nec male, si dispositionem a Conway probatam sequaris*) || [haec] ... [oppida] *ut interscriptum primo glossema secludo* || **4** recipit $\omega.\upsilon$: recepit *M.S* || Veteliam *codd.* : Vetelliam *Weissenb.* Vitelliam *Grut.* || Labicos *codd. omnes* || **5** Cluilias *Glareanus* : cluuilias υ.*P* cluuillas $M.P^1.U.H.LRD$ cliuillas *O* duuillias *B* duuillas *F* diuullas *S* || **6** plebi magis $\omega.R^{1-2}D^3$: plebei magis *LRD* || oreretur ω : oriretur $F^3.S.U.O.H.R^2$.

sur les murs et sur certains points où l'on avait décidé d'établir des postes et des sentinelles, une foule immense qui réclamait la paix commença par les effrayer avec des cris séditieux et finit par les contraindre à réunir le sénat et à proposer d'envoyer des parlementaires à Gnaeus Marcius. Le sénat adopta la proposition en voyant fléchir le moral de la plèbe. Mais, à leurs ambassadeurs qui venaient traiter de la paix, Marcius fit une réponse implacable : « S'ils rendaient aux Volsques leurs territoires, on pourrait parler de paix ; s'ils ne voulaient la paix que pour jouir de leurs prises de guerre, alors il se rappellerait, lui, l'injustice de ses compatriotes et les bons procédés de ses hôtes, et il leur prouverait que, loin de l'abattre, l'exil avait redoublé son énergie ». Les parlementaires firent un second voyage et ne furent pas même reçus dans le camp. Les prêtres, à leur tour, en habits sacerdotaux, vinrent, rapporte-t-on, en suppliants au camp ennemi : pas plus que les parlementaires, ils ne purent fléchir sa décision.

XL. Alors, les Romaines viennent trouver en foule Véturie, mère de Coriolan, et Volumnie, son épouse. Démarche officielle ou due simplement à leur naturel craintif? Les moyens d'en décider me manquent. En tout cas, elles décidèrent Véturie, qui était d'un grand âge, et Volumnie, portant dans ses bras les deux fils tout petits de Marcius, à venir avec elles au camp ennemi : puisque les hommes ne pouvaient défendre Rome par les armes, c'était aux femmes de la défendre par leurs prières et par leurs larmes. A leur arrivée au camp, quand on lui annonça l'approche d'un long cortège de femmes, Coriolan, l'homme que n'avaient ému ni la majesté d'une ambassade officielle ni le cortège éclatant et imposant des prêtres, commença par redoubler de froideur devant des femmes éplorées. Puis, l'un de ses intimes, reconnaissant Véturie, remarquable entre toutes par sa douleur et debout entre sa bru et ses petits-fils, lui dit : « Si mes yeux ne m'abusent, ta mère, ta femme

praesidia per muros aliaque in quibus stationes uigiliasque esse placuerat loca distribuentis, multitudo ingens pacem poscentium primum seditioso clamore conterruit, deinde uocare senatum, referre de legatis ad Cn. Marcium mittendis coegit. [10]Acceperunt relationem patres, postquam apparuit labare plebis animos; missique de pace ad Marcium oratores atrox responsum rettulerunt : [11]'si Volscis ager redderetur, posse agi de pace ; si praeda belli per otium frui uelint, memorem se et ciuium iniuriae et hospitum beneficii adnisurum ut appareat exsilio sibi inritatos, non fractos animos esse'. [12]Iterum deinde iidem missi non recipiuntur in castra. Sacerdotes quoque suis insignibus uelatos isse supplices ad castra hostium traditum est ; nihilo magis quam legatos flexisse animum.

XL. [1]Tum matronae ad Veturiam matrem Coriolani Volumniamque uxorem frequentes coeunt. Id publicum consilium an muliebris timor fuerit, parum inuenio : [2]peruicere certe ut et Veturia, magno natu mulier, et Volumnia, duos paruos ex Marcio ferens filios, secum in castra hostium irent et, quoniam armis uiri defendere urbem non possent, mulieres precibus lacrimisque defenderent. [3]Vbi ad castra uentum est nuntiatumque Coriolano est adesse ingens mulierum agmen, [in] primo, ut qui nec publica maiestate in legatis nec in sacerdotibus tanta offusa oculis animoque religione motus esset, multo obstinatior aduersus lacrimas muliebres erat ; [4]dein familiarium quidam qui insignem maestitia inter ceteras cognouerat Vetu-

Des. *V. E. T. A.*

XL, **3** agmen, primo, ut *det. un.*, *Ald.* : agmen in primo ut ω agmen ut primo ut *B* agmen, ut *O*, *Edd. uet. Conway.*

et tes enfants sont là. » Coriolan, bouleversé et comme affolé, s'élança de son siège au-devant de sa mère pour l'embrasser ; mais elle, passant des prières à la colère : « Attends, avant de m'embrasser », lui dit-elle. « Je veux savoir si je suis chez mon ennemi ou chez mon fils ; si, dans ton camp, je suis ta captive ou ta mère. Voilà donc jusqu'où mon âge et ma funeste vieillesse m'ont amenée : à te voir exilé, à te voir notre ennemi ! Tu as pu ravager cette terre qui t'a fait naître, qui t'a nourri ! Malgré la haine menaçante qui t'avait poussé jusque-là, en mettant le pied sur notre sol, ta colère n'est donc pas tombée? A la vue de Rome, tu ne t'es donc pas dit : « Derrière ces « murs, il y a ma maison et mon foyer, ma mère, ma femme « et mes enfants? » Ainsi, si je n'avais pas été mère, Rome ne serait pas assiégée ! Si je n'avais pas eu de fils, je serais morte libre dans ma patrie libre ! Mais, d'ailleurs, rien ne peut plus m'atteindre qui n'aggrave ton déshonneur plus que ma misère[1] ; et, si même je me trouve au comble de la misère, je n'ai pas longtemps à y rester. Mais songe à ceux que voici : fais un pas de plus, et une mort prématurée ou un long esclavage les attend. » Alors, les embrassements de sa femme et de ses enfants, les sanglots qui montaient de toute la foule des femmes, et leurs lamentations sur la patrie et sur elles-mêmes finirent par briser son énergie. Il embrasse les siens et les renvoie ; de son côté, il éloigna ses troupes de la ville, évacua ensuite le territoire romain et périt, dit-on, victime de la haine qu'il s'était attirée par là. Sur le genre de trépas, on n'est pas d'accord : Fabius, le plus ancien de tous nos historiens, dit qu'il mourut de vieillesse. Il rapporte, en tout cas, qu'à la fin de sa vie il répétait souvent : « L'exil est dur, surtout pour un vieillard. » Les hommes ne furent pas

1. Formule très rhétorique (noter déjà l'attaque *Ergo ego*...). Nous modifions le moins possible le texte des manuscrits. La correction, encore assez économique, de Bekker donnerait le sens : « Je n'appréhende plus que tu aggraves ni ton déshonneur ni ma misère. »

riam, inter nurum nepotesque stantem, « Nisi me frustrantur, inquit, oculi, mater tibi coniunxque et liberi adsunt. » [5]Coriolanus prope ut amens consternatus ab sede sua cum ferret matri obuiae complexum, mulier, in iram ex precibus uersa, « Sine, priusquam complexum accipio, sciam, inquit, ad hostem an ad filium uenerim, captiua materne in castris tuis sim. [6]In hoc me longa uita et infelix senecta traxit ut exsulem te, deinde hostem uiderem? Potuisti populari hanc terram, quae te genuit atque aluit? [7]Non tibi, quamuis infesto animo et minaci perueneras, ingredienti fines ira cecidit? Non, cum in conspectu Roma fuit, succurrit : Intra illa moenia domus ac penates mei sunt, mater coniunx liberique? [8]Ergo ego nisi peperissem, Roma non oppugnaretur ; nisi filium haberem, libera in libera patria mortua essem ! Sed ego nihil iam pati n*on* tibi turpius quam mihi miserius possum, nec, ut sim miserrima, diu futura sum : [9]de his uideris, quos, si pergis, aut immatura mors aut longa seruitus manet. » Vxor deinde ac liberi amplexi fletusque ab omni turba mulierum ortus et comploratio sui patriaeque fregere tandem uirum. [10]Complexus inde suos dimittit ; ipse retro ab urbe castra mouit. Abductis deinde legionibus ex agro Romano, inuidia rei oppressum perisse tradunt, alii alio leto. Apud Fabium, longe antiquissimum auctorem, usque ad senectutem uixisse eundem inuenio ; [11]refert certe hanc saepe eum exacta

Des. *V. E. T. A.*

XL, 8 ego nisi *P²S.O.LRD* : msi *M* si *H* si non *PFB.U* || non tibi turpius quam *ego* : nec tibi turpius quam *codd.* (*sed* necubi- *P* nec tibi- *P²* nec ibi- *Pˣ*) nec tibi turpius nec *Bekker* nec tibi turpius ⟨us⟩quam ⟨nec⟩ *M. Mueller* ; *totam sententiam retractant Conway-Walters*, Sed ego mihi miserius nihil iam pati nec tibi turpius ⟨us⟩quam possum *scribentes* || possum nec : possum et *H* || ut sim : ut sum *M*, *Conway* (*non male, et interpretationi nostrae ualde conuenienter*) || **10** ipse : et ipse *M.*

jaloux de la belle action des femmes, tant la malveillance pour la gloire d'autrui était peu dans les mœurs. Pour en rappeler la mémoire, on éleva aussi un temple à la Fortune des Femmes[1].

Il y eut bien un retour offensif des Volsques et des Èques réunis en territoire romain. Mais les Èques ne supportèrent pas plus longtemps l'autorité d'Attius Tullius. Cette rivalité des Volsques et des Èques pour le commandement suprême des armées réunies amena un conflit, puis une bataille acharnée. La chance du peuple romain causa la perte des deux armées ennemies dans une lutte aussi meurtrière qu'acharnée.

Consulat de Titus Sicinius et Gaius Aquilius. Sicinius fut chargé des Volsques, Aquilius des Herniques, qui avaient également pris les armes. Cette année-là, victoire complète sur les Herniques ; du côté des Volsques, après un combat indécis, les deux armées se séparèrent.

La première loi agraire.

XLI. Ensuite, Spurius Cassius et Proculus Verginius devinrent consuls. Paix avec les Herniques et annexion des deux tiers de leur territoire. Le consul Cassius se proposait de donner ces terres moitié aux Latins, moitié à la plèbe. Il ajoutait à ce don une bonne part du domaine de l'État, que des particuliers détenaient abusivement. Cette mesure effrayait déjà tous ceux des patriciens qui en étaient les détenteurs, comme une menace contre leur fortune personnelle ; mais, même dans l'intérêt général, la noblesse voyait avec inquiétude le consul se ménager par ses largesses une popularité dangereuse pour la république. C'est à cette date que fut promulguée la première loi agraire[2] ; jamais, depuis cette époque jusqu'à nos jours, la question n'a été reprise sans amener de graves désordres politiques. L'autre consul s'opposait à cette largesse avec l'appui des patriciens, et même sans avoir toute la

1. Sur la voie Latine, à 4 milles de Rome.
2. Ces faits paraissent antidatés de plus d'un siècle.

aetate usurpasse uocem 'multo miserius seni exsilium esse'. Non inuiderunt laude sua mulieribus uiri Romani — adeo sine obtrectatione gloriae alienae uiuebatur — : [12]monumento quoque quod esset, templum Fortunae Muliebri aedificatum dedicatumque est.

Rediere deinde Volsci adiunctis Aequis in agrum Romanum. Sed Aequi Attium Tullium haud ultra tulere ducem ; [13]hinc ex certamine Volsci Aequine imperatorem coniuncto exercitui darent, seditio, deinde atrox proelium ortum. Ibi fortuna populi Romani duos hostium exercitus haud minus pernicioso quam pertinaci certamine confecit.

[14]Consules T. Sicinius et C. Aquilius. Sicinio Volsci, Aquilio Hernici — nam ii quoque in armis erant — prouincia euenit. Eo anno Hernici deuicti ; cum Volscis aequo Marte discessum est.

XLI. [1]Sp. Cassius deinde et Proculus Verginius consules facti. Cum Hernicis foedus ictum ; agri partes duae ademptae. Inde dimidium Latinis, dimidium plebi diuisurus consul Cassius erat. [2]Adiciebat huic muneri agri aliquantum, quem publicum possideri a priuatis criminabatur. Id multos quidem patrum, ipsos possessores, periculo rerum suarum terrebat ; sed et publica patribus sollicitudo inerat, largitione consulem periculosas libertati opes struere. [3]Tum primum lex agraria promulgata est, nunquam deinde usque ad hanc memoriam sine maximis motibus rerum agitata. [4]Consul alter largitioni resistebat auctoribus patribus nec omni plebe aduersante, quae

Des. *V. E. T. A.*

XL, **11** laude sua ω : lauda sua *S* laudes suas $P^{x}R^{2}D^{2}$ || **12** Rediere *M.P.B.U.O.*$R^{2}D^{x}$: redire *RD. cett.*

plèbe contre lui : car, dès le premier moment, elle s'était mise à dédaigner ce don « que l'on était allé galvauder, en le faisant passer des citoyens aux alliés »[1]. Et puis elle entendait aussi à chaque instant le consul Verginius dénoncer publiquement sur un ton prophétique le caractère pernicieux des dons de son collègue : « Ces terres apporteraient l'esclavage à quiconque les recevrait; c'était un acheminement à la royauté. Pourquoi admettre ainsi au partage les alliés et le peuple latin[2]? A quoi bon rendre aux Herniques, hier leurs ennemis, le tiers du pays conquis, sinon pour engager ces peuples à remplacer comme chef Coriolan par Cassius? » C'est à partir de ce moment qu'il commença à se rendre populaire par sa campagne d'opposition à la loi agraire. Dès lors, les deux consuls rivalisèrent de complaisance pour la plèbe : Verginius déclarait qu'il admettrait l'assignation des terres, si elles n'allaient pas à d'autres qu'aux citoyens romains; Cassius, que cette distribution de terres rendait populaire chez les alliés, mais par là même mal vu à Rome, voulut par une autre largesse regagner l'estime de ses compatriotes en faisant rembourser au peuple ce que le blé de Sicile lui avait coûté. Mais le peuple, trouvant qu'il avait l'air d'acheter comptant la royauté, refusa l'argent : tant l'ambition dont on le soupçonnait faisait rejeter partout ses largesses, comme si l'abondance régnait. A peine sorti de charge, il fut condamné à mort et exécuté, c'est un fait assuré. Certains prétendent qu'il fut exécuté par son père : il aurait instruit la cause à domicile, l'aurait fait battre de verges et mettre à mort et aurait consacré à Cérès l'argent personnel de son fils[3]; on en aurait fait une

1. La reconstitution psychologique qui suit, sans valeur à la date supposée, utilise l'histoire du tribunat de M. Livius Drusus (en 91), qui proposa d'appeler les « alliés » au bénéfice de la loi agraire romaine et dont l'œuvre fut ruinée par la politique du Sénat.

2. Distinction sans fondement à cette date.

3. En tant que *paterfamilias* souverain, donnant satisfaction à la déesse de la plèbe.

primo coeperat fastidire 'munus uolgatum a ciuibus isse in socios'; [5]saepe deinde et Verginium consulem in contionibus uelut uaticinantem audiebat 'pestilens collegae munus esse : agros illos seruitutem iis qui acceper*i*nt laturos; regno uiam fieri. [6]Quid ita enim adsumi socios et nomen Latinum, quid attinuisset Hernicis, paulo ante hostibus, capti agri partem tertiam reddi, nisi ut hae gentes pro Coriolano duce Cassium habeant?'. [7]Popularis iam esse dissuasor et intercessor legis agrariae coeperat. Vterque deinde consul, ut certatim, plebi indulgere : Verginius dicere 'passurum se adsignari agros, dum ne cui nisi ciui Romano adsignentur'; [8]Cassius, quia in agraria largitione ambitiosus in socios eoque ciuibus uilior erat, ut alio munere sibi reconciliaret ciuium animos, iubere 'pro Siculo frumento pecuniam acceptam retribui populo'. [9]Id uero haud secus quam praesentem mercedem regni aspernata plebes : adeo propter suspicionem insitam regni, uelut abundarent omnia, munera eius [in animis hominum] respuebantur. [10]Quem ubi primum magistratu abiit damnatum necatumque constat. Sunt qui patrem auctorem eius supplicii ferant : eum, cognita domi causa, uerberasse ac necasse peculiumque filii Cereri consecrauisse; signum inde

Des. *V. E. T. A.*

XLI, **4** a ciuibus isse in socios *ω.υ?D*^{x} : — esse — *υ*^{x}*.LRD* — egisse — *M* — exisse — *Weissenb.*[6] [a ciuibus] isse in socios *H. J. Mueller*; *totum locum suspectat Conway* || **5** acceperint *Grynaeus* : acceperant *codd.* || **6** attinuisset ω : attinuisse *R*^{2}*D*^{2} || duce ω : ducem *PFBS* || **7** ut certatim *Mυ.H.LRD?* : certatim *R*$^{1-2}$*D*^{2}. *cett.* || **8** reconciliaret ω : conciliaret *LRD* || **9** in animis hominum *codd.* : *secl. Vielhaber et Conway* (*ut glossema ad* insitam) || **10** damnatum necatumque ω : necatum dampnatumque *RD*^{3} (*in quo* damn-) negatum damnatumque *LD* || supplicii ferant ω (*sed* fuerant *F*, *corr.* *F*$^{2-1}$) : sulpicii fuerant *L* supplicii ferunt *U.D* suppliciis erunt *H*.

statue avec cette inscription : « Don de la famille Cassia. » Je trouve chez certains auteurs une opinion plus vraisemblable : les questeurs[1] Gaius Fabius et Lucius Valérius l'auraient accusé de haute trahison, le peuple l'aurait condamné et aurait fait raser sa maison : c'est le parvis du temple de la Terre[2]. D'ailleurs, privée ou publique, la condamnation fut prononcée sous le consulat de Servius Cornélius et Quintus Fabius.

Campagnes difficiles contre les Volsques, les Èques et les Étrusques. Exploits des Fabius.

XLII. Le peuple ne persista pas dans sa colère contre Cassius. La loi agraire en elle-même, et une fois son auteur disparu, avait des attraits séduisants. La convoitise fut encore allumée par la mesquinerie du sénat : cette année-là, après une défaite des Volsques et des Èques, il priva l'armée du butin ; toutes les dépouilles de l'ennemi furent vendues par le consul Fabius au profit du trésor.

Le nom de Fabius était impopulaire, à cause de ce dernier consul ; les patriciens réussirent pourtant à faire nommer consul Caeso Fabius avec Lucius Æmilius. Là-dessus, l'irritation croissante de la plèbe amena des troubles intérieurs qui déclenchèrent une guerre au dehors. La guerre, à son tour, suspendit les discordes intérieures : d'un même élan, patriciens et plébéiens, sous le commandement d'Æmilius, refoulèrent un retour offensif des Volsques et des Èques par une brillante victoire. Et l'ennemi eut encore plus de pertes dans sa fuite que dans le combat, tant la poursuite de la cavalerie fut acharnée. Le 15 juillet de la même année fut consacré le temple promis à Castor pendant la guerre latine par le dictateur Postumius : son fils fut nommé duumvir tout exprès pour

1. *Quaestores parricidii*. Dans un procès de *perduellio*, on attendrait le jugement de *duumuiri* (cf. I, 26, 6). Voir Cicéron, *Républ.*, II, 60.

2. Le crime est donc jugé souillure religieuse : de fait, selon Denys

factum esse et inscriptum : « Ex Cassia familia datum. » [11]Inuenio apud quosdam, idque propius fidem est, a quaestoribus Caesone Fabio et L. Valerio diem dictam perduellionis, damnatumque populi iudicio, dirutas publice aedes. Ea est area ante Telluris aedem. [12]Ceterum, siue illud domesticum siue publicum fuit iudicium, damnatur Seruio Cornelio Q. Fabio consulibus.

XLII. [1]Haud diuturna ira populi in Cassium fuit. Dulcedo agrariae legis ipsa per se, dempto auctore, subibat animos, accensaque ea cupiditas est malignitate patrum, qui, deuictis eo anno Volscis Aequisque, militem praeda fraudauere : [2]quidquid captum ex hostibus est, uendidit Fabius consul ac redegit in publicum.

Inuisum erat Fabium nomen plebi propter nouissimum consulem ; tenuere tamen patres ut cum L. Aemilio Caeso Fabius consul crearetur. [3]Eo infestior facta plebes seditione domestica bellum externum exciuit. Bello deinde ciuiles discordiae intermissae ; uno animo patres ac plebs rebellantes Volscos et Aequos duce Aemilio prospera pugna uicere. [4]Plus tamen hostium fuga quam proelium absumpsit : adeo pertinaciter fusos insecuti sunt equites. [5]Castoris aedis eodem anno idibus Quintilibus dedicata est : uota erat Latino bello *a* Postumio dictatore ; filius eius duumuir ad id ipsum creatus dedicauit. [6]Sollicitati et eo anno sunt dulcedine agrariae legis animi plebis. Tribuni plebi popularem potestatem lege po-

Des. *V. E. T. A.*

XLI, **11** a quaestoribus *M.O.H.LRD* : e quaestoribus *cett.*

XLII, **5** ⟨a⟩ Postumio *du Rieu* : Postumio *codd.*

cette consécration. Cette année-là aussi, la plèbe se laissa prendre aux charmes de la loi agraire. Les tribuns de la plèbe faisaient passer dans la pratique leur autorité populaire à la faveur d'une loi populaire. Les patriciens, trouvant déjà plus que suffisante la violence même désintéressée de la foule, redoutaient ces largesses, dangereux stimulants de son audace. Parmi eux, les chefs les plus ardents de l'opposition étaient les consuls. C'est ce parti qui l'emporta pour le présent ; et même, pour l'année suivante, il fit arriver au consulat Marcus Fabius, frère de Caeso, et un personnage plus impopulaire encore, l'accusateur de Spurius Cassius, Lucius Valérius.

La lutte continua cette année-là encore contre les tribuns. En vain la loi fut proposée, en vain ses auteurs annoncèrent bien haut une gratification chimérique. La maison des Fabius dut sa grandeur à ces trois consulats consécutifs, pendant lesquels elle soutint presque sans interruption les attaques des tribuns. Aussi, la jugeant bien placée, on maintint cette charge dans la famille pendant assez longtemps. Puis la guerre éclata avec Véies et reprit avec les Volsques ; mais, pour la guerre étrangère, on avait presque trop de forces : aussi les usait-on à tort en luttes intestines. Pour ajouter encore à ce sentiment de malaise général, il y avait presque chaque jour à Rome ou en banlieue des prodiges célestes visiblement menaçants. La colère des dieux n'avait d'autre motif, déclaraient les devins officiels ou privés, soit d'après les entrailles, soit d'après les oiseaux, que les irrégularités dans les cérémonies du culte. La peur n'en alla pas moins jusqu'à faire condamner la Vestale Oppia pour inconduite et à la faire exécuter.

XLIII. Quintus Fabius et Gaius Julius[1] devinrent en-

(VIII, 78 ; X, 38), Sp. Cassius aurait été précipité de la Roche Tarpéienne.

1. Les manuscrits portent *Tullius*, qu'il n'y a pas de raisons suffisantes de maintenir contre Denys, l'erreur *Iulius* > *Tullius* étant assurée par ailleurs (cf. I, 30, 2).

pulari celebrabant; patres, satis superque gratuiti furoris in multitudine credentes esse, largitiones temeritatisque inuitamenta horrebant. Acerrimi patribus duces ad resistendum consules fuere. [7]Ea igitur pars rei publicae uicit, nec in praesens modo, sed in uenientem etiam annum M. Fabium, Caesonis fratrem, et magis inuisum alterum plebi accusatione Sp. Cassi, L. Valerium, consules dedit.

[8]Certatum eo quoque anno cum tribunis est. Vana lex uanique legis auctores iactando inritum munus facti. Fabium inde nomen ingens post tres continuos consulatus unoque uelut tenore omnes expertos tribuniciis certaminibus habitum; itaque, ut bene locatus, mansit in ea familia aliquamdiu honos. [9]Bellum inde Veiens initum, et Volsci rebellarunt. Sed ad bella externa prope supererant uires, abutebanturque iis inter semet ipsos certando. [10]Accessere ad aegras iam omnium mentes prodigia caelestia, prope cotidianas in urbe agrisque ostentantia minas; motique ita numinis causam nullam aliam uates canebant, publice priuatimque nunc extis, nunc per aues consulti, quam haud rite sacra fieri; [11]qui terrores tamen eo euasere ut Oppia uirgo Vestalis damnata incesti poenas dederit.

XLIII. [1]Q. Fabius inde et C. *I*ulius consules facti. Eo anno non segnior discordia domi et bellum foris

Des. *V. E. T. A.*

XLII, **6** furoris *PFBS. U.D*[2] : fauoris *v?D. cett.* || in multitudine ω : in multitudinem *M* (*sed* immult-) *v?. O* || largitiones ω : largitionis *LR* || **10** cotidianas ω : cotidiana *PFBS.U* || **11** tamen ω : *om. O*; tandem *Madv.*

XLIII, **1** Iulius *Sigon.* (*ex* Dion. Hal., *VIII, 90, 5*) : tullius *codd.* || anno non : anno *M.*

suite consuls. Cette année-là, les luttes intestines ne furent pas moins vives et la guerre extérieure fut plus acharnée. Les Èques prirent les armes ; les Véiens envahirent et ravagèrent la banlieue même de Rome.

Devant ces guerres de plus en plus inquiétantes, Caeso Fabius et Spurius Furius sont faits consuls. Ortona, ville du Latium[1], était assiégée par les Èques ; les Véiens, rassasiés de pillage, menaçaient d'attaquer Rome elle-même. Ces alarmes, au lieu de la refréner, surexcitèrent l'insolence de la plèbe. Elle revenait, ou plutôt on la faisait revenir, au refus systématique du service militaire : c'était le tribun Spurius Licinius qui, voyant dans cette nécessité pressante une occasion d'imposer la loi agraire aux patriciens, avait entrepris d'empêcher les préparatifs de guerre. D'ailleurs, la haine contre le tribunat finit par se tourner entièrement contre le seul responsable ; les consuls ne l'attaquaient pas plus vivement que ses propres collègues[2] ; ceux-ci aidèrent les consuls à faire le recrutement.

On lève des troupes pour deux expéditions à la fois ; Fabius commandait contre Véies, Furius contre les Èques. Chez les Èques, on ne fit rien de remarquable[3]. Quant à Fabius, ses troupes lui causèrent bien plus d'embarras que l'ennemi. A lui seul, ce grand homme de guerre, ce consul fut le soutien de l'État, que ses soldats, par haine du consul, trahissaient de tout leur pouvoir. Par exemple, le jour où le consul, après avoir montré en toutes choses une habileté consommée dans les préparatifs et dans la conduite des opérations, réussit par sa tactique à mettre l'ennemi en déroute par une simple charge de cavalerie, son infanterie refusa de poursuivre les fuyards, et ni les

1. Peut-être à l'extrémité nord des montagnes des Volsques.

2. Manœuvre classique du Sénat : il lui suffit de disposer du *véto* d'un seul tribun pour annuler l'action de tous les autres (cf. 44, 2-6).

3. Il faudrait corriger en faisant dire au texte exactement l'inverse de ce qu'il dit (cf., en effet, 44, 11, et 46, 1). Nous préférons admettre soit la contamination de sources diverses, soit une confusion entre Caeso et Marcus Fabius (cf. 45, 12).

atrocius fuit : ab Aequis arma sumpta ; Veientes agrum quoque Romanorum populantes inierunt.

Quorum bellorum crescente cura, Caeso Fabius et Sp. Furius consules fiunt. [2]Ortonam, Latinam urbem, Aequi oppugnabant ; Veientes, pleni iam populationum, Romam ipsam se oppugnaturos minabantur. [3]Qui terrores, cum compescere deberent, auxere insuper animos plebis ; redibatque non sua sponte plebi mos detractandi militiam, sed Sp. Licinius tribunus plebis, uenisse tempus ratus per ultimam necessitatem legis agrariae patribus iniungendae, susceperat rem militarem impediendam. [4]Ceterum tota inuidia tribuniciae potestatis uersa in auctorem est ; nec in eum consules acrius quam ipsius collegae coorti sunt, auxilioque eorum dilectum consules habent.

[5]Ad duo simul bella exercitus scribitur : ducendus Fabio in Veientes, in Aequos Furio datur. Et in Aequis quidem nihil dignum memoria gestum est ; [6]Fabio aliquanto plus negotii cum ciuibus quam cum hostibus fuit. Vnus ille uir, ipse consul, rem publicam sustinuit, quam exercitus odio consulis, quantum in se fuit, prodebat. [7]Nam cum consul, praeter ceteras imperatorias artes quas parando gerendoque bello edidit plurimas, ita instruxisset aciem ut solo equitatu emisso exercitum hostium funderet, insequi fusos

Des. *V. E. T. A.*

Om. XLIII, **4** : acrius ... consules *H*.

XLIII, **2** Ortonam *Mv.RD* : optonam *H.L* artonam *PFBS.U* arctonam *O* || **3** sed Sp. (*uel* Spurius) ω : sed spurius p̄ *H* sed spurius publius *LR*[1-2]*D* sed purius publius *R* || **4** ipsius *M. det. unus* : ipsius eius *cett.* || **5-6** ducendus Fabio ... gestum est ; Fabio *codd.* (*sed* spurio *pro* furio *PFBS.U.O*) : ducendus Fabio in Aequos, Furio datur in Veientes. ⟨In Veientes⟩ nihil dignum memoria gestum [est] ; et in Aequis quidem Fabio *Conway*, *recte quidem* (*cf. infra cap.* **44**, *11*, *et* **46**, *1*), *sed audacter* ; *nihil mutamus.*

remontrances d'un général odieux, ni même la conscience intime de leur faute et l'éclat du déshonneur dont ils se couvraient alors, ni le danger qu'ils courraient par la suite en laissant l'ennemi reprendre courage ne purent les décider à presser le pas ou du moins, faute de mieux, à garder leurs rangs. Malgré les ordres, ils font demi-tour, et la tête basse comme des vaincus, maudissant tantôt leur général, tantôt l'exploit de la cavalerie, ils rentrent dans leur camp. A cet exemple si pernicieux, le général ne trouva pas de remède : tant il est vrai qu'un esprit supérieur peut être à court d'habileté politique plutôt que de génie militaire. Le consul rentra à Rome : sans avoir rien ajouté à sa gloire, il n'avait fait qu'irriter et exaspérer la haine des soldats contre lui. Malgré tout, les patriciens obtinrent que la famille Fabius garderait le consulat[1] : ils nomment consul Marcus Fabius et lui donnent pour collègue Gnaeus Manlius[2].

XLIV. Cette année-là aussi vit un tribun proposer[3] la loi agraire : ce fut Tibérius Pontificius. Marchant sur les traces de Spurius Licinius, comme si celui-ci avait réussi, il rendit un moment le recrutement impossible. Et les patriciens de se troubler encore, et Appius Claudius de proclamer que « la puissance tribunicienne était vaincue depuis un an ; à ce moment-là elle avait été vaincue en fait, et après ce précédent elle était vaincue pour toujours : car on avait découvert que ses propres forces travaillaient à sa ruine. Il y en aurait toujours qui voudraient se ménager à la fois un succès aux dépens d'un collègue et la faveur de l'aristocratie en servant l'État. Plusieurs

1. Tite-Live semble, par pure critique interne, se rendre compte d'une contradiction ; il n'en conclut pas une sophistication probable, soit dans le récit (hostile aux Fabius), soit dans les fastes (très « fabiens » dans toute cette période).

2. La lecture *Manilius* est une faute de copie sans portée.

3. La loi étant déjà « promulguée », il semble que Tite-Live veuille dire simplement que Ti. Pontificius s'en fait « le tenant ».

pedes noluit ; [8]nec illos, et si non adhortatio inuisi ducis, suum saltem flagitium et publicum in praesentia dedecus, postmodo periculum, si animus hosti redisset, cogere potuit gradum adcelerare aut, si aliud nihil, stare instructos. [9]Iniussu signa referunt, maestique — crederes uictos — exsecrantes nunc imperatorem, nunc nauatam ab equite operam, redeunt in castra. [10]Nec huic tam pestilenti exemplo remedia ulla ab imperatore quaesita sunt ; adeo excellentibus ingeniis citius defuerit ars qua ciuem regant quam qua hostem superent. [11]Consul Romam rediit, non tam belli gloria aucta quam inritato exacerbatoque in se militum odio. Obtinuere tamen patres ut in Fabia gente consulatus maneret : M. Fabium consulem creant ; Fabio collega Cn. Manlius datur.

XLIV. [1]Et hic annus tribunum auctorem legis agrariae habuit : Ti. Pontificius fuit. Is eandem uiam, uelut processisset Sp. Licinio, ingressus dilectum paulisper impediit. [2]Perturbatis iterum patribus Ap. Claudius 'uictam tribuniciam potestatem' dicere 'priore anno, in praesentia re, exemplo in perpetuum, quando inuentum sit suis ipsam uiribus dissolui. [3]Neque enim unquam defuturum qui et ex collega uictoriam sibi et gratiam melioris partis bono publico uelit quaesitam ; et plures, si pluribus opus sit, tribunos ad auxilium consulum paratos fore, et unum

Des. *V. E. T. A.*

XLIII, **8** postmodo ω : postmodum *U.H.R*^{2} || stare *Muret*, *D*^{2}*?* : instare *codd. cett.* (*sed* instrare *O*) || **9** iniussu ω.ρ : iniussi *F*^{1}.*H* inuisi *O* || **11** Manlius *Ald.* (*cf. infra 47, 1*) : manilius ω mamilius *O.D* mamilcus *D*^{3}*?*.

XLIV, **3** qui et ex ω : qui ex *FB.R*.

tribuns, s'il en fallait plusieurs, seraient prêts à aider les consuls : un seul, d'ailleurs, suffisait à la rigueur contre tous. Les consuls et les principaux sénateurs n'avaient qu'à prendre soin de gagner, sinon tous les tribuns, du moins quelques-uns aux intérêts de l'État et du sénat ». Se rendant aux conseils d'Appius, les sénateurs, tous tant qu'ils sont, se montrent polis et bienveillants en abordant les tribuns ; les anciens consuls, usant de l'influence particulière qu'ils pouvaient avoir sur chacun d'eux, les amènent, soit par reconnaissance, soit par considération pour eux, à mettre les forces du tribunat au service de l'État, et, soutenus par quatre[1] tribuns contre un seul adversaire de l'intérêt général, les consuls font le recrutement.

Alors, ils entrèrent en campagne contre Véies, où des contingents venus de toute l'Étrurie s'étaient concentrés, non parce qu'ils lui portaient intérêt, mais parce qu'ils finissaient par espérer détruire Rome à la faveur de ses troubles intérieurs. En Étrurie, dans les congrès nationaux, les chefs s'écriaient que « la puissance des Romains était éternelle s'ils ne s'entre-déchiraient par leurs séditions ; c'était le seul poison, le seul fléau des États prospères, et il était fait pour rendre périssables les grands empires. Longtemps supportable tant par la sagesse des patriciens que par la résignation de la plèbe, le mal arrivait maintenant à son dernier période. Il s'était fait deux États dans un seul ; chacun avait ses magistrats et ses lois propres. Au début, on protestait avec fureur et régulièrement contre l'enrôlement, mais, une fois en campagne, on continuait à obéir aux généraux. Quelle que fût la situation intérieure, tant que subsistait la discipline, on pouvait tenir ; mais voici que la désobéissance systématique aux magistrats faisait école jusque dans les camps et dans l'armée. Pendant la dernière guerre, sur le front même, en

1. Nos manuscrits disent « neuf ». Mais Tite-Live ne compte que cinq tribuns de la plèbe II, 33, 2, et encore III, 30, 7. L'erreur entre *IV* (*quattuor*) et *IX* (*nouem*) s'explique d'ailleurs facilement.

uel aduersus omnes satis esse. [4]Darent modo et consules et primores patrum operam ut, si minus omnes, aliquos tamen ex tribunis rei publicae ac senatui conciliarent'. [5]Praeceptis Appi moniti patres et uniuersi comiter ac benigne tribunos appellare, et consulares, ut cuique eorum priuatim aliquid iuris aduersus singulos erat, partim gratia, partim auctoritate obtinuere ut tribuniciae potestatis uires salubres uellent rei publicae esse ; [6]quattuorque tribunorum aduersus unum moratorem publici commodi auxilio dilectum consules habent.

[7]Inde ad Veiens bellum profecti, quo undique ex Etruria auxilia conuenerant, non tam Veientium gratia concitata quam quod in spem uentum erat discordia intestina dissolui rem Romanam posse. [8]Principesque in omnium Etruriae populorum conciliis fremebant 'aeternas opes esse Romanas nisi inter semet ipsi seditionibus saeuiant ; id unum uenenum, eam labem ciuitatibus opulentis repertam ut magna imperia mortalia essent. [9]Diu sustentatum id malum, partim patrum consiliis, partim patientia plebis, iam ad extrema uenisse : duas ciuitates ex una factas ; suos cuique parti magistratus, suas leges esse. [10]Primum in dilectibus saeuire solitos, eosdem in bello tamen paruisse ducibus. Qualicumque urbis statu, manente disciplina militari sisti potuisse. Iam non parendi magistratibus morem in castra quoque Romanum militem sequi : [11]proximo bello in ipsa acie, in ipso certamine, consensu exercitus traditam ultro

Des. *V. E. T. A.*

Om. XLIV, **5** : Praeceptis ... et consulares *R* (*restituit in marg. supra rasuram* R^2).

XLIV, **5** eorum ω : *om. LRD* || **6** quattuorque *dett. aliq., Sigon.* (*cf. II, 33, 2, et III, 30, 7* ; DION. HAL., *IX, 2*) : nouemque *codd.* (*sed* noque *M* ; *corr.* M^2) || moratorem ω : oratorem M^3.*S.LRD*.

plein combat les troupes s'étaient entendues pour laisser volontairement la victoire aux Èques vaincus[1], quittant leurs enseignes, abandonnant leur général sur le front et, malgré ses ordres, réintégrant leur camp. Encore un effort, et certainement Rome pouvait être vaincue par ses propres troupes. Il suffisait d'une déclaration de guerre et d'une simple démonstration militaire : le destin et les dieux se chargeraient du reste ». Cet espoir avait fait prendre les armes aux Étrusques, malgré tant d'alternatives de succès et de revers.

XLV. Les consuls romains, de leur côté, ne redoutaient rien tant que leurs propres forces, leurs propres troupes ; se rappelant le déplorable précédent de la dernière guerre, ils tremblaient d'engager une action où ils auraient à craindre les deux armées à la fois. Aussi restaient-ils dans leur camp, retenus par la gravité de ce double danger : peut-être le temps et les circonstances suffiraient-ils pour apaiser les colères et ramener le bon sens. L'ennemi, Véiens et Étrusques, n'en montrait que plus de hâte : il les provoquait au combat, d'abord en caracolant devant le camp et en lançant des défis ; puis, comme rien n'y faisait, en insultant tantôt les consuls eux-mêmes, tantôt les soldats : « La comédie des luttes intestines? Pure invention pour remédier à leur lâcheté. Les consuls doutaient plutôt de la valeur que de la fidélité de leurs hommes. Singulière façon de se révolter que de rester silencieux et tranquilles sous les armes ! ». En outre, ils leurs décochaient sur l'origine toute récente de leur race des railleries plus ou moins fondées. Ils venaient les crier jusqu'au pied du retranchement et des portes, ce qui n'était pas pour déplaire aux consuls ; mais les simples soldats, plus naïfs, avaient le cœur retourné tour à tour par l'indignation et par la honte et oubliaient les difficultés politiques ; on ne voulait pas tolérer ces insultes ; mais non plus, par un succès, faire le jeu des patriciens, des consuls ; entre les enne-

1. Contradiction (due à un changement de source?) avec 43, 5.

uictoriam uictis Aequis, signa deserta, imperatorem in acie relictum, iniussu in castra reditum. [12]Profecto, si instetur, suo milite uinci Romam posse : nihil aliud opus esse quam indici ostendique bellum ; cetera sua sponte fata et deos gesturos'. Hae spes Etruscos armauerant, multis in uicem casibus uictos uictoresque.

XLV. [1]Consules quoque Romani nihil praeterea aliud quam suas uires, sua arma horrebant ; memoria pessimi proximo bello exempli terrebat ne rem committerent eo ubi duae simul acies timendae essent. [2]Itaque castris se tenebant, tam ancipiti periculo auersi : 'diem tempusque forsitan ipsum leniturum iras sanitatemque animis allaturum'. [3]Veiens hostis Etruscique eo magis praepropere agere ; lacessere ad pugnam, primo obequitando castris prouocandoque, postremo, ut nihil mouebant, qua consules ipsos qua exercitum increpando : [4]'simulationem intestinae discordiae remedium timoris inuentum, et consules magis non confidere quam non credere suis militibus ; nouum seditionis genus, silentium otiumque inter armatos !'. Ad haec in nouitatem generis originisque qua falsa qua uera iacere. [5]Haec cum sub ipso uallo portisque streperent, haud aegre consules pati ; at imperitae multitudini nunc indignatio, nunc pudor pectora uersare et ab intestinis auertere malis ; nolle inultos hostes ; nolle successum, non patribus, non consulibus ; externa et domestica odia certare in animis. [6]Tandem

Des. *V. E. T. A.*

Om. XLV, **1** : Consules ... proximo *B.*

XLV, **1** proximo $\omega.\rho$: proximi *M* || exempli ω.M^1 : exemplo *M* || terrebat $M\upsilon^x$.*PS.U.O.H.*R^x : tenebat *FB* terrebant *LD* terrebantur υ.RD^2 || **4** non confidere : confidere *M* || **5** multitudini ω : multitudinis M^3.*H.LRD.*

mis du dehors et ceux du dedans, c'était dans leur cœur un conflit de haines. Enfin, la première l'emporte, tant les railleries de l'ennemi étaient orgueilleuses et insolentes. Ils se portent en foule vers le prétoire, réclament le combat, demandent qu'on donne le signal. Les consuls, feignant de vouloir délibérer, ont un tête-à-tête prolongé. Ils ne demandaient qu'à combattre : mais il leur fallait refréner et dissimuler leur désir et, par cette opposition et ces atermoiements, redoubler chez leurs hommes l'ardeur d'un premier mouvement. Ils rendent réponse : « L'affaire n'est pas encore à point ; ce n'est pas encore le moment de livrer bataille ; il faut rester au camp ». On met au rapport que « tout combat est interdit ; quiconque enfreindra la défense sera traité en ennemi ». Cette fin de non-recevoir, cette apparente opposition des consuls redoublent d'autant plus l'ardeur belliqueuse. Pour l'enflammer encore, l'insolence des ennemis devient extrême, à la nouvelle que les consuls ont interdit les combats : « dès lors, ils ne risquent rien à être insolents : on ne donne plus d'armes aux soldats ; tout cela aboutira à une révolte suprême ; c'est la fin de la puissance romaine ». Dans cette assurance, ils accourent aux portes, lancent des injures, ont peine à se retenir de donner l'assaut au camp. Vraiment des Romains ne pouvaient en supporter davantage ; de tous les points du camp, on court vers les consuls ; ne se contenant plus, au lieu de charger, comme avant, les premiers centurions[1] de présenter leur requête, tous réclament avec des cris confus. L'affaire était à point : on hésite pourtant. Enfin, Fabius voit que, devant ce tumulte croissant, son collègue va céder par crainte d'une révolte ; il fait faire silence par une sonnerie de clairon et dit : « Pour moi, Gnaeus Manlius, ces hommes peuvent vaincre, j'en suis sûr ; mais le veulent-ils? J'en doute, et par leur faute. Aussi je suis absolument décidé à ne pas donner le signal s'ils ne jurent de sortir vainqueurs du

1. Ceux qui commandent la première centurie de chaque cohorte.

superant externa : adeo superbe insolenterque hostis eludebat. Frequentes in praetorium conueniunt ; poscunt pugnam, postulant ut signum detur. [7]Consules uelut deliberabundi capita conferunt, diu conloquuntur. Pugnare cupiebant, sed retro reuocanda et abdenda cupiditas erat, ut aduersando remorandoque incitato semel militi adderent impetum. [8]Redditur responsum 'immaturam rem agi ; nondum tempus pugnae esse ; castris se tenerent'. Edicunt inde 'ut abstineant pugna ; si quis iniussu pugnauerit, ut in hostem animaduersuros'. [9]Ita dimissis, quo minus consules uelle credunt, crescit ardor pugnandi. Accendunt insuper hostes ferocius multo, ut statuisse non pugnare consules cognitum est : [10]quippe 'impune se insultaturos : non credi militi arma ; rem ad ultimum seditionis erupturam, finemque uenisse Romano imperio'. His freti occursant portis, ingerunt probra ; aegre abstinent quin castra oppugnent. [11]Enimuero non ultra contumeliam pati Romanus posse ; totis castris undique ad consules curritur ; non iam sensim, ut ante, per centurionum principes postulant, sed passim omnes clamoribus agunt. Matura res erat ; tergiuersantur tamen. [12]Fabius deinde, ad crescentem tumultum iam metu seditionis collega concedente, cum silentium classico fecisset : « Ego istos, Cn. Manli, posse uincere scio ; uelle ne scirem, ipsi fecerunt. [13]Itaque certum atque decretum est non dare signum,

Des. *V. E. T. A.*

XLV, **7** retro reuocanda ω : retro uocando *H* reuocanda *U* || abdenda *det. unus*, *Gebhard* : addenda *codd.* || **9** Accendunt ω : accendit *O.H* || **11** Romanus ω : romanos M^3.*O.H* romanis *D* romani D^3 || non iam R^x. *dett. aliq.* : non tam *R. cett.* || **13** itaque ω : ita *LRD* || certum atque decretum est *M.O.H.LRD* : certum est atque decretum P^2*FBS.U* certum est *P*, *Conway*.

combat. L'armée a manqué de parole une fois à un consul dans une bataille ; elle n'en manquera jamais aux dieux. » Il y avait un centurion[1], Marcus Flavoleius, l'un des plus acharnés à réclamer le combat. « J'en sortirai vainqueur, Marcus Fabius ! », dit-il ; s'il manquait de parole, que la colère du grand Jupiter, de Mars Gradivus[2] et des autres dieux retombât sur lui. Ce même serment est ensuite répété par tous les soldats individuellement[3]. Après le serment, on donne le signal ; ils s'arment ; ils marchent au combat pleins de rage et d'espoir. « Maintenant, que les Étrusques viennent donc les insulter ! Maintenant qu'ils ont des armes, qu'une de ces mauvaises langues vienne donc se présenter à l'un d'entre eux ! ». Tous dans cette journée, plébéiens comme patriciens, montrèrent un courage sans égal ; mais le nom des Fabius s'illustra entre tous : les émeutes de Rome les avaient rendus impopulaires ; ils veulent regagner la faveur de la plèbe dans ce combat.

XLVI. L'armée se déploie ; les Véiens et les légions étrusques ne se dérobent pas : ils avaient presque la certitude qu'on ne leur livrerait pas bataille, pas plus que naguère aux Èques, et même une trahison plus grave encore n'était pas impossible, grâce à l'irritation des esprits et à l'incertitude[4] de la situation. En fait, il en alla tout autrement : jamais encore dans aucune guerre les Romains n'avaient attaqué avec plus de vigueur, piqués au vif tant par les outrages de l'ennemi que par les atermoiements des consuls. A peine les Étrusques avaient-ils eu le temps de se déployer que les Romains, en commençant à s'ébranler, lançaient leurs pilums au hasard et sans viser, et que déjà le corps-à-corps s'engageait, à l'épée, l'arme la plus meurtrière. Au premier rang, la famille Fa-

1. Comparer César, *Guerre civile*, III, 91.
2. L'épithète de ce dieu, certainement guerrier (I, 20, 4), reste encore inexpliquée.
3. Comme le serment-imprécation prêté au général par les recrues avant l'entrée en campagne.
4. Ou « le danger », dû au grand nombre des ennemis étrusques?

nisi uictores se redituros ex hac pugna iurant. Consulem Romanum miles semel in acie fefellit : deos nunquam fallet. » Centurio erat M. Flauoleius, inter primores pugnae flagitator : [14]« Victor, inquit, M. Fabi, reuertar ex acie » ; 'si fallat, Iouem patrem Gradiuumque Martem aliosque iratos' inuocat 'deos'. Idem deinceps omnis exercitus in se quisque iurat. Iuratis datur signum ; arma capiunt ; eunt in pugnam irarum speique pleni. [15]Nunc iubent Etruscos probra iacere, nunc armati sibi quisque lingua promptum hostem offerri. [16]Omnium illo die, qua plebis qua patrum, eximia uirtus fuit ; Fabium nomen [Fabia gens] maxime enituit : multis ciuilibus certaminibus infensos plebis animos illa pugna sibi reconciliare statuunt.

XLVI. [1]Instruitur acies, nec Veiens hostis Etruscaeque legiones detractant. Prope certa spes erat non magis secum pugnaturos quam cum Aequis ; maius quoque aliquod in tam inritatis animis et occasione ancipiti haud desperandum esse facinus. [2]Res aliter longe euenit ; nam non alio ante bello infestior Romanus — adeo hinc contumeliis hostes, hinc consules mora exacerbauerant — proelium iniit. [3]Vix explicandi ordinis spatium Etruscis fuit cum, pilis inter primam trepidationem abiectis temere magis quam emissis, pugna iam in manus, iam ad gladios, ubi Mars est atrocissimus, uenerat. [4]Inter primores genus

Des. *V. E. T. A.*

XLV, **13** iurant *ω.M^1v* : iurant esse *M* iurent *U.R^2D^2* || **14** iratos *ω.vD^2?* : ratos *H.LRD* iratus *D^3* || **15** nunc iubent *ω.D^1* : nunc iubent et *D* nuncque iubent *M* nunc iubentes *H* nunc iubente *L* || armati : armato *U* || **16** Fabia gens *secl. Madv.* || maxime *om. U.H.*

XLVI, **1** detractant *S.O.H.R* : detraectant *M.P* detrectant *$M^2P^xR^1$. cett.* || quam *H* : quam pugnarint *M* — pugnauerint *ω.R^2* — pugnauerunt *O* cum pugnauerint *R* || aliquod *M.S.O.H.D* : aliquot *PFB.L* aliud *U* ; *om. R.* || **3** ordinis *ω* : ordines *R^2*.

bius offrait un spectacle exemplaire à ses compatriotes. L'un d'eux, Quintus Fabius, consul deux ans auparavant, marchait à leur tête sur un gros de Véiens, quand un Étrusque, d'une force et d'une adresse redoutables, le surprit comme il tenait tête à tous les coups de l'ennemi et lui passa son épée au travers de la poitrine ; le fer une fois retiré, Fabius s'écroula sur sa blessure. La mort d'un seul héros fit sensation dans les deux camps et les Romains pliaient, quand le consul Marcus Fabius enjamba le cadavre et, se faisant un rempart de son bouclier, s'écria : « Voilà donc votre serment, soldats? Vous enfuir dans votre camp? Un ennemi si lâche vous inspire plus de terreur que Jupiter et Mars par qui vous avez juré? Eh bien ! moi, sans avoir juré, ou je reviendrai vainqueur, ou ici même, près de toi, Quintus Fabius, je tomberai en combattant. » Au consul alors, Caeso Fabius, consul l'année précédente, répliqua : « Comptes-tu sur tes discours, mon frère, pour les ramener au combat? Compte plutôt sur les dieux, témoins de leur serment. Quant à nous, notre devoir de chefs et l'honneur des Fabius exigent que notre exemple, plutôt que nos paroles, enflamme le courage de nos hommes. » Volant alors au premier rang, la lance en arrêt, les deux Fabius entraînèrent avec eux toute l'armée[1].

XLVII. La situation était rétablie d'un côté ; à l'autre aile, le consul Gnaeus Manlius ne mettait pas moins d'ardeur à soutenir le combat, dont les fluctuations étaient presque semblables. Comme Quintus Fabius à l'autre aile, le consul Manlius à celle-ci poursuivait en personne l'ennemi déjà presque en déroute à la tête de ses soldats pleins d'ardeur, quand il fut grièvement blessé et quitta les rangs ; le croyant tué, ils reculèrent ; ils auraient lâché pied, si l'autre consul, avec quelques pelotons de cava-

1. Comparer à une bataille de type analogue, plus haut, chap. 19-20. Ici le mélange des données classiques (§ 3) et des conventions épiques (attitudes, paroles et armement des πρόμαχοι : voir surtout §§ 4 et 7) est évident.

Fabium insigne spectaculo exemploque ciuibus erat. Ex his Q. Fabium — tertio hic anno ante consul fuerat — principem in confertos Veientes euntem ferox uiribus et armorum arte Tuscus, incautum inter multas uersantem hostium manus, gladio per pectus transfigit ; telo extracto praeceps Fabius in uolnus abiit. 5Sensit utraque acies unius uiri casum, cedebatque inde Romanus cum M. Fabius consul transiluit iacentis corpus obiectaque parma, « Hoc iurastis, inquit, milites, fugientes uos in castra redituros ? Adeo ignauissimos hostis magis timetis quam Iouem Martemque per quos iurastis ? 6At ego iniuratus aut uictor reuertar aut prope te hic, Q. Fabi, dimicans cadam. » Consuli tum Caeso Fabius, prioris anni consul : « Verbisne istis, frater, ut pugnent te impetraturum credis ? Di impetrabunt per quos iurauere. 7Et nos, ut decet proceres, ut Fabio nomine est dignum, pugnando potius quam adhortando accendamus militum animos. » Sic in primum infensis hastis prouolant duo Fabii, totamque mouerunt secum aciem.

XLVII. 1Proelio ex parte una restituto, nihilo segnius in cornu altero Cn. Manlius consul pugnam ciebat, ubi prope similis fortuna est uersata. 2Nam ut altero in cornu Q. Fabium, sic in hoc ipsum consulem Manlium iam uelut fusos agentem hostis et impigre milites secuti sunt et, ut ille graui uolnere ictus ex acie cessit, interfectum rati gradum rettulere ; 3cessissent-

Des. *V. E. T. A.*

XLVI, 4 insigne *codd.* : insigni *Reiz* || uersantem *RD*$^{2.1}$: uersantes *D. cett.* || 5 transiluit ω : transiliuit *S.U.LD* || 6 Caeso *det. unus* : gaius ω.ν c̄. *U* gnaius (fabius *omisso*) *S* graus *H* || 7 infensis ω : *uel* infestis *S.O* in infensos *M*^{2}.

XLVII, 1 Manlius ω : manilius *U.O.D*^{2}.

lerie, ne s'était porté sur ce point au grand galop, en criant « que son collègue était vivant, que lui-même arrivait après avoir vaincu et culbuté l'autre aile », et s'il n'avait soutenu cette défaillance. Manlius concourt à rétablir le combat en venant, lui aussi, se faire voir. En reconnaissant les traits des deux consuls, les hommes reprennent courage. Juste à ce moment, l'ennemi, comptant sur sa supériorité numérique, dégarnissait son front en retirant ses troupes de soutien[1] qu'il envoie attaquer le camp. Il fut pris d'assaut sans grande résistance ; mais, tandis que les vainqueurs songent plutôt à piller qu'à se battre et qu'ils prennent leur temps, les triaires romains, qui n'avaient pu résister à leur premier assaut, après avoir informé les consuls de leur situation, se rallient près du prétoire[2] et, par leurs propres moyens, font une contre-attaque. De son côté, le consul Manlius, qu'on ramenait au camp, avait fait occuper toutes les portes pour couper la retraite à l'ennemi. Les Étrusques prirent alors une résolution désespérée plutôt que hardie : quand ils eurent tenté vainement plusieurs attaques sur tous les points où ils entrevoyaient une chance de passer, des jeunes gens, avec un ensemble parfait, se jettent sur le consul en personne, reconnaissable à ses armes. Son entourage pare les premiers coups, mais ne peut continuer à soutenir l'attaque ; le consul tombe, frappé à mort, et tout son entourage s'enfuit. Les Étrusques reprennent de l'audace ; la panique pousse les Romains en désordre à travers tout le camp, et la situation serait devenue très critique ; mais l'état-major, après avoir fait enlever le corps du consul, fit ouvrir une porte pour laisser passer les ennemis. Ils s'élancent par cette issue ; mais leur troupe en désordre tombe dans sa fuite sur l'autre consul vainqueur, se fait encore massacrer et se disperse de tous côtés.

1. La troisième ligne (« triaires »), inutile quand le front n'est pas en danger.
2. Quartier général, à la croisée des deux voies principales du camp.

que loco, ni consul alter cum aliquot turmis equitum in eam partem citato equo aduectus, 'uiuere' clamitans 'collegam, se uictorem fuso altero cornu adesse', rem inclinatam sustinuisset. 4Manlius quoque ad restituendam aciem se ipse coram offert. Duorum consulum cognita ora accendunt militum animos. Simul et uanior iam erat hostium acies, dum abundante multitudine freti subtracta subsidia mittunt ad castra oppugnanda. 5In quae haud magno certamine impetu facto dum praedae magis quam pugnae memores tererent tempus, triarii Romani, qui primam inruptionem sustinere non potuerant, missis ad consules nuntiis quo loco res essent, conglobati ad praetorium redeunt et sua sponte ipsi proelium renouant. 6Et Manlius consul reuectus in castra, ad omnes portas milite opposito, hostibus uiam clauserat. Ea desperatio Tuscis rabiem magis quam audaciam accendit. Nam cum incursantes quacumque exitum ostenderet spes uano aliquotiens impetu issent, globus iuuenum unus in ipsum consulem insignem armis inuadit. 7Prima excepta a circumstantibus tela; sustineri deinde uis nequit; consul mortifero uolnere ictus cadit, fusique circa omnes. 8Tuscis crescit audacia; Romanos terror per tota castra trepidos agit, et ad extrema uentum foret ni legati rapto consulis corpore patefecissent una porta hostibus uiam. 9Ea erumpunt; consternatoque agmine abeuntes in uictorem alterum incidunt consulem : ibi iterum caesi fusique passim.

Des. *V. E. T. A.*

XLVII, 5 In quae *M.O.H.LRD*^{1} : in quo *D* inde ***PFBS.U*** || dum ω.*M*$^{1\text{-}2}$: cum *M*, *Gron.* || tererent ω.*F*^{3}*O*^{3}*D*^{2} : terrerent *F.O.L* terrerentur *B* terrent *RD* terunt *R*^{2} || potuerant *M.O.H.D*^{1} : potuerunt *PFBS.U* poterant *LRD* || 7 sustineri ω : sustinere ***M.D.***

Ce fut une brillante victoire, attristée toutefois par deux si grands deuils. Aussi le consul, quand le sénat vota le triomphe, répondit que, « si les troupes pouvaient triompher sans leur général, il y consentait aisément pour leur belle conduite pendant cette guerre[1] ; pour lui, sa famille en deuil par la mort de Quintus Fabius, son frère, et l'État privé de l'un de ses membres par la perte d'un consul l'empêchaient d'accepter un laurier[2] attristé par un deuil public et privé ». Plus qu'un triomphe réel, le refus du triomphe lui fit honneur : car il est certain qu'un mépris judicieux de la gloire aboutit parfois à un surcroît de gloire. Puis il conduisit successivement le deuil de son collègue et de son frère et fit également l'éloge funèbre des deux : il leur attribua ses propres mérites, mais on reportait sur lui presque toute la gloire. Ne perdant pas non plus de vue le projet, qui lui tenait à cœur au début de son consulat, de regagner l'affection de la plèbe, il fit soigner les blessés chez les patriciens. Les Fabius en reçurent le plus grand nombre, et nulle part ils ne furent mieux soignés. De là date la popularité des Fabius, et ils la gagnèrent uniquement en servant l'État[3].

Les 306 Fabius.

XLVIII. Aussi plébéiens et patriciens montrèrent-ils un égal empressement à nommer consul Caeso Fabius avec Titus Verginius. Laissant la guerre, l'enrôlement et toutes les autres préoccupations au second plan, il voulait que l'union espérée et déjà partiellement réalisée fût avant tout entièrement scellée entre patriciens et plébéiens. Aussi, dès le début de l'année, il proposa au sénat de ne pas attendre qu'un tribun vînt parler en faveur de la loi agraire, mais de prendre les devants et de faire sienne cette mesure, en distribuant les territoires conquis à la plèbe

1. Flatterie démagogique : en fait, c'est le général qui triomphe.
2. Il s'agit de la couronne sacrée que le triomphateur dédiait ensuite à Jupiter Capitolin.
3. Évidence d'une source « fabienne » à tendances démocratiques (cf. 45, 16).

Victoria egregia parta, tristis tamen duobus tam claris funeribus. [10]Itaque consul, decernente senatu triumphum, 'si exercitus sine imperatore triumphare possit, pro eximia eo bello opera facile passurum' respondit : 'se, familia funesta Q. Fabi fratris morte, re publica ex parte orba consule altero amisso, publico priuatoque deformem luctu lauream non accepturum'. [11]Omni acto triumpho depositus triumphus clarior fuit : adeo spreta in tempore gloria interdum cumulatior rediit. Funera deinde duo deinceps collegae fratrisque ducit, idem in utroque laudator, cum concedendo illis suas laudes ipse maximam partem earum ferret. [12]Neque immemor eius quod initio consulatus imbiberat, reconciliandi animos plebis, saucios milites curandos diuidit patribus. Fabiis plurimi dati, nec alibi maiore cura habiti. Inde populares iam esse Fabii, nec hoc ulla nisi salubri rei p*ublicae* arte.

XLVIII. [1]Igitur non patrum magis quam plebis studiis *K*. Fabius cum T. Verginio consul factus neque bell*i* neque dilectus neque ullam aliam priorem curam agere quam ut, iam aliqua ex parte incohata concordiae spe, primo quoque tempore cum patribus coalescerent animi plebis. [2]Itaque principio anni censuit 'priusquam quisquam agrariae legis auctor tribunus exsisteret, occuparent patres ipsi suum munus facere ; captiuum agrum plebi quam maxime aequa-

Des. *V. E. T. A.*

XLVII. **10** consul *M.O.H.LR* : cons. *D* consuli *PFBS.U* || consule altero amisso F^1*.LRD* : — omisso *F. cett.* ; *seclusit Conway* || **12** ulla *Gruter* : ulla re *ω.*P^2 nulla re *PFB* ualerem *LD* || reipublicae arte *Gruter* : reiparte *FB* reip. parte *cett.*

XLVIII, **1** K. Fabius *Edd.* : Ceso Fabius R^2. *dett. duo* c, fabius *M* q. fabius F^3 (*in ras.*) g. fabius *υ.PBS.O* c. fabius *cett.* || belli *Hearne, D?* : bella D^1. *cett.*

avec toute l'équité possible : « il était juste qu'ils fussent à ceux qui les avaient payés de leur sang et de leur sueur[1] ». Les sénateurs n'en tinrent pas compte ; certains déplorèrent même que « l'excès de sa gloire amollît et réduisît à néant l'ancienne énergie d'un Caeso ».

Il n'en résulta pas de troubles à Rome. Mais le Latium avait à souffrir des incursions des Èques. Caeso, envoyé avec une armée, porte le ravage sur le propre territoire des Èques. Ils se retirèrent dans leurs places fortes, à l'abri de leurs murailles ; aussi n'y eut-il pas de combat mémorable. Par contre, Véies nous infligea une défaite par la témérité de l'autre consul : c'en était même fait de son armée si Caeso Fabius ne fût arrivé à temps à la rescousse. Depuis cette date, on ne fut avec les Véiens ni en paix ni en guerre : les hostilités dégénéraient absolument en brigandage. Devant les légions romaines, ils se retiraient dans leur ville ; dès qu'ils s'étaient aperçus de leur départ, ils se répandaient dans les campagnes, faisant la nique tour à tour à la guerre par l'inaction, à l'inaction par la guerre. Si bien qu'on ne pouvait ni négliger totalement cette affaire ni la terminer ; il y avait, en outre, d'autres guerres, les unes imminentes, du fait des Èques et des Volsques par exemple, dont la tranquillité durait juste assez pour laisser passer les premiers regrets de leur plus récente défaite, d'autres prévues sous peu du fait des Sabins, toujours hostiles, et de toute l'Étrurie. Mais les attaques des Véiens, continuelles plutôt que graves, et souvent plus importunes que dangereuses, préoccupaient les esprits, parce qu'on ne pouvait pas les perdre de vue un moment et se tourner d'un autre côté. C'est alors que la famille des Fabius se présenta au sénat ; le consul prit la parole au nom de tous : « L'activité incessante importe plus que le nombre, vous le savez, pères conscrits, dans la guerre contre Véies. Vous, occupez-vous des autres guerres et opposez les Fabius aux

1. Denys ne mentionne pas cette curieuse initiative d'un Fabius.

liter darent : uerum esse habere eos quorum sanguine ac sudore partus sit'. [3]Aspernati patres sunt ; questi quoque quidam 'nimia gloria luxuriare et euanescere uiuidum quondam illud Caesonis ingenium'.

Nullae deinde urbanae factiones fuere ; [4]uexabantur incursionibus Aequorum Latini. Eo cum exercitu Caeso missus in ipsorum Aequorum agrum depopulandum transit. Aequi se in oppida receperunt murisque se tenebant ; eo nulla pugna memorabilis fuit. [5]At a Veiente hoste clades accepta temeritate alterius consulis, actumque de exercitu foret, ni K. Fabius in tempore subsidio uenisset. Ex eo tempore neque pax neque bellum cum Veientibus fuit ; res proxime [in] formam latrocinii uenerat : [6]legionibus Romanis cedebant in urbem ; ubi abductas senserant legiones, agros incursabant, bellum quiete, quietem bello in uicem eludentes. Ita neque omitti tota res nec perfici poterat ; et alia bella aut praesentia instabant, ut ab Aequis Volscisque, non diutius quam recens dolor proximae cladis transiret quiescentibus, aut mox moturos *es*se apparebat Sabinos semper infestos Etruriamque omnem. [7]Sed Veiens hostis, adsiduus magis quam grauis, contumeliis saepius quam periculo animos agitabat, quod nullo tempore neglegi poterat aut auerti alio sinebat. [8]Tum Fabia gens senatum adiit. Consul pro gente loquitur : « Adsiduo magis quam magno praesidio, ut scitis, patres conscripti, bellum Veiens eget. Vos alia bella curate, Fabios hostis Veientibus date. Auctores sumus tutam ibi maiesta-

Des. *V. E. T. A.*

XLVIII, **5** proxime *Ed. Frob. 1535* : proxime in *ω.P*[2] proximae in *M.PF* proxima in *O* proxime iam *Zingerle* || **6** moturos esse *M. Seyffert* : moturos se *codd.* moturos *Madv.*

Véiens : nous nous portons garants que là l'honneur de Rome sera en sûreté. Quant à nous, nous avons l'intention de traiter cette guerre comme une affaire de famille et à nos frais. Que l'État n'y emploie ni troupes ni argent. » On leur rend mille grâces. Le consul sort de la curie et rentre chez lui, escorté de tous les Fabius, qui attendaient le sénatus-consulte debout à l'entrée de la curie. Il leur donne rendez-vous pour le lendemain, en armes, à sa porte, et ils s'en vont chez eux[1].

XLIX. Le bruit s'en répand dans toute la ville ; les Fabius sont portés aux nues : « une seule famille assume une charge de l'État ; la guerre de Véies se tourne en affaire privée, en lutte privée. S'il y avait à Rome deux [autres] familles aussi fortes, et que l'une réclamât les Volsques, l'autre les Èques[2], le peuple romain pourrait rester tranquillement en paix, tout en soumettant tous ses voisins ». Le lendemain, les Fabius prennent les armes et se trouvent au rendez-vous. Le consul sort en tenue de campagne, passe en revue dans le vestibule toute sa famille en ordre de marche, se place au centre et donne le signal du départ. Jamais armée moins nombreuse, mais plus fameuse et plus admirée, ne défila dans la ville. Trois cent six combattants, tous patriciens, tous du même nom et dont aucun n'était indigne de présider le sénat dans ses plus beaux jours[3], marchaient, en menaçant, avec les forces de leur seule famille, d'écraser le peuple de Véies. Une foule les suivait, d'abord les leurs, parents et amis, incapables de modérer leurs espérances et leurs craintes, mais se faisant toutes sortes d'idées exagérées ; ensuite le public, agité par l'inquiétude ou muet d'admi-

1. L'importance et l'indépendance de la *gens* primitive transparaissent ici, bien que Tite-Live limite aux Fabius patriciens une action que Denys (IX, 15) étend à leur clientèle, soit 4,000 hommes.

2. Supposition absurde. L'action des Fabius ne s'explique que par le voisinage : sans doute avaient-ils des terres limitrophes des Véiens.

3. Tite-Live paraît se figurer, avec emphase, un Sénat idéal, reconnaissant l'autorité d'un *princeps* idéal.

tem Romani nominis fore. [9]Nostrum id nobis uelut familiare bellum priuato sumptu gerere in animo est ; res publica et milite illic et pecunia uacet. » Gratiae ingentes actae. [10]Consul e curia egressus comitante Fabiorum agmine, qui in uestibulo curiae senatus consultum exspectantes steterant, domum redît. Iussi armati postero die ad limen consulis adesse ; domos inde discedunt.

XLIX. [1]Manat tota urbe rumor ; Fabios ad caelum laudibus ferunt : 'Familiam unam subisse ciuitatis onus ; Veiens bellum in priuatam curam, in priuata arma uersum. [2]Si sint duae roboris eiusdem in urbe gentes, deposcant haec Volscos sibi, illa Aequos, populo Romano tranquillam pacem agente omnes finitimos subigi populos posse'. Fabii postera die arma capiunt, quo iussi erant conueniunt. [3]Consul paludatus egrediens in uestibulo gentem omnem suam instructo agmine uidet ; acceptus in medium signa ferri iubet. Nunquam exercitus neque minor numero neque clarior fama et admiratione hominum per urbem incessit : [4]sex et trecenti milites, omnes patricii, omnes unius gentis, quorum neminem ducem sperneret egregius quibuslibet temporibus senatus, ibant, unius familiae uiribus Veienti populo pestem minitantes. [5]Sequebatur turba propria alia cognatorum sodaliumque, nihil medium, nec spem nec curam, sed immensa omnia uoluentium animo, alia publica sollicitudine excitata, fauore et admiratione stupens.

Des. *V. E. T. A.*

XLVIII, **10** redît : redit *M.H.LRD* rediit *PFBS.U.O.*

XLIX, **3** minor ω : ut minorin *M* ut minor *M*[1] minor in *U* || **4** sperneret egregius *codd.* : sperneres, egregius *Madv. Conway* || **5** alia publica ω : aliqua publica *H* publica *M* || fauore ω.ϱ : ex fauore *υ?.LRD.*

ration et d'étonnement. Tous leur souhaitent « bon courage, bonne chance et un succès digne de leur entreprise ; consulats et triomphes, récompenses et honneurs de toute espèce, ils pourront ensuite tout attendre d'eux ». En passant devant le Capitole, la citadelle et les autres temples, ils prient tous les dieux qui s'offrent soit à leur vue, soit à leur pensée d'accorder à cette troupe un départ heureux et prospère et de la rendre bientôt saine et sauve à sa patrie et à ses parents. Vaines prières ! Route maudite ! Ils passent par l'arcade de droite de la porte Carmentale[1] et arrivent au bord du Crémère[2]. La position parut excellente pour établir un camp fortifié.

Sur ces entrefaites, Lucius Aemilius et Gaius Servilius devinrent consuls. — Tant qu'ils n'eurent affaire qu'à des pillards, les Fabius suffisaient à assurer la protection de leur camp, et, même dans toute la partie du territoire romain qui touche à l'Étrurie, ils firent régner la sécurité de leur côté et l'inquiétude chez l'ennemi en patrouillant de part et d'autre de la frontière. Puis il y eut un temps d'arrêt pas très long dans les pillages, quand les Véiens firent appel à l'armée étrusque pour attaquer le camp du Crémère, et que les légions romaines vinrent, sous la conduite du consul Lucius Aemilius, livrer bataille rangée aux Étrusques. D'ailleurs, à peine les Véiens eurent-ils le temps de se mettre en ligne : dans le désordre des premiers mouvements, ils s'alignaient derrière leurs enseignes et mettaient en place leurs réserves, quand brusquement la cavalerie romaine les prit de flanc et les mit hors d'état d'attaquer et même de résister. Ramenés en désordre aux Roches-Rouges, où se trouvait leur camp, ils implorent la paix. Après l'avoir obtenue, ces esprits légers la regrettèrent, avant même que les renforts romains eussent évacué le camp du Crémère.

1. Entre le Capitole et le Tibre, appelée ensuite *Porta Scelerata.*
2. Petit cours d'eau (Fossa di Valca) venant du territoire de Véies et qui se jette dans le Tibre, à environ 8 km. en amont de Rome.

[6]'Ire fortes, ire felices' iubent, 'inceptis euentus pares reddere; consulatus inde ac triumphos, omnia praemia ab se, omnes honores sperare'. [7]Praetereuntibus Capitolium arcemque et alia templa, quidquid deorum oculis, quidquid animo occurrit, precantur 'ut illud agmen faustum atque felix mittant, sospites breui in patriam ad parentes restituant'. [8]In cassum missae preces. Infelici uia, dextro iano portae Carmentalis, profecti ad Cremeram flumen perueniunt. Is opportunus uisus locus communiendo praesidio.

[9]L. Aemilius inde et C. Seruilius consules facti. Et, donec nihil aliud quam in populationibus res fuit, non ad praesidium modo tutandum Fabii satis erant, sed tota regione qua Tuscus ager Romano adiacet, sua tuta omnia, infesta hostium, uagantes per utrumque finem fecere. [10]Interuallum deinde haud magnum populationibus fuit, dum et Veientes accito ex Etruria exercitu praesidium Cremerae oppugnant et Romanae legiones ab L. Aemilio consule adductae cominus cum Etruscis dimicant acie; quamquam uix dirigendi aciem spatium Veientibus fuit: [11]adeo inter primam trepidationem, dum post signa ordines introeunt subsidiaque locant, inuecta subito ab latere Romana equitum ala non pugnae modo incipiendae, sed consistendi ademit locum. [12]Ita fusi retro ad Saxa Rubra — ibi castra habebant —, pacem supplices petunt. Cuius impetratae, ab insita animis leuitate, ante deductum Cremera Romanum praesidium paenituit.

L. [1]Rursus cum Fabiis erat Veienti populo, sine

Des. *V. E. T. A.*

XLIX, **10** dum et ω : et dum *P* dum P^1*FBS.U.*

L, **1** Rursus *om. F.*

L. Les Fabius reprirent les hostilités contre le peuple de Véies, avec des moyens tout aussi réduits. Mais on ne se contentait plus de piller les campagnes et de surprendre les pillards : de temps à autre s'engageait en rase campagne une bataille rangée, et une seule famille romaine remportait souvent la victoire sur la ville alors la plus florissante d'Étrurie. D'abord aigris et humiliés, les Véiens, s'inspirant des événements, eurent ensuite l'idée de prendre au piège leurs ennemis trop confiants ; ils constataient même avec plaisir que leurs succès répétés redoublaient l'audace des Fabius. Ce furent alors tantôt des troupeaux qu'on amenait devant eux, quand ils allaient au butin, et qui avaient l'air de se trouver là par hasard ; ou bien des exodes de paysans désertant les campagnes et des détachements armés, envoyés pour s'opposer au ravage, et qu'une terreur, plus souvent feinte que réelle, mettait en fuite. Dès lors, les Fabius conçurent un tel mépris de l'ennemi qu'il ne le crurent pas capable de soutenir leurs attaques victorieuses en aucun temps ni en aucun lieu. Poussés par cette illusion, ils se jetèrent sur des bestiaux qu'ils aperçurent loin du Crémère et fort avant dans la plaine, malgré la présence de quelques ennemis en armes. Sans s'en douter, ils dépassèrent dans leur course précipitée une embuscade dressée au bord même de la route et se dispersèrent pour attraper les bêtes éparses çà et là, comme toujours quand elles ont peur. Soudain, on sort de l'embuscade ; devant eux, de toutes parts, il y avait des ennemis. D'abord, le cri de guerre s'élevant tout autour d'eux les effraya ; puis les traits tombent de tous côtés ; bientôt les Étrusques, par une marche concentrique, les enfermèrent dans une ligne ininterrompue ; plus l'ennemi s'avançait, plus ils devaient, eux aussi, rétrécir leur cercle sur un petit espace, et cette manœuvre faisait ressortir leur petit nombre et la masse des ennemis, de plus en plus profonde à mesure qu'elle se resserrait. Renonçant alors au combat

ullo maioris belli apparatu, certamen ; nec erant incursiones modo in agros aut subiti impetus *in* incursantes, sed aliquotiens aequo campo conlatisque signis certatum, [2]gensque una populi Romani saepe ex opulentissima, ut tum res erant, Etrusca ciuitate uictoriam tulit. [3]Id primo acerbum indignumque Veientibus est uisum ; inde consilium ex re natum insidiis ferocem hostem captandi ; gaudere etiam multo successu Fabiis audaciam crescere. [4]Itaque et pecora praedantibus aliquotiens, uelut casu incidissent, obuiam acta, et agrestium fuga uasti relicti agri, et subsidia armatorum ad arcendas populationes missa saepius simulato quam uero pauore refugerunt. [5]Iamque Fabii adeo contempserant hostem ut sua inuicta arma neque loco neque tempore ullo crederent sustineri posse. Haec spes prouexit ut ad conspecta procul a Cremera magno campi interuallo pecora, quamquam rara hostium apparebant arma, decurrerent. [6]Et cum improuidi effuso cursu insidias circa ipsum iter locatas superassent palatique passim uaga, ut fit pauore iniecto, raperent pecora, subito ex insidiis consurgitur : et aduersi et undique hostes erant. [7]Primo clamor circumlatus exterruit, dein tela ab omni parte acc*i*debant ; coeuntibusque Etruscis, iam continenti agmine armatorum saepti, quo magis se hostis inferebat, cogebantur breuiore spatio et ipsi orbem colligere : [8]quae res et paucitatem eorum insignem et multitudinem Etruscorum, multiplicatis in arto ordinibus, faciebat. [9]Tum omissa pugna, quam

Des. *V. E. T. A.*

Om. L, 1 : modo ... incursantes *LRD* (*restit. in marg.* R^2D^4).

L, 1 ⟨in⟩ incursantes *Gœbel* : incursantes ium *P* incursantium ω.P^2D^4 incursantes lupi *M* occursantium *Karsten* || 7 accidebant *Gebhard* : accedebant *codd.* || 8 et paucitatem *M*.ρ : paucitatem *cett.*

qu'ils soutenaient de toutes parts sans faiblir, ils se portent tous sur un seul point, et là, grâce à leur force et à leur vaillance, ils s'ouvrent un passage en formant le coin. Ce passage les conduisit à une colline en pente douce. Là ils commencèrent par faire halte : leur position élevée leur permit de respirer et de reprendre leurs esprits après une telle frayeur ; bientôt même ils repoussèrent les assaillants, et l'avantage restait à cette poignée d'hommes à la faveur de sa position, quand des Véiens, les tournant par les hauteurs, prirent pied au sommet de la colline ; l'ennemi les dominait à son tour. Les Fabius furent tués jusqu'au dernier et leur camp fut emporté. Trois cent six périrent : c'est un fait établi ; un seul restait qui n'avait pas tout à fait l'âge d'homme : il devait faire souche de Fabius et devenir, dans bien des crises politiques et militaires, le plus ferme appui, sans doute, de Rome[1].

Campagnes contre Véies.

LI. Au moment de ce désastre, Gaius Horatius et Titus Ménénius étaient déjà consuls. On se hâta d'envoyer Ménénius contre les Étrusques, exaltés par leur victoire. Cette fois encore, l'expédition fut malheureuse et l'ennemi occupa le Janicule. Il aurait même assiégé la ville accablée à la fois par la guerre et par la famine, et déjà les Étrusques avaient passé le Tibre, quand on rappela le consul Horatius du pays des Volsques. La guerre menaça les murs de si près qu'un premier engagement eut lieu au temple de l'Espérance, sans résultat, et un second à la porte Colline[2]. Cette fois, la balance pencha, mais de bien peu, en faveur de Rome ; néanmoins, cet engagement fit du bien aux troupes et leur rendit leur courage d'autrefois pour les combats à venir.

1. Détail étrange, mais qui permet de renouer les fastes des Fabius (III, 1, 1). L'expression est d'une brièveté obscure, le consul Fabius de l'année (varronienne) 467 n'ayant rien d'éclatant ; mais il s'agit d'évoquer toute sa descendance, et surtout Fabius Cunctator, l'adversaire d'Hannibal aux plus mauvais jours de Rome.

2. Le temple de l'Espérance était au marché aux légumes, devant

in omnes partis parem intenderant, in unum locum se omnes inclinant; eo nisi corporibus armisque rupere cuneo uiam. [10]Duxit uia in editum leniter collem. Inde primo restitere; mox, ut respirandi superior locus spatium dedit recipiendique a pauore tanto animum, pepulere etiam subeuntes, uincebatque auxilio loci paucitas, ni iugo circummissus Veiens in uerticem collis euasisset. [11]Ita superior rursus hostis factus. Fabii caesi ad unum omnes praesidiumque expugnatum. Trecentos sex perisse satis conuenit, unum prope puberem aetate relictum, stirpem genti Fabiae dubiisque rebus populi Romani saepe domi bellique uel maximum futurum auxilium.

LI. [1]Cum haec accepta clades est, iam C. Horatius et T. Menenius consules erant. Menenius aduersus Tuscos uictoria elatos confestim missus. [2]Tum quoque male pugnatum est, et Ianiculum hostes occupauere; obsessaque urbs foret, super bellum annona premente — transierant enim Etrusci Tiberim —, ni Horatius consul ex Volscis esset reuocatus. Adeoque id bellum ipsis institit moenibus ut primo pugnatum ad Spei sit aequo Marte, iterum ad portam Collinam : [3]ibi quamquam paruo momento superior Romana res fuit; meliorem tamen militem, recepto pristino animo, in futura proelia id certamen fecit.

[4]A. Verginius et Sp. Seruilius consules fiunt. Post

Des. *V. E. T. A.*

L, **10** leniter *dett. aliq., Ed. Rom. 1469* : leuiter *codd.* || uincebatque *M.F³S.U.R²D³* : uincebantque *FRD. cett.* || **11** aetate *ω.M¹·²* : aetatem *M.U.*

LI, **1** clades est, iam *Crevier* : clade se etiam *LD* clades esset iam *cett.* || T. Menenius *M.PFB.U.O* (*sed hic* meneius) : terencius menenius *S* ī. menenius *H* l. menenius *LRD.* || **4** Sp. Seruilius *det. un.* (*cf. 52, 6*) : p. seruilius *codd. n.*

Aulus Verginius et Spurius[1] Servilius deviennent consuls. Depuis leur récent échec, les Véiens évitaient le combat et semaient le ravage ; partant du Janicule comme d'une forteresse, ils faisaient irruption de tous côtés dans la campagne de Rome ; rien n'y était en sûreté, ni gens ni bêtes. On les prit alors au piège où eux-mêmes avaient pris les Fabius : en poursuivant des troupeaux disséminés devant eux à dessein comme appât, ils donnèrent tête baissée dans une embuscade ; mais, comme ils étaient plus nombreux, le massacre fut plus grand. Ce désastre, en déchaînant leur colère, fut la cause initiale d'un désastre plus grand. Passant le Tibre de nuit, ils voulurent surprendre le camp du consul Servilius. Repoussés avec de grandes pertes, ils se réfugièrent à grand'peine sur le Janicule. Sans tarder, le consul passe lui aussi le Tibre, et se fortifie au pied du Janicule. Le lendemain, au point du jour, un peu grisé par son succès de la veille, mais surtout poussé par la disette à se lancer dans une entreprise même hasardeuse si elle faisait gagner du temps, il eut l'imprudence d'engager une attaque de front sur les pentes du Janicule contre le camp ennemi. Il subit un échec plus honteux que l'échec ennemi de la veille ; seule l'intervention de son collègue le sauva, lui et ses troupes. Pris entre les deux armées, les Étrusques, rejetés tour à tour par l'une et par l'autre, furent complètement exterminés. C'est ainsi qu'une heureuse imprudence étouffa la guerre contre Véies.

LII. Rome, avec la paix, retrouva l'abondance, grâce au blé importé de Campanie et à celui que les particuliers, ne craignant plus la disette à venir, tiraient de leurs cachettes. Alors l'abondance et la tranquillité ramenèrent la turbulence dans les esprits ; les dangers d'autrefois,

la porte Carmentale (à l'ouest de l'enceinte) ; la porte Colline, au contraire, au nord-est de la ville.

1. Le flottement des manuscrits est fréquent entre les prénoms *Spurius* et *Publius*. La suite du texte (52, 6) permet ici le choix.

acceptam proxima pugna cladem Veientes abstinuere acie; populationes erant, et uelut ab arce Ianiculo passim in Romanum agrum impetus dabant : non usquam pecora tuta, non agrestes erant. [5]Capti deinde eadem arte sunt qua ceperant Fabios. Secuti dedita opera passim ad inlecebras propulsa pecora praecipitauere in insidias; quo plures erant, maior caedes fuit. [6]Ex hac clade atrox ira maioris cladis causa atque initium fuit. Traiecto enim nocte Tiberi, castra Seruili consulis adorti sunt oppugnare. Inde fusi magna caede in Ianiculum se aegre recepere. [7]Confestim consul et ipse transit Tiberim, castra sub Ianiculo communit. Postero die luce orta, nonnihil et hesterna felicitate pugnae ferox, magis tamen quod inopia frumenti quamuis in praecipitia, dum celeriora essent, agebat consilia, temere aduerso Ianiculo ad castra hostium aciem erexit, [8]foediusque inde pulsus quam pridie pepulerat, interuentu collegae ipse exercitusque est seruatus. [9]Inter duas acies Etrusci, cum in uicem his atque illis terga darent, occidione occisi. Ita oppressum temeritate felici Veiens bellum.

LII. [1]Vrbi cum pace laxior etiam annona rediit, et aduecto ex Campania frumento et, postquam timor sibi cuique futurae inopiae abiit, eo quod abditum fuerat prolato. [2]Ex copia deinde otioque lasciuire rursus animi et pristina mala, postquam foris deerant,

Des. *V. E. T. A.*

Add. LI, **4** (*post* populationes erant) : Fabios secuti *R* (*deleuit* R^2).

LI, **4** proxima pugna *Gron.*, *D?* : proxime pugna *D uel* D^1 proxime pugnae D^2 proximam pugnae *cett.* || acie *M.*R^1D^3 : aciem *RD. cett.* || ab arce *om. H* || Ianiculo *Madv.* : Ianiculi *codd.* || **7** felicitate *M.O.H.LRD* : felicitates M^1P felicitas P^2*FBS.U* || in praecipitia *Mv.PFBS.U.*D^1 : praecipitia DD^3. *cett.* || agebat *U.*R^2D^2, *Rhenan.* : agebant *vRD. cett.*

écartés au dehors, se retrouvaient au dedans. Les tribuns jetaient le trouble dans la plèbe avec leur poison habituel, la loi agraire ; ils l'excitaient contre l'opposition des patriciens, et non seulement contre tous en général, mais contre certains d'entre eux. Quintus Considius et Titus Génucius, promoteurs de la loi agraire, assignent [devant le peuple] Titus Ménénius. On lui reprochait d'avoir laissé prendre le camp du Crémère, alors que lui consul campait non loin de là. C'est ce qui entraîna la condamnation, bien que le sénat fît pour lui les mêmes efforts que pour Coriolan, et que la popularité de son père Agrippa ne fût pas encore oubliée. Dans l'application de la peine, les tribuns furent modérés[1] : après avoir demandé sa tête, ils ne le condamnèrent qu'à une amende de 2,000 as. Mais ce fut son arrêt de mort : on dit qu'il ne supporta pas son déshonneur et son chagrin, qu'il en tomba malade et en mourut.

Accusé à son tour en sortant de charge, sous le consulat de Gaius Nautius et de Publius Valérius, et cité à comparaître dès le début de l'année par Lucius Caedicius et Titus Statius, tribuns, Spurius Servilius ne comptait pas, comme Ménénius, sur ses sollicitations personnelles et sur celles du sénat, mais se fiait entièrement à son innocence et à sa popularité pour affronter les attaques des tribuns. On lui reprochait, à lui aussi, le combat du Janicule contre les Étrusques. Mais, non moins ardent à se défendre que naguère à défendre Rome, il s'attaqua hardiment dans sa réplique non seulement aux tribuns, mais à la plèbe, leur reprochant la condamnation et la mort de Titus Ménénius, « dont le père avait ramené jadis la plèbe à Rome et lui avait donné précisément les magistrats et les lois dont sa fureur abusait aujourd'hui », et son audace dissipa

1. L'expression livienne, très resserrée, paraît vouloir dire que les tribuns firent preuve de modération à la fois en se contentant d'une amende (*multa*) et en la limitant à 2,000 as (les amendes de 10,000 et 15,000 as n'étant pas rares). *Multam*, qui serait inhabituel avec *edicere*, nous semble une glose du chiffre, que seul attend le lecteur après la formule *in multa temperarunt*.

domi quaerere. Tribuni plebem agitare suo ueneno, agraria lege; in resistentis incitare patres, nec in uniuersos modo sed in singulos. [3]Q. Considius et T. Genucius, auctores agrariae legis, T. Menenio diem dicunt. Inuidiae erat amissum Cremerae praesidium, cum haud procul inde statiua consul habuisset; [4]ea oppressit, cum et patres haud minus quam pro Coriolano adnisi essent et patris Agrippae fauor hauddum exoleuisset. [5]In multa temperarunt tribuni : cum capitis anquisissent, duo milia aeris damnato [multam] edixerunt. Ea in caput uertit : negant tulisse ignominiam aegritudinemque; inde morbo absumptum.

[6]Alius deinde reus, Sp. Seruilius, ut consulatu abiit, C. Nautio et P. Valerio consulibus, initio statim anni ab L. Caedicio et T. Statio tribunis die dicta, non ut Menenius, precibus suis aut patrum, sed cum multa fiducia innocentiae gratiaeque tribunicios impetus tulit. [7]Et huic proelium cum Tuscis ad Ianiculum erat crimini. Sed feruidi animi uir, ut in publico periculo ante, sic tum in suo, non tribunos modo sed plebem oratione feroci refutando exprobrandoque T. Meneni damnationem mortemque, 'cuius patris munere restituta quondam plebs eos ipsos quibus tum saeuiret magistratus, eas leges haberet', periculum

Des. *V. E. T. A.*

LII, **2** in uniuersos *ω.D*ˣ : uniuersos *LRD* ‖ **4** ea oppressit *Gron.*, *M?* : eam oppressit $M^{1-2}D^{3}$.ω eam oppresserunt *O.LRD* ‖ hauddum *O.H* : haud dudum *cett.* ‖ **5** duo milia *codd.* (*sed* duo *O*) : duorum milium *J. S. Reid* ‖ [multam] edixerunt *ego* : multam edixerunt ω multam eduxerunt *H* multam dixerunt *det. unus*, *Edd. rec.* multae dixerunt *olim Madv.* ‖ absumptum *M* : absumptum esse $v.PF^{3}S.H.LRD$ absumptum est *F?* adsumptum est *B* assumptum est *O* ‖ **6** L. Caedicio (*uel* -tio) *O.H.LRD* : t. caeditio (*uel* -cio) *PFBS.U* ceditio *M* ‖ **7** ante, sic tum $M^{3}.H.R^{2}$: antes ictum *M* ante se ictum *L* ante se ictu *D* ante ictum *PFBS* ante id tum *U* ante sicut tum *O* ‖ saeuiret $ω.R^{2}$: seruiret D^{3} seuire *H.LD.*

l'accusation. Il fut aussi servi par son collègue, Verginius, témoin à décharge, qui lui attribua une part de sa gloire. Mais la condamnation de Ménénius lui fut encore plus utile, tant l'opinion avait évolué.

LIII. Les luttes intestines étaient finies ; la guerre reprit contre les Véiens et les Sabins coalisés. Le consul Publius Valérius, avec son armée renforcée de contingents latins et herniques[1], est envoyé contre Véies et dirige contre le camp des Sabins, établi au pied des murs de leurs alliés, une attaque brusquée ; il y jeta un tel trouble que les compagnies sortaient en désordre par n'importe quelle porte pour repousser l'assaut de l'ennemi, pendant qu'il s'emparait de la porte qu'il avait attaquée la première. Ce fut alors à l'intérieur du camp plutôt un massacre qu'un combat. Du camp, le désordre gagne la ville elle-même ; comme si Véies était prise, les habitants, effrayés, courent aux armes ; une partie se porte au secours des Sabins ; l'autre tombe sur les Romains, qui tournaient tous leurs efforts contre le camp ; ils eurent un moment d'arrêt et de trouble ; puis, tandis qu'eux-mêmes font face des deux côtés et tiennent bon, leur cavalerie, lancée par le consul, disperse les Étrusques et les met en fuite ; en une heure, les deux armées des deux États voisins les plus puissants et les plus étendus furent vaincues. Pendant ces opérations devant Véies, les Volsques et les Èques avaient établi leur camp en territoire latin et ravagé la contrée. Les Latins, avec leurs seules forces et celles des Herniques, sans recevoir de Rome ni chef ni renforts, enlevèrent le camp et firent un butin considérable après avoir repris leurs biens. Rome envoya malgré tout contre les Volsques le consul Gaius Nautius : elle ne trouvait sans

1. L'union militaire, à date ancienne, des Romains, des Latins et des Herniques paraît un fait historique. Que les Herniques, au contraire des Latins (33, 4 et 9), y aient été contraints par la force (41, 1) est plus douteux : leur indépendance se révèle plus bas (§§ 4-5).

audacia discussit. [8]Iuuit et Verginius collega testis productus, participando laudes ; magis tamen Menenianum — adeo mutauerant animum — profuit iudicium.

LIII. [1]Certamina domi finita : Veiens bellum exortum, quibus Sabini arma coniunxerant. P. Valerius consul, accitis Latinorum Hernicorumque auxiliis, cum exercitu Veios missus castra Sabina, quae pro moenibus sociorum locata erant, confestim adgreditur ; tantamque trepidationem iniecit ut, dum dispersi alii alia manipulatim excurrunt ad arcendam hostium uim, ea porta cui signa primum intulerat caperetur. [2]Intra uallum deinde caedes magis quam proelium esse. Tumultus e castris et in urbem penetrat ; tamquam Veiis captis, ita pauidi Veientes ad arma currunt. Pars Sabinis eunt subsidio, pars Romanos toto impetu intentos in castra adoriuntur. [3]Paulisper auersi turbatique sunt ; deinde et ipsi utroque uersis signis resistunt, et eques ab consule immissus Tuscos fundit fugatque, eademque hora duo exercitus, duae potentissimae et maxime finitimae gentes superatae sunt. [4]Dum haec ad Veios geruntur, Volsci Aequique in Latino agro posuerant castra populatique fines erant. Eos per se ipsi Latini adsumptis Hernicis, sine Romano aut duce aut auxilio, castris exuerunt ; [5]ingenti praeda praeter suas reciperatas res potiti sunt. Missus tamen ab Roma consul in Volscos C. Nautius : mos, credo, non place-

Des. *V. E. T. A.*

LIII, **1** alii alia *ω.υD*$^{3.1}$: alii alias *S* alialia *D?* alii alii *O.H* alii *U* || **4** posuerant *M.O.LD* . posuerunt *cett.* || **5** reciperatas *M.PFB.H* : recuperatas *P*^{2}*F*^{1}. *cett.*

doute pas bon d'habituer ses alliés à se passer de ses généraux et de ses troupes et à faire campagne avec leurs propres forces et leur propre commandement. On n'épargna rien aux Volsques en fait de ravages et de provocations, sans pouvoir, toutefois, les amener à livrer bataille.

Nouveaux troubles à propos de la loi agraire.

LIV. Consulat de Lucius Furius et de Gaius Manlius. Manlius fut chargé des Véiens ; mais il ne fit pas campagne : une trêve de quarante ans leur fut accordée sur leur demande, moyennant un tribut en blé et en argent. A la paix extérieure succèdent immédiatement des troubles intérieurs : les tribuns usaient de la loi agraire pour fouetter les passions du peuple. Les consuls, sans se laisser influencer soit par la condamnation de Ménénius, soit par le procès de Servilius, font une vigoureuse opposition. A leur sortie de charge, Gnaeus Génucius, tribun du peuple, les traîna en justice.

Lucius Aemilius et Opiter Verginius, consuls, entrent en charge ; on trouve chez certains annalistes[1] Vopiscus Julius au lieu de Verginius. Quoi qu'il en soit, cette année-là, accusés devant le peuple, Furius et Manlius, misérablement vêtus, vont trouver tour à tour non pas tant les plébéiens que les jeunes patriciens. Ils les exhortent, ils les engagent « à s'écarter des magistratures et du gouvernement ; à ne voir dans les faisceaux consulaires, dans la toge prétexte[2], dans la chaise curule qu'un appareil funèbre : ces ornements brillants, tout comme les bandelettes, parent les victimes destinées à la mort. Si le consulat a pour eux tant de charmes, qu'ils se mettent bien dans l'esprit que désormais le consulat est soumis et assujetti au tribunat ; que le consul n'est plus qu'un huissier des tribuns, tenu d'obéir en tout à un geste, à un ordre d'eux ; s'il fait un mouvement, s'il tourne les yeux

1. Que suivent Denys d'Halicarnasse (IX, 37) et Diodore de Sicile (XI, 65).

2. Bordée de rouge, au lieu d'être toute blanche.

bat, sine Romano duce exercituque socios propriis uiribus consiliisque bella gerere. [6]Nullum genus calamitatis contumeliaeque non editum in Volscos est, nec tamen perpelli potuere ut acie dimicarent.

LIV. [1]L. Furius inde et C. Manlius consules. Manlio Veientes prouincia euenit; non tamen bellatum : indutiae in annos quadraginta petentibus datae, frumento stipendioque imperato. [2]Paci externae confestim continuatur discordia domi. Agrariae legis tribuniciis stimulis plebs furebat. Consules, nihil Meneni damnatione, nihil periculo deterriti Seruili, summa ui resistunt. Abeuntes magistratu Cn. Genucius tribunus plebis arripuit.

[3]L. Aemilius et Opiter Verginius consulatum ineunt; Vopiscum Iulium pro Verginio in quibusdam annalibus consulem inuenio. Hoc anno, quoscumque consules habuit, rei ad populum Furius et Manlius circumeunt sordidati non plebem magis quam iuniores patrum. [4]Suadent monent 'honoribus et administratione rei publicae abstineant; consulares uero fasces, praetextam, curulemque sellam nihil aliud quam pompam funeris putent : claris insignibus uelut infulis uelatos ad mortem destinari. [5]Quod si consulatus tanta dulcedo sit, iam nunc ita in animum inducant consulatum captum et oppressum ab tribunicia potestate esse; consuli, uelut apparitori tribunicio, omnia ad nutum imperiumque tribuni agenda esse; [6]si

Des. *V. E. T. A.*

LIII, **6** perpelli R^2, *det. unus* : perpeti *υR. cett.* (*ex* perpeli *natum*).

LIV, **1** Manlius *O* : manilius ω manibus *B* (*quem consulem* Aulum *praenominat* Dion. Hal., *IX*, *36*, *1*) || Manlio *M.O* : manilio *cett.* || **2** Paci $P^2F^x.R^2D^2$: pacis *PFRD.*ω facis *M* || **3** Manlius *M.O.H.LRD* : manilius *PFBS.U* || sordidati *M.O* : sordidatim *PFBS.U* sordidaque *H.LRD* sordidatique R^2D^3 || **5** nunc ω : tunc *PFBS.U.*

vers les patriciens, s'il croit que la plèbe n'est pas tout dans l'État, — que l'exil de Gnaeus Marcius, que Ménénius, sa condamnation et sa mort s'offrent à leur vue ». Enflammés par ces paroles, les patriciens tinrent alors des réunions non pas publiques, mais privées, restreintes et dont le secret était bien gardé; là, s'accordant uniquement sur la nécessité de sauver, légalement ou non, les accusés, ils adoptaient surtout les avis les plus violents et n'hésitaient pas à proposer même un coup d'audace [1]. Aussi le jour du jugement, alors que le peuple était au forum, attentif et dans l'attente, on s'étonnait d'abord de ne pas voir arriver le tribun; puis, on commença à trouver son retard suspect, à croire qu'il s'était laissé gagner par la noblesse, à l'accuser d'abandonner et de trahir la cause de l'État; enfin, ceux qui avaient attendu le tribun à sa porte viennent annoncer qu'on l'a trouvé mort chez lui [2]. Dès que ce bruit se fut répandu dans toute l'assemblée, comme une armée qui se disloque après la mort de son général, elle se dispersa de côté et d'autre. Les tribuns surtout étaient saisis de frayeur, car la mort de leur collègue prouvait que les Lois Sacrées [3] ne leur étaient d'aucun secours. De leur côté, les patriciens ne savaient pas modérer leur joie : ils avaient si peu de remords de leur crime, que les innocents eux-mêmes affectaient d'y avoir trempé, et qu'on préconisait bien haut la violence pour mater le tribunat.

LV. Aussitôt après ce succès d'un si fâcheux exemple, on décrète une levée de troupes. Grâce à la frayeur des tribuns, les consuls en viennent à bout sans la moindre opposition. Là-dessus, la plèbe s'irrite plutôt du silence des tribuns que de l'autorité des consuls; elle dit que

1. Anachronisme : ces complots de patriciens ne s'expliqueraient (comme les ἑταιρεῖαι d'Athènes) que sous l'oppression démocratique.

2. Le récit utilise deux faits historiques postérieurs : la mort suspecte de Scipion Émilien (en 129 av. J.-C.) et l'assassinat du tribun Livius Drusus (en 91).

3. Qui rendaient leur personne religieusement inviolable.

se commouerit, si respexerit patres, si aliud quam plebem esse in re publica crediderit, — exsilium Cn. Marci, Meneni damnationem et mortem sibi proponant ante oculos'. [7]His accensi uocibus patres consilia inde non publica, sed in priuato seductaque a plurium conscientia habuere : ubi, cum id modo constaret, iure an iniuria, eripiendos esse reos, atrocissima quaeque maxime placebat sententia, nec auctor quamuis audaci facinori deerat. [8]Igitur iudicii die, cum plebs in foro erecta exspectatione staret, mirari primo quod non descenderet tribunus ; dein, cum iam mora suspectior fieret, deterritum a primoribus credere et 'desertam ac proditam causam publicam' queri ; [9]tandem qui obuersati uestibulo tribuni fuerant nuntiant domi mortuum esse inuentum. Quod ubi in totam contionem pertulit rumor, sicut acies funditur duce occiso, ita dilapsi passim alii alio. Praecipuus pauor tribunos inuaserat, quam nihil auxilii sacratae leges haberent morte collegae monitos. [10]Nec patres satis moderate ferre laetitiam, adeoque neminem noxiae paenitebat ut etiam insontes fecisse uideri uellent, palamque ferretur 'malo domandam tribuniciam potestatem'.

LV. [1]Sub hac pessimi exempli uictoria dilectus edicitur, pauentibusque tribunis sine intercessione ulla consules rem peragunt. [2]Tum uero irasci plebs tribunorum magis silentio quam consulum imperio, et dicere 'actum esse de libertate sua ; rursus ad antiqua reditum ; cum Genucio una mortuam ac sepultam tri-

Des. *V. E. T. A.*

LIV, **6** proponant ω : proponat *U uel U²*, *Edd.* || **7** habuere *M.O. H.LR¹·²D* : *uel* habere *PFBS.U.RD²* || **10** malo ω : malam *M* malam malo *Alsch.*

LV, **1** Sub hac ... uictoria *codd.* : sub hanc ... uictoriam *Gron.*

« c'en est fait de sa liberté ; on revient aux anciens errements ; avec Génucius, on a du coup tué et mis au tombeau la puissance tribunicienne. Il faut employer et imaginer un autre moyen de tenir tête aux patriciens : il n'y a plus pour la plèbe qu'un seul parti à prendre, c'est de se défendre elle-même, puisqu'elle n'a plus d'autre recours. Vingt-quatre licteurs[1] forment toute l'escorte des consuls, et, d'ailleurs, ce sont des plébéiens ; nul objet n'est plus méprisable, ni plus faible, pour peu qu'on ose le mépriser ; c'est l'idée qu'on s'en fait qui le rend imposant et redoutable ». Déjà cet échange de propos les avait échauffés, quand un plébéien, Voléron Publilius, soutint qu'on n'avait pas le droit, lui qui avait commandé une centurie, de le prendre comme simple soldat ; les consuls envoyèrent vers lui un licteur. Voléron en appelle aux tribuns. Pas un ne vient à son aide, et les consuls font déshabiller l'homme et préparer les verges. « J'en appelle au peuple », dit Voléron, « puisque les tribuns aiment mieux laisser battre sous leurs yeux un citoyen romain que de se faire assassiner par vous dans leur lit. » Plus il criait fort, plus le licteur s'acharnait à déchirer ses vêtements et à l'en dépouiller[2]. Alors, Voléron, très vigoureux lui-même et aidé de quelques assistants, bouscule le licteur et se réfugie parmi ceux qui poussaient les cris d'indignation les plus violents, au plus épais de la foule, en s'écriant : « J'en appelle au peuple ! J'implore son appui ! Au secours, citoyens ! Au secours, camarades de guerre ! Ne comptez pas sur les tribuns : ce sont eux qui ont besoin de votre aide ! » La foule se soulève et s'arme comme pour le combat ; il semblait qu'il fallait s'attendre à tout ; nul droit public ou privé ne serait respecté. En voulant tenir tête à l'orage, les consuls eurent tôt fait de constater que la majesté n'est guère sûre sans la force : leurs licteurs sont maltraités, leurs faisceaux brisés, eux-mêmes refoulés du

1. Voir, au contraire, II, 1, 8, et p. 100, n. 1.

2. La scène suppose que l'*appel au peuple*, soi-disant établi par le roi Tullus (I, 26, 8), n'est pas encore officiellement reconnu. Cf. p. 110, n. 1.

buniciam potestatem. Aliud agendum ac cogitandum quomodo resistatur patribus; [3]id autem unum consilium esse, ut se ipsa plebs, quando aliud nihil auxilii habeat, defendat. Quattuor et uiginti lictores apparere consulibus, et eos ipsos plebis homines : nihil contemptius neque infirmius, si sint qui contemnant; sibi quemque ea magna atque horrenda facere'. [4]His uocibus alii alios cum incitassent, ad Voleronem Publilium de plebe hominem, quia, quod ordines duxisset, negaret se militem fieri debere, lictor missus est a consulibus. Volero appellat tribunos. [5]Cum auxilio nemo esset, consules spoliari hominem et uirgas expediri iubent. « Prouoco » inquit « ad populum » Volero, « quoniam tribuni ciuem Romanum in conspectu suo uirgis caedi malunt quam ipsi in lecto suo a uobis trucidari. » Quo ferocius clamitabat, eo infestius circumscindere et spoliare lictor. [6]Tum Volero et praeualens ipse et adiuuantibus aduocatis repulso lictore, ubi indignantium pro se acerrimus erat clamor, eo se in turbam confertissimam recipit clamitans : « [7]Prouoco et fidem plebis imploro. Adeste, ciues; adeste, commilitones : nihil est quod exspectetis tribunos, quibus ipsis uestro auxilio opus est. » [8]Concitati homines ueluti ad proelium se expediunt; apparebatque omne discrimen adesse, nihil cuiquam sanctum, non publici fore, non priuati iuris. [9]Huic tantae tempestati cum se consules obtulissent, facile experti sunt parum tutam maiestatem sine uiribus esse : violatis lictoribus, fascibus fractis, e foro in curiam compelluntur,

Des. *V. E. T. A.*

Om. LV, **6** : Tum Volero ... lictore *O*; — Tum *P* (*rest.* *P*[2]).

LV, **2** quomodo : modo *M* || **3** sint : sunt *M* || **6** recipit *M.PS.U.O.H*: recepit *FB.LRD*.

forum dans la curie, sans savoir jusqu'où Voléron poussera sa victoire. Puis, l'émeute cessant de gronder, ils convoquent le sénat, se plaignent des outrages qu'ils ont subis, de la violence de la plèbe, de l'audace de Voléron. Après bien des propositions intransigeantes, on céda aux plus anciens, qui furent d'avis de ne pas mettre aux prises le courroux du sénat et les instincts irraisonnés de la plèbe.

LVI. Voléron, entouré de l'affection de la plèbe, fut élu aux comices suivants tribun de la plèbe pour l'année où Lucius Pinarius et Publius Furius furent consuls. Mais, contre toute attente, au lieu d'appliquer sans retenue la puissance du tribunat au tourment des consuls sortants, il fit passer l'intérêt général avant ses griefs personnels et, sans même un mot de reproche à l'adresse des consuls, il proposa au peuple un projet de loi qui donnait l'élection des magistrats de la plèbe à des comices par tribus [1]. Ce projet était grave, malgré son libellé peu inquiétant au premier abord : il tendait à enlever aux patriciens toute possibilité de faire passer, grâce aux voix de leurs clients, des tribuns de leur choix. Cette initiative, très agréable à la plèbe, se heurta à une opposition acharnée des patriciens ; mais la seule marche à suivre, c'était d'obtenir le véto de l'un des tribuns, et l'influence des consuls ou celle des grands ne purent les décider ; l'affaire, pourtant, était par elle-même de telle importance que toute l'année s'écoula en discussions. La plèbe réélit Voléron tribun. Les patriciens, prévoyant qu'on allait engager à fond les hostilités, nomment consul Appius Claudius, fils d'Appius, que la politique agressive de son père rendait d'avance odieux et hostile à la plèbe. On lui donne pour collègue Titus Quinctius.

Dès le début de l'année, il ne fut avant tout question

1. Tite-Live commence ici, sans netteté, à décrire l'origine des *comices tributes* à partir d'une « réunion délibérative » de la plèbe (*con-*

incerti quatenus Volero exerceret uictoriam. [10]Conticescente deinde tumultu cum in senatum uocari iussissent, queruntur iniurias suas, uim plebis, Voleronis audaciam. [11]Multis ferociter dictis sententiis, uicere seniores, quibus ira patrum aduersus temeritatem plebis certari non placuit.

LVI. [1]Voleronem amplexa fauore plebs proximis comitiis tribunum plebi creat in eum annum qui L. Pinarium P. Furium consules habuit. [2]Contraque omnium opinionem, qui eum uexandis prioris anni consulibus permissurum tribunatum credebant, post publicam causam priuato dolore habito, ne uerbo quidem uiolatis consulibus, rogationem tulit ad populum ut plebeî magistratus tributis comitiis fierent. [3]Haud parua res sub titulo prima specie minime atroci ferebatur, sed quae patriciis omnem potestatem per clientium suffragia creandi quos uellent tribunos auferret. [4]Huic actioni gratissimae plebi cum summa ui resisterent patres, nec, quae una uis ad resistendum erat, ut intercederet aliquis ex collegio auctoritate aut consulum aut principum adduci posset, res tamen suo ipsa molimine grauis certaminibus in annum extrahitur. [5]Plebs Voleronem tribunum reficit ; patres, ad ultimum dimicationis rati rem uenturam, Ap. Claudium Appi filium, iam inde a paternis certaminibus inuisum infestumque plebi, consulem faciunt. Collega ei T. Quinctius datur.

[6]Principio statim anni nihil prius quam de lege

Des. *V. E. T. A.*

LVI, **1** plebi *ω* : plebis *R²D²* || **2** permissurum *H.LRD* : permissurum administraturum *Mυ* administraturum permissurum *PBS.U* administraturum *F?F².O* || plebeî : plebei *M.U.H.LRD* plebeii *O* plebi et *PFBS* || **4** nec quae *U* : neque *cett.*

que de la loi. Mais, si Voléron en avait pris l'initiative, c'est son collègue Laetorius qui la soutint avec une ardeur plus neuve et d'autant plus vive[1]. Il était fier de s'être couvert de gloire à la guerre, par sa vaillance sans égale dans sa génération. Tandis que Voléron se bornait à parler de la loi en évitant toute attaque contre les consuls, lui, au contraire, débuta par un réquisitoire contre Appius et contre sa famille « pleine d'orgueil et de cruauté envers la plèbe », accusant les patriciens d'avoir fait « moins un consul qu'un bourreau pour torturer et déchirer la plèbe ». Mais l'éloquence maladroite de ce soldat secondait mal sa franchise et son audace. Aussi, ne trouvant plus de mots, « Quirites », dit-il, « je n'ai peut-être pas la parole facile ; mais, quand je dis une chose, je la fais. Soyez ici demain. Moi, ou je mourrai sous vos yeux, ou je ferai passer la loi. » Le lendemain, les tribuns s'emparent du champ des comices ; les consuls et la noblesse, pour faire opposition à la loi, se tiennent tous assemblés[2]. Laetorius ordonne d'expulser tous ceux qui n'ont pas le droit de voter. Des jeunes gens de la noblesse restaient sans écouter l'huissier ; Laetorius veut en faire arrêter quelques-uns[3]. Le consul Appius déclare qu' « un tribun n'a de droits que sur les plébéiens ; il n'est pas magistrat de la nation, mais simplement de la plèbe ; le fût-il, d'ailleurs, que l'usage ne lui donnerait pas le droit d'expulsion, car voici la formule : S'il vous plaît, retirez-vous, Quirites[4]. » En dis-

cilium plebis), présidée par les tribuns. Il paraît les opposer aux *comices curiates*, où (même après l'admission des plébéiens : fin du IVe siècle?) les patriciens, en agissant sur leurs clients ou obligés, pouvaient mettre en minorité le surplus de la plèbe.

1. Cette carence de Publilius Voléron peut appuyer l'opinion d'E. Pais, qui abaisse la date de la *rogatio Publilia* jusqu'à la seconde moitié du IVe siècle, en l'attribuant à Q. Publilius Philo.

2. Au *templum* consacré, où se tient l'assemblée régulière (ici le *concilium plebis*), s'oppose la réunion privée (*contio*) des nobles, si proche qu'ils se mêlent presque aux plébéiens.

3. Anachronisme, mais qui donne matière à la leçon de droit public d'Appius.

4. Appius abuse, contre son adversaire, d'une formule de politesse.

agebatur. Sed ut inuentor legis Volero, sic Laetorius, collega eius, auctor cum recentior tum acrior erat : [7]ferocem faciebat belli gloria ingens, quod aetatis eius haud quisquam manu promptior erat. Is, cum Volero nihil praeterquam de lege loqueretur, insectatione abstinens consulum, ipse incusationem Appi 'familiaeque superbissimae ac crudelissimae in plebem Romanam' exorsus, [8]cum 'a patribus non consulem, sed carnificem ad uexandam et lacerandam plebem creatum esse' contenderet, rudis in militari homine lingua non suppetebat libertati animoque. [9]Itaque deficiente oratione, « Quando quidem non facile loquor, inquit, Quirites, quam quod locutus sum praesto, crastino die adeste ; ego hic aut in conspectu uestro moriar aut perferam legem. » [10]Occupant tribuni templum postero die ; consules nobilitasque ad impediendam legem in contione consistunt. Summoueri Laetorius iubet, praeterquam qui suffragium ineant. [11]Adulescentes nobiles stabant nihil cedentes uiatori. Tum ex his prendi quosdam Laetorius iubet. Consul Appius negare 'ius esse tribuno in quemquam nisi in plebeium ; [12]non enim populi, sed plebis eum magistratum esse ; nec illum ipsum summouere pro imperio posse more maiorum, quia ita dicatur : Si uobis uidetur, discedite, Quirites'. Facile et contemptim de iure disserendo perturbare Laetorium poterat. [13]Ardens igitur ira tribunus uiatorem mittit ad consulem, con-

Des. *V. E. T. A.*

Om. LVI, **6-7** : auctor ... aetatis eius *L* ; — LVI, **7** : ac crudelissimae *R*.

LVI, **7** incusationem *J. W. Mackail* : in accusationem *codd.* [in] accusationem *Crevier* || **9** facile ω : facile et *U* tam facile *Ed. Mogunt. 1518* || **10** occupant : occupabant *M* || **11** ius esse $M^1.P^2S.U.O.R^2D^1$: ius esset *M.P.H.LRD* iussit *FB* || **12** illum ipsum *codd.* (*sed* ullum- *H*) : illam ipsam *Conway* || facile et *codd.* : facile *Drak.*, *det. unus.*

cutant sur un point de droit, il pouvait sans peine, et même en se moquant, déconcerter Laetorius. Aussi, enflammé de colère, le tribun envoie son appariteur[1] vers le consul, et le consul un licteur vers le tribun, en criant qu' « il n'est qu'un simple citoyen sans autorité[2], sans fonction publique », et l'inviolabilité du tribun était en péril, quand l'assemblée menaçante prit parti tout entière pour lui contre le consul, tandis qu'accourait au forum de toute la ville une foule surexcitée. Appius s'obstinait malgré tout à tenir tête à l'orage et une bagarre, où le sang n'eût pas manqué de couler, allait éclater, quand Quinctius, le second consul, donna mission aux consulaires d'éloigner son collègue du forum, au besoin par la force, tandis que lui-même, tour à tour, apaisait la fureur de la plèbe par ses prières et demandait aux tribuns de congédier l'assemblée : « Il fallait donner du répit à la colère ; un délai ne leur enlèverait pas leur force, mais la force deviendrait réfléchie ; le sénat ferait la volonté du peuple et le consul celle du sénat[3] ».

LVII. Il fut difficile à Quinctius d'apaiser la plèbe et plus difficile aux sénateurs d'apaiser son collègue. Quand on fut parvenu à congédier l'assemblée de la plèbe, les consuls réunissent le sénat. Opinant d'abord en sens divers sous le coup de la colère et de la crainte, à mesure que le temps passait et que la passion était appelée à réfléchir, le sénat se détournait de plus en plus des idées belliqueuses et allait jusqu'à remercier Quinctius, dont l'intervention avait apaisé l'émeute. On demande à Appius « de n'exiger pour les consuls que la majesté compatible avec la tranquillité publique. En tirant chacun de son côté, tribuns et

1. Le *uiator* n'est pas réservé aux tribuns ; mais il s'oppose au *lictor*, qui accompagne les seuls magistrats revêtus de l'*imperium*.

2. Cf. A. Piganiol (*La conquête romaine*, p. 168) : « Le pouvoir des tribuns, de nature en quelque sorte magique, peut en toutes circonstances s'opposer à l'*imperium* des magistrats curules. »

3. Théorie, anachronique, de l'équilibre des trois pouvoirs dans la constitution romaine, telle que la décrit Polybe.

sul lictorem ad tribunum, 'priuatum esse' clamitans, 'sine imperio, sine magistratu'; [14]uiolatusque esset tribunus, ni et contio omnis atrox coorta pro tribuno in consulem esset, et concursus hominum in forum ex tota urbe concitatae multitudinis fieret. Sustinebat tamen Appius pertinacia tantam tempestatem; [15]certatumque haud incruento proelio foret, ni Quinctius, consul alter, consularibus negotio dato ut collegam ui, si aliter non possent, de foro abducerent, ipse nunc plebem saeuientem precibus lenisset, nunc orasset tribunos ut concilium dimitterent: [16]'darent irae spatium; non uim suam illis tempus ademptur um, sed consilium uiribus additurum; et patres in populi et consulem in patrum fore potestate'.

LVII. [1]Aegre sedata ab Quinctio plebs, multo aegrius consul alter a patribus. [2]Dimisso tandem concilio plebis, senatum consules habent. Vbi cum timor atque ira in uicem sententias uariassent, quo magis spatio interposito ab impetu ad consultandum aduocabantur, eo plus abhorrebant a certatione animi, adeo ut Quinctio gratias agerent quod eius opera mitigata discordia esset. [3]Ab Appio petitur 'ut tantam consularem maiestatem esse uellet quanta esse in concordi ciuitate posset; dum tribuni, consules, ad se quisque omnia trahant, nihil relictum esse uirium in

Des. *V. E. T. A.*

Om. LVII, **3** (*post* consularem) : maiestatem ... quisque omnia *R* (*rest. marg.* ut tantam ... trahant [*litteris* ut tantam con- *in textu erasis*] *R*²).

LVI, **14** hominum *codd.* (*sed* hominu *D*) : *secl. Forchhammer.*

LVII, **2** aduocabantur ω : aduocabatur *M* auocabantur *det. unus, Edd. rec.* ‖ **3** tribuni, consules *ego* : tribunique consules *Mv.P.LD* tribuni et consules *O.H* tribuni consulesque *P*²*FBS.U.R*² tribunique consulesque *Rhenan.*, *D*² ; *an* consules tribunique *legendum?*

consuls n'ont rien laissé de solide ; ils ont tiraillé et écartelé l'État, et c'est à qui cherchera à mettre la main dessus au lieu de maintenir son intégrité ». Là-dessus, Appius « prend à témoin les dieux et les hommes qu'on trahit, qu'on abandonne la république par lâcheté ; l'appui du consul ne manque pas au sénat, mais bien celui du sénat au consul. On accepte des conditions plus dures que sur le mont Sacré ». Mais, cédant à l'unanimité des sénateurs, il se tut ; et la loi passe sans débat.

LVIII. Dès lors, les comices par tribus nommèrent les tribuns. D'après Pison, leur nombre aurait été également porté à cinq, tandis qu'ils n'auraient été que deux jusqu'alors[1]. Il donne aussi leurs noms : Gnaeus Siccius, Lucius Numitorius, Marcus Duillius[2], Spurius Icilius, Lucius Mécilius.

Nouvelles campagnes contre les Èques et les Volsques. Nouveaux troubles pour les lois agraires.

Une guerre contre les Volsques et les Èques survint au milieu des troubles de Rome. Ils avaient ravagé la campagne, prêts à profiter d'un départ possible de la plèbe pour lui donner asile. Mais, l'accord s'étant fait, ils retirèrent leurs troupes. Appius Claudius fut envoyé contre les Volsques ; Quinctius fut chargé des Èques. Appius montra la même rigueur aux armées qu'à Rome, et avec moins de contrainte, une fois débarrassé des entraves du tribunat[3]. Il détestait la plèbe encore plus que son père : « Comment ! lui, il venait d'être mis en échec par elle ! Lui, le consul spécialement élu pour faire opposition au tribunat, il avait laissé passer une loi, que, sans tant d'efforts, les consuls précédents, sur lesquels les patriciens ne comptaient pas autant, avaient arrêtée ». De là une colère,

1. Tite-Live est seul à nous rapporter, comme en note, cette donnée.

2. La forme *Duellius* se rencontre aussi. *Icilius* est une correction nécessaire et facile.

3. Parce que le pouvoir d'intercession des tribuns est borné à la

medio ; distractam laceratamque rem publicam ; magis quorum in manu sit quam ut incolumis sit quaeri'. [4]Appius contra 'testari deos atque homines rem publicam prodi per metum ac deseri ; non consulem senatui, sed senatum consuli deesse ; grauiores accipi leges quam in Sacro monte acceptae sint'. Victus tamen patrum consensu quieuit ; lex silentio perfertur.

LVIII. [1]Tum primum tributis comitiis creati tribuni sunt. Numero etiam additos tres, perinde ac duo antea fuerint, Piso auctor est. [2]Nominat quoque tribunos, Cn. Siccium, L. Numitorium, M. Duillium, Sp. I*cil*ium, L. M*a*ecilium.

[3]Volscum Aequicumque inter seditionem Romanam est bellum coortum. Vastauerant agros, ut, si qua secessio plebis fieret, ad se receptum haberet ; compositis deinde rebus, castra retro mouere. [4]Ap. Claudius in Volscos missus, Quinctio Aequi prouincia euenit. Eadem in militia saeuitia Appi quae domi esse, liberior quod sine tribuniciis uinculis erat. [5]Odisse plebem plus quam paterno odio : 'Quid? Se uictum ab ea ; se unico consule electo aduersus tribuniciam potestatem perlatam legem esse, quam minore conatu, nequaquam tanta patrum spe, priores impedier*i*nt consules !' [6]Haec ira indignatioque ferocem

Des. *V. E. T. A.*

LXVII, **3** distractam *M.*F^3*.O.LRD* : distructam *H* districtam *F. cett.*

LVIII, **1** additos F^3, *Ed. Mogunt. 1519* : addito. *D* addito ω.P^2FD^x adtito *P* || Duillium F^x, *Madv.* (*cf. 61, 2*) : duellium *F. cett.* || Icilium *Edd. uet.* : ilicium ω illicium *S.LRD* || Maecilium *Conway* : mecilium *M.PFS.U.O* melicium *cett.* || **3** Aequicumque M^3.D^5*R* : et quicumque *M?D.*ω Equique R^2 || est bellum M^3 : et bellum *M. cett.* || **5** odio. Quid? *Weissenb.* : odio qđ *FS.RD* odio quod M^2*.PB.U.O.H.L* odio *M* (*spatio dehinc relicto*) *v?* || electo *Mv?.R* : eiecto ω iecto D^2 || impedierint *Rhenanus* (*dum* tanto patrum superiores *scribere uult*) : impedierunt ω.*v*D^1 impedierant *D.*

une indignation qui poussaient son caractère violent à faire peser sur les troupes une autorité inflexible. Mais elles étaient absolument indomptables, toutes pénétrées de sentiments agressifs, ne mettant que paresse, lenteur, négligence, mauvaise volonté dans toutes leurs actions, insensibles à l'honneur comme à la crainte. Ordonnait-il de prendre le pas accéléré? Ils affectaient de ralentir l'allure. Venait-il activer le travail[1]? Tous s'empressaient de modérer leur ardeur. Ce n'était devant lui que visages baissés et sur son passage que sourdes malédictions ; si bien que ce cœur indifférent à la haine du peuple éprouvait une certaine émotion. Après avoir vainement déployé toute sa rigueur, il ne voulait plus avoir affaire aux soldats : « C'étaient les centurions[2] qui corrompaient l'armée », disait-il. Et quelquefois, pour plaisanter, il les appelait « les tribuns du peuple » ou « les Volérons ».

LIX. Aucun de ces détails n'échappait aux Volsques ; aussi devenaient-ils plus agressifs dans l'espoir de trouver dans l'armée romaine la même rébellion contre Appius que naguère contre Fabius. Elle fut, d'ailleurs, beaucoup plus violente contre Appius : non contente de refuser la victoire, comme celle de Fabius, son armée chercha la défaite. Une fois rangée en bataille, elle s'enfuit honteusement dans son camp et ne s'arrêta qu'en voyant les Volsques attaquer le retranchement et faire un horrible massacre des troupes de queue. Force leur fut de combattre, pour chasser du rempart l'ennemi déjà vainqueur ; d'ailleurs, il était visible que les Romains ne voulaient que sauver leur camp[3], et qu'au reste ils s'applaudissaient de leur honteuse défaite. Appius, sans rien

Ville et qu'au contraire l'*imperium* du consul à l'armée n'est même plus limité par l'appel au peuple.

1. Par exemple, l'établissement du camp.

2. Sortis des rangs, les centurions apparaissent souvent de sentiments plébéiens, tout en tenant au prestige de leur grade (cf. le cas de Publilius Voléron lui-même : 55, 4).

3. Le camp, outre son importance comme refuge, est une sorte

animum ad uexandum saeuo imperio exercitum stimulabat. Nec ulla ui domari poterat : tantum certamen animis imbiberant. [7]Segniter, otiose, neglegenter, contumaciter omnia agere ; nec pudor nec metus coercebat. Si citius agi uellet agmen, tardius sedulo incedere ; si adhortator operis adesset, omnes sua sponte motam remittere industriam ; [8]praesenti uoltus d*e*mittere, tacite praetereuntem exsecrari, ut inuictus ille odio plebeio animus interdum moueretur. [9]Omni nequiquam acerbitate prompta, nihil iam cum militibus agere ; 'a centurionibus corruptum exercitum' dicere ; 'tribunos plebei' cauillans interdum et 'Volerones' uocare.

LIX. [1]Nihil eorum Volsci nesciebant, instabantque eo magis, sperantes idem certamen animorum aduersus Appium habiturum exercitum Romanum quod aduersus Fabium consulem habuisset. [2]Ceterum multo Appio quam Fabio uiolentior fuit : non enim uincere tantum noluit, ut Fabianus exercitus, sed uinci uoluit. Productus in aciem turpi fuga petit castra, nec ante restitit quam signa inferentem Volscum munimentis uidit foedamque extremi agminis caedem. [3]Tum expressa uis ad pugnandum, ut uictor iam a uallo summoueretur hostis, satis tamen appareret capi tantum castra militem Romanum noluisse, alio*qui* gaudere sua clade atque ignominia. [4]Quibus nihil in-

Des. *V. E. T. A.*

LVIII, **6** imbiberant *ω.D*³ : imbiberat *R*² (*in ras.*) imbiberauit *LD* || **7** omnes *F*²·⁴. *U.O* : omne *M.PFBS* omnem *M*².*H.LRD* || **8** demittere *Ed. Rom. 1470* : dimittere *codd.* || **9** plebei *ω.v* : plebeios *U.O.H* plebis *R*² (*in ras.*).

LIX, **3** alioqui *Walters* : alio *det. unus* alii *codd.* alibi *Weissenb.* alia *Crevier.*

perdre de son orgueil, voulait redoubler de rigueur et ordonnait le rassemblement, quand, accourant à lui, son état-major[1] et les tribuns des légions lui conseillèrent de ne pas recourir à l'autorité : « car elle tire toute sa force du consentement des subordonnés ; or, les soldats, tous tant qu'ils sont, ne cachent pas qu'ils n'iront pas au rassemblement ; quelques voix même s'élèvent pour réclamer l'évacuation du pays volsque ; tout à l'heure, l'ennemi vainqueur était presque maître des portes et du retranchement ; un désastre n'était plus une simple éventualité : ils en avaient l'image réelle devant les yeux ». Il finit par céder, « puisque aussi bien les coupables n'y gagneraient qu'un sursis » ; il décommande le rassemblement et fait annoncer une marche pour le lendemain. Au point du jour, le clairon sonne le départ. Au moment précis où la colonne se déployait hors du camp, les Volsques, comme s'ils obéissaient à la même sonnerie, tombent sur l'arrière-garde. De là le désordre gagna la tête ; bataillons et compagnies se débandèrent, incapables d'obéir aux commandements et de se former en ligne ; on ne pensait plus qu'à fuir. Ils s'échappèrent en désordre à travers des monceaux de cadavres et d'armes, et la poursuite de l'ennemi cessa plus tôt que la fuite des Romains. Ils finirent par se reformer après leur course désordonnée, et le consul, qui les suivait en s'efforçant vainement de les arrêter, établit son camp en lieu sûr. Puis, faisant sonner le rassemblement, il s'en prit aux troupes, non sans raison, pour avoir trahi la discipline et abandonné les drapeaux. Il demandait : « Où est ton drapeau ? » « Où sont tes armes ? » Les hommes qui n'avaient plus d'armes et les porte-enseigne qui n'avaient plus d'enseignes, en outre les officiers et les hommes à la haute paye[2] coupables d'abandon de

d'image de la Cité, dont il enferme le culte et les usages en terre étrangère. De là son caractère presque sacré dans les guerres antiques.

1. Les « légats » sont les collaborateurs immédiats du général, et choisis par lui.

2. En fait, « touchant double ration » (la solde n'étant pas encore

fractus ferox Appi animus cum insuper saeuire uellet contionemque aduocaret, concurrunt ad eum legati tribunique, monentes 'ne utique experiri uellet imperium, cuius uis omnis in consensu oboedientium esset; [5]negare uolgo milites se ad contionem ituros passimque exaudiri uoces postulantium ut castra ex Volsco agro moueantur; hostem uictorem paulo ante prope in portis ac uallo fuisse, ingentisque mali non suspicionem modo, sed apertam speciem obuersari ante oculos'. [6]Victus tandem, 'quando quidem nihil praeter tempus noxae lucrarentur', remissa contione iter in insequentem diem pronuntiari cum iussisset, prima luce classico signum profectionis dedit. [7]Cum maxime agmen e castris explicaretur, Volsci, ut eodem signo excitati, nouissimos adoriuntur. A quibus perlatus ad primos tumultus eo pauore signaque et ordines turbauit ut neque imperia exaudiri neque instrui acies posset. Nemo ullius nisi fugae memor. [8]Ita effuso agmine per stragem corporum armorumque euasere ut prius hostis desisteret sequi quam Romanus fugere. [9]Tandem conlectis ex dissipato cursu militibus consul, cum reuocando nequiquam suos persecutus esset, in pacato agro castra posuit; aduocataque contione, inuectus haud falso in proditorem exercitum militaris disciplinae, desertorem signorum, [10]'ubi signa, ubi arma essent' singulos rogitans, inermes milites, signo amisso signiferos, [11]ad hoc centuriones duplicariosque qui reliquerant ordines, uirgis caesos

Des. *V. E. T. A.*

LIX, **5** exaudiri ω : exaudire *PFBS.U* || obuersari ω.R^2D^3 : obseruari *LRD* ac uersari *M* || **7** agmen e castris *PBS.U.O.H.*$R^{1.2}$: agmine castris *LRD* agmen castris *M.F* || perlatus *M.O.H.LRD* : prolatus *PFS.U* platus *B* || **9** consul *om.* *M* || falso ω : falsa *PFBS*.

poste furent passés par les verges et décapités ; quant aux simples soldats, il en fit exécuter un sur dix, tiré au sort.

LX. Contre les Èques, au contraire, consul et soldats faisaient assaut de bonnes dispositions et de bons procédés. Le caractère de Quinctius était plus doux, et, d'ailleurs, l'échec de la manière forte chez son collègue l'affermissait encore dans ses tendances naturelles. Devant cette bonne entente du général et de ses troupes, les Èques, n'osant se montrer, laissèrent l'ennemi semer le ravage sur leur territoire. Dans aucune guerre antérieure, on n'avait aussi largement pillé. Tout fut donné aux hommes. On y ajouta des éloges, auxquels le cœur des soldats n'est pas moins sensible qu'au profit. Aussi le général, et à cause du général, les sénateurs eux-mêmes étaient-ils mieux vus de l'armée à son retour : « c'était un père[1] », disaient-ils, « que leur avait donné le sénat ; à l'autre armée c'était un maître ».

Dans ce mélange de succès et de revers, et parmi ces troubles fâcheux tant à Rome qu'au dehors, cette année-là n'eut guère de remarquables que les comices par tribus, fait d'ailleurs plus important à titre de conquête arrachée de haute lutte que par ses conséquences pratiques. Car seuls les comices perdirent de leur dignité par l'exclusion des patriciens, sans que la force de la plèbe fût accrue ou celle des patriciens diminuée[2].

LXI. Des troubles plus graves eurent lieu dès le début de l'année suivante, sous le consulat de Lucius Valérius et de Titus Aemilius, à cause des luttes de classes autour de la loi agraire, à cause surtout du procès d'Appius Claudius. Adversaire acharné de la loi, et soutenant

instituée). C'était une façon de distinguer et d'encourager les soldats d'élite : cf. plus haut, chap. 10, 13, et p. 114, n. 1.

1. *Parens* marque un attachement plus filial que ne ferait *pater* ; au contraire, *dominus* évoque l'esclavage.

2. Contradiction avec 56, 3. Tite-Live oppose aux comices, où la plèbe *seule*, répartie en tribus, continua à élire ses tribuns et ses édiles,

securi percussit; cetera multitudo sorte decimus quisque ad supplicium lecti.

LX. [1]Contra ea in Aequis inter consulem ac milites comitate ac beneficiis certatum est : et natura Quinctius erat lenior, et saeuitia infelix collegae quo is magis gauderet ingenio suo effecerat. [2]Huic tantae concordiae ducis exercitusque non ausi offerre se Aequi, uagari populabundum hostem per agros passi sunt; nec ullo ante bello latius inde acta e*st* praeda e*t* omnis militi data est. [3]Addebantur et laudes, quibus haud minus quam praemio gaudent militum animi. Cum duci, tum propter ducem patribus quoque placatior exercitus redît, 'sibi parentem, alteri exercitui dominum datum ab senatu' memorans.

[4]Varia fortuna belli, atroci discordia domi forisque annum exactum insignem maxime comitia tributa efficiunt, res maior uictoria suscepti certaminis quam usu : [5]plus enim dignitatis comitiis ipsis detractum est patr*es* ex concilio summouendo, quam uirium aut plebi additum est aut demptum patribus.

LXI. [1]Turbulentior inde annus excepit L. Valerio T. Aemilio consulibus, cum propter certamina ordinum de lege agraria tum propter iudicium Ap. Claudi, [2]cui acerrimo aduersario legis causamque possesso-

Des. *V. E. T. A.*

LX, **1** milites ω : militem *LRD* || **2** offerre *M.P*^{2}*FS.U* : auferre *B* aufere *P* efferre *cett.* || passi sunt *S* : passim ω.*R*^{2} (*in ras.*) passi *M*^{3}.*U.O.H* || acta est praeda et omnis *ego* : actae (*uel* -te) praedae (*uel* -de) omnis ω actae praedae omnes *H* acte praede ea domn *M* acte praede ea omnis *M*$^{2\text{-}1}$υ acta praeda. Omnis *Ald.* acta est praeda. Ea omnis *Conway* || **3** redît : redit *M*υ. *LRD* rediit *cett.* || **4** suscepti ω : suscepta *PFB.U* suspecta *S* || **5** patres *Alsch.* : patribus *codd.*

LXI, **1** L. Valerio *PFBS.U.O* : l. p. ualerio υ. *cett.* || T. *codd.* : Ti. *Sigon.* (*ex* Dion. Hal., *IX, 51, 1 et 59, 1*).

la cause des détenteurs de biens nationaux[1], comme s'il était un troisième consul, il fut assigné par Marcus Duillius et Gnaeus Siccius. Jamais encore accusé aussi détesté de la plèbe n'avait été déféré à l'assemblée du peuple, chargé comme il l'était de son impopularité personnelle et de celle de son père[2]. Jamais non plus les patriciens n'avaient fait autant d'efforts pour personne, et non sans raison : « n'était-ce pas le défenseur du sénat, le champion de leur majesté, leur rempart contre toute l'agitation du tribunat et de la plèbe, qu'on livrait à la fureur de la populace, pour avoir simplement dépassé la mesure dans la lutte? ». Pour un seul des patriciens, pour Appius Claudius, tribuns, plèbe et procès étaient quantité négligeable ; ni les menaces de la plèbe ni les prières du sénat ne purent le décider à changer de vêtements[3], à solliciter en suppliant, ou simplement à adoucir quelque peu et à baisser d'un ton sa rudesse de langage habituelle pour présenter sa défense devant l'assemblée. Il ne changea pas de visage, il garda son air hautain et sa fougue oratoire, si bien qu'une grande partie de la plèbe tremblait devant l'accusé autant que naguère devant le consul. Son unique plaidoyer ne fut, comme tous ses discours habituels, qu'un fougueux réquisitoire, et sa fermeté étonna tellement les tribuns et la plèbe qu'ils prirent d'eux-mêmes l'initiative d'ajourner le procès et de le laisser ensuite traîner en longueur[4]. Les délais ne furent, d'ailleurs, pas bien longs : mais, avant la date fixée, il mourut de maladie. Un tribun prétendait interdire de prononcer son oraison fu-

les *comices tributes* de l'époque classique, qui, pour toute autre question, admettaient les patriciens.

1. Par fermage ou usurpation. La loi agraire propose le partage en propriétés individuelles de l'*ager publicus*, théoriquement indivis.

2. Voir plus haut, chap. 29 et suiv. La *gens* Claudia est représentée comme raidie dans une attitude aristocratique (fort réelle aux temps historiques), au contraire de la *gens* Fabia (plus haut, chap. 45 et suiv.).

3. Les accusés se présentaient ordinairement en habits de deuil, sombres (on les dit alors *sordidati*), soit pour exciter la pitié, soit pour conjurer le mauvais sort.

4. Il s'agit d'une « remise », conforme aux usages juridiques clas-

rum publici agri tamquam tertio consuli sustinenti M. Duillius et Cn. Siccius diem dixere. [3]Nunquam ante tam inuisus plebi reus ad iudicium uocatus populi est, plenus suarum, plenus paternarum irarum. [4]Patres quoque non temere pro ullo aeque adnisi sunt : 'propugnatorem senatus maiestatisque uindicem suae, ad omnes tribunicios plebeiosque oppositum tumultus, modum dumtaxat in certamine egressum, iratae obici plebi'. [5]Vnus e patribus ipse Ap. Claudius et tribunos et plebem et suum iudicium pro nihilo habebat. Illum non minae plebis, non senatus preces perpellere unquam potuere non modo ut uestem mutaret aut supplex prensaret homines, sed ne ut ex consueta quidem asperitate orationis, cum ad populum agenda causa esset, aliquid leniret atque submitteret. [6]Idem habitus oris, eadem contumacia in uoltu, idem in oratione spiritus erat, adeo ut magna pars plebis Appium non minus reum timeret quam consulem timuerat. [7]Semel causam dixit, quo semper agere omnia solitus erat, accusatorio spiritu, adeoque constantia sua et tribunos obstupefecit et plebem ut diem ipsi sua uoluntate prodicerent, trahi deinde rem sinerent. [8]Haud ita multum interim temporis fuit ; ante tamen quam prodicta dies ueniret, morbo moritur. [9]Cuius cum laudationem tr*ibunus* pl*ebis* impedire

Des. *V. E. T. A.*

LXI, **2** consuli ω.*U?* : consulibus *PFBS* || sustinenti *F*ˣ.*O.H.LRD* sustinente *M.PFBS.U* || **3** plenus paternarum ω.*F*³ : .m. plenus paternarum *PS* .m̄. plepaternarum *B* paternarum *M* || **7** quo *M.O.H.LRD* : quoque *PFBS.U*, *Alsch.* || et plebem ω.*F*¹ : plebem *PFB* || prodicerent *O.H* : prodiicerent *M* producerent ω praeducerent *D*²; *om.* *L* || **8** prodicta *Mυ.PBS* : pdicta *F* p̊dicta *F*³ praedicta *O.LRD* prodicit *H* producta *Rhenan.* || **9** cum laudationem ω : conlaudationem *L* conlaudationem cum *RD* laudationem cum υ, *Conway* || tribunus plebis, *ut qui infra* conaretur *legam, ex det. uno scribo* : tr. pl. *codd. omnes nostri, ut certe archetypum Nicomachianum.*

nèbre ; mais la plèbe ne voulut pas priver de cet honneur solennel le jour suprême de ce grand homme ; elle prêta au panégyrique une oreille aussi attentive que naguère au réquisitoire et suivit en foule le cortège funèbre.

LXII. La même année, le consul Valérius, avec une armée, marcha contre les Èques. Ne pouvant engager l'ennemi à livrer bataille, il entreprit d'enlever son camp. Il fut arrêté par un affreux orage, qui s'abattit sur lui, accompagné de grêle et de coups de tonnerre. Mais, chose plus surprenante, dès qu'on eut sonné la retraite, le temps redevint si calme et si serein qu'une intervention divine semblait avoir protégé le camp et qu'on se fit scrupule de reprendre l'attaque. Toute l'ardeur des troupes aboutit à la dévastation du pays. L'autre consul, Aemilius, fit campagne chez les Sabins. Là aussi, comme l'ennemi restait derrière ses murs, son territoire fut ravagé. Bientôt l'incendie des fermes, et même de villages assez peuplés, irrita les Sabins, qui coururent sus aux pillards. Mais, après un engagement douteux, ils rompirent le contact et, le lendemain, ramenèrent leur camp en lieu sûr. Le consul se contenta de ce semblant de victoire et, laissant là l'ennemi, se retira sans avoir obtenu de décision.

LXIII. C'est pendant ces guerres et en pleine agitation intérieure que Titus Numicius Priscus et Aulus Verginius devinrent consuls. Il était visible que la plèbe ne supporterait plus d'ajournement de la loi agraire et qu'un mouvement de la dernière violence se préparait, quand les Volsques signalèrent leur arrivée par la fumée des fermes incendiées et la fuite des paysans. Cette nouvelle arrêta la révolte déjà toute prête et presque déclenchée. Le départ des consuls, envoyés aussitôt en campagne par le sénat, et emmenant la jeunesse hors de Rome, ramena le

siques. Il pouvait y en avoir trois, et l'accusé aurait pu prendre la parole autant de fois (de là, § 7 : *semel causam dixit*).

conaretur, plebs fraudari sollemni honore supremum diem tanti uiri noluit; et laudationem tam aequis auribus mortui audiuit quam uiui accusationem audierat et exsequias frequens celebrauit.

LXII. [1]Eodem anno Valerius consul cum exercitu in Aequos profectus, cum hostem ad proelium elicere non posset, castra oppugnare est adortus. Prohibuit foeda tempestas cum grandine ac tonitribus caelo deiecta. [2]Admirationem deinde auxit signo receptui dato adeo tranquilla serenitas reddita ut uelut numine aliquo defensa castra oppugnare iterum religio fuerit. Omnis ira belli ad populationem agri uertit. [3]Alter consul Aemilius in Sabinis bellum gessit. Et ibi, quia hostis moenibus se tenebat, uastati agri sunt. [4]Incendiis deinde non uillarum modo, sed etiam uicorum, quibus frequenter habitabatur, Sabini exciti cum praedatoribus occurrissent, ancipiti proelio digressi postero die rettulere castra in tutiora loca. [5]Id satis consuli uisum cur pro uicto relinqueret hostem, integro inde decedens bello.

LXIII. [1]Inter haec bella manente discordia domi, consules T. Numicius Priscus A. Verginius facti. [2]Non ultra uidebatur latura plebes dilationem agrariae legis, ultimaque uis parabatur, cum Volscos adesse fumo ex incendiis uillarum fugaque agrestium cognitum est. Ea res maturam iam seditionem ac prope erumpentem repressit. [3]Consules, coacti extemplo ab senatu, ad bellum educta ex urbe iuuentute tranquil-

Des. *V. E. T. A.*

LXI, 9 conaretur ω : conarentur $M^3 v$? (*qui, ut ceteri,* tr. pl. *supra scripsit*).

LXII, 2 uelut $H. R^2 D^{2.1}$: uel *R?* *cett.*

calme dans le reste de la plèbe. L'ennemi, d'ailleurs, se bornant à cette fausse alerte, se retire à marches forcées. Numicius marcha sur Antium contre les Volsques, Verginius contre les Èques. Là, une embuscade faillit amener un désastre ; mais le courage des troupes rétablit la situation compromise par la négligence du consul. Les opérations contre les Volsques furent mieux conduites. Dispersé dès la première rencontre, l'ennemi fut rejeté en désordre sur Antium, une des villes les plus riches de l'époque[1]. N'osant l'attaquer, le consul enleva aux Antiates la place de Cénon, bien moins riche. Pendant que les Èques et les Volsques occupaient les armées romaines, les Sabins poussèrent leurs ravages jusqu'aux portes de Rome. Mais, en revanche, quelques jours après, les deux armées et les deux consuls en fureur envahirent leur territoire et leur infligèrent plus de pertes qu'ils n'en avaient causé.

LXIV. A la fin de l'année, il y eut une période de paix, troublée d'ailleurs, comme toutes les autres fois, par la rivalité entre patriciens et plébéiens. Dans sa colère, la plèbe refusa de prendre part aux élections[2] ; les patriciens et leurs clients nommèrent consuls Titus Quinctius et Quintus Servilius. L'année ressemble à la précédente, avec de l'agitation au début, puis une guerre ramenant le calme. Les Sabins, traversant le territoire de Crustumérie à marches forcées, portèrent le ravage et l'incendie dans la vallée de l'Anio ; ce n'est que près de la porte Colline et des remparts qu'ils furent refoulés, mais non sans emmener d'importantes captures, hommes et bestiaux. Le consul Servilius leur livra une poursuite acharnée, sans, tou-

1. Sur des collines dominant la côte, à mi-chemin entre Rome et la Campanie, cette ville s'enrichissait par le commerce et la piraterie. Cénon est sans doute l'arsenal et marché maritime d'Antium, dont parle Denys (IX, 56, 5), sans le nommer.

2. Confirmation curieuse du divorce politique supposé plus haut (60, 4-5). Denys n'en parle pas.

liorem ceteram plebem fecerunt. [4]Et hostes quidem nihil aliud quam perfusis uano timore Romanis citato agmine abeunt ; [5]Numicius Antium aduersus Volscos, Verginius contra Aequos profectus. Ibi ex insidiis prope magna accepta clade uirtus militum rem prolapsam neglegentia consulis restituit. [6]Melius in Volscis imperatum est : fusi primo proelio hostes fugaque in urbem Antium, ut tum res erant opulentissimam, acti. Quam consul oppugnare non ausus Caenonem, aliud oppidum nequaquam tam opulentum, ab Antiatibus cepit. [7]Dum Aequi Volscique Romanos exercitus tenent, Sabini usque ad portas urbis populantes incessere. Deinde ipsi paucis post diebus ab duobus exercitibus, utroque per iram consule ingresso in finis, plus cladium quam intulerant acceperunt.

LXIV. [1]Extremo anno pacis aliquid fuit, sed, ut semper alias, sollicitae pacis certamine patrum et plebis. Irata plebs interesse consularibus comitiis noluit ; [2]per patres clientesque patrum consules creati T. Quinctius Q. Seruilius. Similem annum priori [consules] habent, seditiosa initia, bello deinde externo tranquilla. [3]Sabini Crustuminos campos citato agmine transgressi cum caedes et incendia circum Anienem flumen fecissent, a porta prope Collina moenibusque pulsi ingentes tamen praedas hominum pecorumque egere. [4]Quos Seruilius consul infesto exercitu

Des. *V. E. T. A.*

LXIII, **7** in finis *om. H.*

LXIV, **1** sollicitae pacis *codd.* : sollicitae *det. unus*, *Conway* || consularibus *om. R*, *rest.* R^1 *(ut uidetur) supra*, R^2 *(certe) post* comitiis || **2** T. Quinctius *PFB* (*in quo* -ntus) *S.U.O* (*in quo* -ntius) : t̄. p̄. quinctius (*uel* -nt-) *v. cett.* || [consules] *del. Gron.* : consules *M.U.O.H.L* cons. *PFB. RD* consuli *S.*

tefois, pouvoir rattraper la colonne elle-même en rase campagne, mais en étendant ses ravages si loin que ses armes n'épargnèrent rien et qu'il ramena des prises de toute espèce.

Contre les Volsques également, les affaires furent parfaitement menées, tant par le général que par ses troupes. Il y eut d'abord en rase campagne une rencontre très sanglante avec de lourdes pertes de part et d'autre, et les Romains, pour qui elles étaient plus sensibles en raison de leur petit nombre, allaient lâcher pied, quand, par un heureux mensonge, le consul ranima ses soldats en s'écriant que l'ennemi était en fuite à l'aile opposée. Ils contre-attaquèrent et, en se croyant victorieux, remportèrent la victoire. Le consul, craignant qu'une poursuite trop vive ne ranimât le combat[1], fit sonner la retraite. On laissa passer quelques jours par une sorte d'accord tacite pour prendre du repos de part et d'autre ; pendant ce temps, de nombreux renforts de toutes les provinces volsques et èques vinrent rejoindre le camp, ne doutant pas qu'à cette nouvelle les Romains partiraient pendant la nuit. Aussi[2], un peu après minuit vinrent-ils attaquer notre camp. Quinctius, après avoir apaisé le trouble né de cette frayeur subite, donne l'ordre aux soldats de rester tranquillement sous leurs tentes, envoie en grand'-garde un bataillon d'Herniques, fait monter à cheval les cors et les trompettes, avec ordre de sonner au pied du rempart et de tenir l'ennemi sur le qui-vive jusqu'au jour. Pendant le reste de la nuit, le calme fut si complet dans le camp que les Romains purent même dormir. Quant aux Volsques, la vue de ces fantassins équipés, qu'ils croyaient plus nombreux et prenaient pour des Romains, ces chevaux qui s'ébrouaient, hennissaient et se cabraient, montés par des inconnus et les oreilles rompues par ce tintamarre, tout cela les tint en éveil comme sous le coup d'une attaque.

1. Qui aurait pu alors changer de face.
2. Apparemment pour les détruire avant qu'ils fissent retraite.

insecutus ipsum quidem agmen adipisci aequis locis non potuit, populationem adeo effuse fecit ut nihil bello intactum relinquerent multiplicique capta praeda rediret.

[5]Et in Volscis res publica egregie gesta cum ducis tum militum opera. Primum aequo campo signis conlatis pugnatum, ingenti caede utrimque, plurimo sanguine; [6]et Romani, quia paucitas damno sentiendo propior erat, gradum rettulissent, ni salubri mendacio consul 'fugere hostes ab cornu altero' clamitans concitasset aciem. Impetu facto, dum se putant uincere, uicere; [7]consul, metuens ne nimis instando renouaret certamen, signum receptui dedit. [8]Intercessere pauci dies, uelut tacitis indutiis utrimque quiete sumpta, per quos ingens uis hominum ex omnibus Volscis Aequisque populis in castra uenit, haud dubitans, si senserint, Romanos nocte abituros: [9]itaque tertia fere uigilia ad castra oppugnanda ueniunt. [10]Quinctius, sedato tumultu quem terror subitus exciuerat, cum manere in tentoriis quietum militem iussisset, Hernicorum cohortem in stationem educit, cornicines tubicinesque in equos impositos canere ante uallum iubet sollicitumque hostem ad lucem tenere. [11]Reliquum noctis adeo tranquilla omnia in castris fuere ut somni quoque Romanis copia esset. Volscos species armatorum peditum, quos et plures esse et Romanos putabant, fremitus hinnitusque equorum, qui et insueto sedente equite et insuper aures agitante sonitu saeuiebant, intentos uelut ad impetum hostium tenuit.

Des. *V. E. T. A.*

LXIV, **4** relinquerent *M.PFBS.LRD* : relinqueret $F^{2\text{-}1}D^3$. *cett.* || **6** uincere, uicere *ϱ? LD?* uincere uincere *M.P.R* uincere P^2.ω uinci uicere R^2D^3 || **10** tubicinesque *PFB.O.H.ϱ* : tibicinesque *cett.* || **11** esse et ω : esset *PFB* esse *S.U.*

LXV. Au point du jour, les Romains, frais et dispos, après avoir dormi tout leur saoul, se mirent en ligne devant les Volsques fatigués d'être sur pied, sans sommeil, et les enfoncèrent au premier choc. A vrai dire, ce fut plutôt une retraite des ennemis qu'une défaite : car ils avaient sur leurs derrières des collines où leurs lignes intactes, couvertes par la première, se replièrent en toute sûreté. Le consul fait halte devant cette position défavorable ; mais les soldats, irrités de cet arrêt, réclament à grands cris l'autorisation d'achever la défaite de l'ennemi. Les plus acharnés sont les cavaliers : entourant le général, ils s'écrient qu'ils passeront devant les enseignes[1]. Pendant que le consul hésite, sûr du courage de ses hommes, mais peu rassuré par sa position, tous crient : « En avant ! » et mettent leur cri à exécution. Piquant en terre leur pilum pour être plus lestes à gravir la pente[2], ils montent au pas de course. Les Volsques, après avoir épuisé contre la première vague d'assaut leurs armes de trait, font rouler les rochers qui sont sous leurs pieds sur les assaillants et profitent de leur désordre pour les cribler de coups du haut de leurs positions : peu s'en fallut que ne fût écrasée l'aile gauche des Romains, et elle commençait à lâcher pied, si le consul, les traitant à la fois de téméraires et de lâches, n'eût chassé leur crainte en réveillant leur honneur. Ils s'arrêtent d'abord, décidés à tenir ; ils s'accrochent au terrain, repoussent les attaques de l'ennemi, et voici maintenant qu'ils osent progresser. Poussant de nouveau le cri de guerre, ils s'ébranlent, reviennent à la charge, escaladent la pente et triomphent des difficultés du terrain. Ils étaient sur le point d'atteindre la crête, quand l'ennemi tourna le dos ; dans une course désordonnée, fuyards et poursuivants, presque confondus, en-

1. Les enseignes de l'infanterie, qui jalonnaient le front. Devant elles se portaient seulement les soldats d'élite, dits *antesignani*.

2. C'est annoncer surtout qu'ils veulent passer sur les préliminaires et attaquer aussitôt à l'épée (cf. 30, 12, et 46, 3).

LXV. [1]Vbi inluxit, Romanus integer satiatusque somno productus in aciem fessum stando et uigiliis Volscum primo impetu perculit; [2]quamquam cessere magis quam pulsi hostes sunt, quia ab tergo erant cliui in quos post principia integris ordinibus tutus receptus fuit. Consul ubi ad iniquum locum uentum est, sistit aciem. Miles aegre teneri, clamare et poscere ut perculsis instare liceat. [3]Ferocius agunt equites; circumfusi duci uociferantur 'se ante signa ituros'. Dum cunctatur consul, uirtute militum fretus, loco parum fidens, conclamant 'se ituros' clamoremque res est secuta. Fixis in terram pilis quo leuiores ardua euaderent, cursu subeunt. [4]Volscus, effusis ad primum impetum missilibus telis, saxa obiacentia pedibus ingerit in subeuntes, turbatosque ictibus crebris urget ex superiore loco. Sic prope oneratum est sinistrum Romanis cornu, ni referentibus iam gradum consul increpando simul temeritatem, simul ignauiam, pudore metum excussisset. [5]Resistere primo obstinatis animis; deinde ut obtinentes locum ui*m* re*pell*ebant, audent ultro gradum inferre et clamore renouato commouent aciem; tum rursus impetu capto enituntur atque exsuperant iniquitatem loci. [6]Iam prope erat ut in summum cliui iugum euaderent cum terga hostes dedere, effusoque cursu paene agmine uno fugientes sequentesque castris incidere. In eo pauore castra capiuntur; qui Volscorum effugere

Des. *V. E. T. A.*

LXV, **4** obiacentia ω.ρ? : abiacentia *LRD* adiacentia R^2 || Sic *om.* *LR* (*rest.* R^2) *D* || **5** Resistere ω.P^{2-1} : restistere *P?* restitere *O.LR, Edd.* || uim repellebant *ego* : uiresferebant *codd.* uim ⟨pro ui⟩ referebant *Conway* uires ⟨re⟩ficiebant *Madv.* uires ⟨re⟩fecerant *Weissenb.* uires terebant *Brakman* uires ⟨ex⟩serebant *Fr. Walter.*

trèrent ensemble dans le camp. Dans la panique, le camp est pris ; les Volsques qui ont pu s'échapper gagnent Antium : les Romains aussi marchent sur Antium. Après quelques jours de siège, elle capitule sans nouvelle attaque des assiégeants, mais parce que maintenant, depuis leur défaite et la perte de leur camp, les Volsques étaient découragés [1].

1. Cette reddition d'Antium semble une anticipation hardie des événements de 338 av. J.-C.

potuerunt, Antium petunt. [7]Antium et Romanus exercitus ductus. Paucos circumsessum dies deditur, nulla oppugnantium noua ui, sed quod iam inde ab infelici pugna castrisque amissis ceciderant animi.

SUBSCRIPTIO : Victorianus ū c̄ emendabam dominis Symmachis *H.LRD* ; *silent cett.*

ADDENDA ET CORRIGENDA

P. 3, trad., n. 1, *lire* : L'échange se faisait mensuellement. Selon Denys (V, 2), chacun des deux consuls s'accompagnait de douze licteurs ; mais un seul joignait les haches aux faisceaux.

P. 3, texte, app., l. 7-8, *lire* : **10** uirium ω : uirum *P* || in senatu ω.D^2 : senatu *LRD* senatui R^1 || lectis

P. 12, texte, l. 22, *lire* : Po*t*ae

P. 14, trad., l. 4, *lire* : Lucrétius[1].

P. 14, trad., l. 7, *lire* : du Lar[2] Porsenna[3]

P. 14, trad., n. 1 (*ajoutée*) : A T. Lucrétius, Denys (V, 21, 1) substitue M. Horatius Pulvillus, le disant « consul pour la seconde fois ».

P. 14, trad., notes, l. 1, *lire* : 2. Ou Lars

P. 14, trad., notes, l. 3, *lire* : 3. La forme

P. 14, texte, app., l. 3, *lire* : *ad cc. 11-14*

P. 15, trad., notes, l. 2, *ajouter* : Plutôt qu'un autre Clusium, ville maritime ancienne (cf. Virgile, *Énéide*, X, 166-167?) que D. Anziani a proposé d'identifier à Orbetello.

P. 16, trad., notes, l. 3, *ajouter* : Voir aussi plus bas, p. 20, n. 1.

P. 19, texte, app., l. 4, *lire* : regi (*i. e.* regî)

P. 20, trad., notes, l. 5, *ajouter* : Sur les origines magico-religieuses d'Horatius Coclès et Mucius Scaevola, « le Borgne et le Manchot », voir G. Dumézil, *Mitra-Varuna*[2] (Paris, 1948), p. 163-188.

P. 21, trad., notes, l. 4-5, *lire* : voir plus haut, 13, 4 et, plus bas, 15, 6.

P. 24, trad., notes, l. 2, *ajouter* : — Cf. t. I, Préface, p. cxv et n. 3 (complétée aux *Addenda*).

P. 25, trad., notes, l. 1, *ajouter* : Voir J. Bayet, *Réflexions sur la méthodologie de la plus ancienne histoire classique : à propos de Tite-Live, II, 6-15* (dans : *Recherches philosophiques*, I, 1931-1932, p. 262-297).

P. 25, trad., notes, l. 3, *ajouter* : Cf. Suétone, *Tibère*, 1.

P. 25, texte, l. 8, *lire* : *I*nregillo

P. 26, texte, l. 12, *lire* : sed u*t*rum? Nomen auctores

P. 26, texte, app., l. 4-5, *lire* : **8** sed utrum? Nomen *Fr. Walter*

(*Phil. Woch.*, *1938*, *28 ss.*) : sed uerum nomen *codd.* sed utrum *Hertz* sed nomen *Madv.*

P. 27, trad., l. 15-16, *lire* : chez nos plus vieux historiens

P. 27, trad., n. 5, *ajouter* : — Sur la discussion de personne, voir Festus, p. 216 L., s. v. *Optima lex.*

P. 27, texte, app., l. 4, *ajouter* (après : *H.LRD*) : *A. Ernout*

P. 27, texte, app., l. 5, *ajouter* (après : *Conway*) : *retinent* (*dum* super *pro* supra *scribunt*) *Duker Ernout*

P. 28, texte, l. 20, *lire* : *Ser.* Sulpicius

P. 29, trad., notes, l. 3, *lire* : p. 27 [*au lieu de* : 124].

P. 29, trad., notes, l. 5, *lire* : p. 28 [*au lieu de* : 125].

P. 30, texte, app., l. 2, *lire* : XX, **2**

P. 31, trad., l. 6, *lire* : de leurs boucliers légers.

P. 31, trad., l. 26, *lire* : Aulus[4] Postumius

P. 31, trad., notes, l. 2, *lire* : — Voir des développements littéraires du thème : III, 62, et IV, 38.

P. 31, trad., notes, *ajouter* : 4. Gaius, selon Cassiodore.

P. 32, texte, app., l. 3, *lire* : XXI, **4**

P. 36, trad., l. 1-6, *lire* : Pères

P. 39, trad., notes, l. 1, *lire* : par un plébéien (absurdité que dénonce Tite-Live lui-même, IX, 46, 6).

P. 46, texte, l. 5, *lire* : Vrbem

P. 46, texte, l. 9, *lire* : Vrbe

P. 47, trad., notes, l. 4, *lire* : cf. III, 20, 4, et t. I, p. 82, n. 1)

P. 47, texte, app., dernière l., *supprimer* : **5** plebis ... *cett.*

P. 48, texte, app., l. 2, *lire* : XXXII, **5** plebis *M.P.LRD* : plebes $M^2P^2D^3$. *cett.* || **8** Placuit

P. 50, trad., notes, l. 2, *ajouter* : — Sur les incertitudes de ce récit de la première sécession et les précisions qu'y a par la suite apportées Tite-Live, voir t. III, Appendice, p. 145-153.

P. 50, texte, app., l. 8, *lire* : *Ed. Mogunt.*

P. 54, texte, app., l. 8, *lire* : timorem *codd.*, *A. Ernout (R. Phil.*, *1942*, *p. 194 s.)*.

P. 56, texte, l. 12, *lire* : Vrbe

P. 56, texte, app., l. 3, *lire* : **2** ⟨Vt⟩

P. 58, trad., l. 20, *lire* : maintenant consuls[2]

P. 58, trad., notes, *ajouter* : 2. Tite-Live a omis volontairement (t. I, Introduction, p. cxv) les deux collèges consulaires Q. Sulpicius Camérinus-Sp. Larcius Flavus et C. Julius Iulus-P. Pinarius Rufus (Denys, VII, 68, et VIII, 1).

P. 58, texte, l. 7 et 8, *lire* : Vrbem, Vrbe

P. 60, texte, app., l. 3, *ajouter* (après : *ego*) : (*cf.* Cic., *Fam.*, *XIV*, *3*, *1* : ego... miserior sum quam tu ... miserrima)

P. 61, trad., l. 12, *lire* : aussi meurtrière qu'obstinée.

P. 73, texte, app., l. 2, *lire* : XLVII, **10**

P. 75, texte, l. 12, *lire* : Vrbe

P. 84, trad., notes, l. 1, *lire* : et p. 3, n. 1.

P. 84, trad., notes, l. 3, *lire* : Cf. p. 13, n. 1.

P. 88, trad., notes, l. 2, *lire* : aussi ; et, ailleurs, l'orthographe plus ancienne *Duilius*.

P. 91, trad., notes, l. 2, *lire* : et p. 17, n. 1.

P. 91, trad., notes, l. 5-6, *lire* : oppose aux « réunions » (*concilia*), où la plèbe

P. 92, trad., l. 27-28, *lire* : Les tribuns prétendaient interdire

P. 92, texte, l. 25, *lire* : tr*ibuni* pl*ebis*

P. 92, texte, app., l. 9-10, *lire* : tribuni plebis *Rhenan. Drak. Madv. Ernout* : tribunus plebis *det. un.*, *Conway* tr. pl.

P. 93, texte, l. 1, *lire* : conarentur

P. 93, texte, app., l. 2-3, *lire* : **9** conarentur... *scripsit*), *Rhenan. Drak. Madv. Ernout* : conaretur ω.

P. 94, texte, l. 12, *lire* : Vrbis

Carte hors texte, *lire* : *Gabii*

APPENDICE[1]

I. — LA FONDATION DE LA RÉPUBLIQUE.

Si l'on adopte la chronologie longue des annalistes, celle de Varron[2], le livre II de Tite-Live traite de la période qui va de l'année 509 à l'année 468 avant J.-C. Ces quarante années sont lourdes de faits politiques et militaires de grande importance, surtout les premières d'entre elles. Tour à tour se succèdent l'expulsion des Tarquins, la fondation de la République, les guerres contre les Étrusques de Véies, de Tarquinies, puis de Chiusi, la guerre contre la ligue latine et l'alliance avec les Latins, les premiers et graves troubles intérieurs dus à l'opposition entre la plèbe et le patriciat, enfin une nouvelle guerre contre Véies et l'épisode des Fabius. On comprend qu'une telle période ait suscité un intérêt constant et des écrits sans nombre. Car le départ des Étrusques de Rome, le passage de la monarchie à la République, les débuts du régime républicain constituent des événements capitaux de l'histoire primitive de Rome. Que penser du récit traditionnel, tel qu'il nous est présenté par Tite-Live à la fin de son livre I et dans son livre II et par Denys d'Halicarnasse dans ses *Antiquités romaines*? Comment y distinguer l'histoire de la légende, le vrai de l'imaginé, comment restituer le véritable déroulement des faits? La tâche est difficile. Mais le progrès de la recherche

1. M. Jean Bayet a bien voulu me demander de rédiger les commentaires des livres I et II de son édition de Tite-Live. On comprendra avec quel plaisir j'ai répondu à la demande de celui qui a été mon maître depuis mon entrée, en 1934, à l'École Normale Supérieure et dont les conseils n'ont cessé ensuite de me guider. Naturellement, je lui ai remis mon texte une fois rédigé et il l'a fait bénéficier largement de ses précieuses remarques, dont on trouvera l'essentiel dans la conclusion du présent commentaire de ce livre II. On trouvera donc ici comme le résultat d'une ancienne collaboration dont j'ai été le bénéficiaire.

2. Sur les divergences entre les chronologies des annalistes et les hésitations de Tite-Live lui-même, cf. l'introduction du livre I de Tite-Live, rédigée par M. J. Bayet, dans la présente édition.

dans les diverses disciplines auxiliaires de l'histoire — archéologie avant tout, mais aussi épigraphie et critique des textes — a précisé et enrichi nos connaissances et le rapprochement entre faits de nature diverse éclaire d'un jour nouveau ce tournant décisif de l'histoire romaine. Aussi me semble-t-il utile de reproduire sur la page suivante un tableau de concordance.

Nous avons, sur ce tableau, rapproché à dessein ce qui s'est passé à Rome et les événements qui se sont produits dans l'ensemble du Latium et de l'Étrurie. Car c'est une des acquisitions essentielles de l'érudition que d'avoir démontré que Rome n'a pas connu un destin autonome, en quelque sorte, et fermé. C'est l'optique déformante des annalistes qui est à l'origine d'une telle vision. En vérité, Rome ne s'est en aucune façon développée en vase clos et son évolution politique et culturelle ne peut s'entendre que si on l'intègre à l'histoire de tout le centre de la péninsule[2]. Voyons donc, à la lumière de ces confrontations et des données nouvelles de l'archéologie italique, comment il faut se représenter le déroulement de l'histoire intérieure et extérieure de Rome en ce début du ve siècle.

La question capitale du changement de régime a été bien éclairée par des études qui ont utilisé simultanément les monuments figurés italiques, les textes de l'épigraphie étrusque et osco-ombrienne[3]. Dans tout le centre de l'Italie, la Latium, l'Étrurie et le pays osco-ombrien, la royauté sacrée fait place à un type de régime dans lequel le pouvoir est exercé, collégialement ou non, par des magistrats nommés pour un temps variable. Ce n'est pas là un fait seulement romain. Un peu partout le *rex* fait place soit à un magistrat unique et suprême, le dictateur, soit à des magistrats formant couple, préteurs ou consuls. Souvent nous manquons de détails sur la modalité d'un tel passage. On a cherché cependant à préciser les relations qu'entretiennent les titres latins, étrusques (*zilath*, *purthne*, *maru*), osque (*meddix*), ombrien (*maro*). Il est donc tout à fait naturel d'admettre qu'une telle transformation a effectivement eu lieu dans la Rome de la fin du vi^e^ siècle,

1. Cf. R. Bloch, *Rome de 509 à 475 environ avant J.-C.*, dans la *Revue des Études latines*, XXXVII, 1959, p. 118 sq.
2. Cf. R. Bloch, *Les origines de Rome*, Club du Livre, 1959.
3. Cf. Santo Mazzarino, *Dalla monarchia allo stato repubblicano*, Catane, 1945, et J. Heurgon, *L'État étrusque*, dans la revue *Historia*, Band VI, Heft 1, janvier 1957, p. 63 à 97.

Tableau de concordance pour la période couverte par le second livre de Tite-Live

L'Annalistique et les faits politiques et militaires à Rome	*L'Annalistique et les faits religieux à Rome : consécration des temples*	*Les données archéologiques à Rome*	*Le Latium à la fin du VIe siècle et au début du Ve siècle*	*L'Étrurie à la fin du VIe siècle et au début du Ve siècle*
509. Début de la République. Les premiers consuls	509. Temple capitolin de Jupiter, Junon et Minerve			Fin du VIe siècle : la royauté sacrée fait place à des magistratures, collégiales ou non
508. Porsenna et le retour offensif des Étrusques		De 510 à 480 avant J.-C. environ, physionomie de Rome inchangée : nombreuses terres cuites architectoniques, nombreux vases attiques à figures rouges	De 510 à 480 avant J.-C., nombreuses terres cuites architectoniques à Lanuvium, Satricum, Faléries	De 510 à 475, art archaïque ou subarchaïque très florissant
499. Guerre contre les Latins. Bataille du lac Régille	496. Temple de Saturne			
494-493. Retraite de la plèbe sur le Mont Sacré. Les premiers tribuns de la plèbe	495. Temple de Mercure 493. Temple de Cérès, Liber et Libéra			480. Défaite des Carthaginois à Himère, en Sicile
480-475. Guerre contre Véies. En 476, les Véiens sur le Janicule. Fin de la guerre en 475. Elle ne reprendra qu'à la fin du Ve siècle	484. Temple des Dioscures Pour le reste du Ve siècle ne sont attestées que les fondations du temple de Dius Fidius (466) et du temple d'Apollon (431)	Vers 475, les importations grecques cessent	Vers 475, ces terres cuites deviennent beaucoup plus rares	474. Grave défaite de la flotte étrusque, battue par les Grecs devant Cumes

dans laquelle les consuls eurent un pouvoir que Tite-Live qualifie, au début du livre II, de pouvoir très fort, presque royal[1]. Sans doute cette modification constitutionnelle est-elle à mettre en rapport, comme on l'a proposé, avec la révolution militaire et sociale qui, en Italie centrale comme en Italie du Sud, donne la première place dans les combats aux lourdes masses d'infanterie, recrutées parmi le peuple.

Les fouilles poursuivies en différents points de l'*Vrbs* depuis le début du siècle multiplient aujourd'hui les données les plus précieuses sur la vie de la Rome archaïque. Les explorations stratigraphiques menées sur le Forum et sur le Palatin par G. Boni, au début du siècle, et les recherches plus récentes sont à présent en cours de publication exhaustive et savante. Ces fouilles et ces publications sont pleines d'enseignements. Pour la période qui nous occupe, elles confirment pleinement le tableau brossé par Tite-Live de la puissance de la Rome des Tarquins. Cette Rome prospère et semblable aux lucumonies du sud de l'Étrurie renaît à nos yeux avec son long mur d'enceinte en *opus quadratum*, le soubassement monumental du temple capitolin, les restes de son système d'égouts, de la *Cloaca maxima*, et le décor de ses nombreux sanctuaires.

Mais il faut tenter de serrer la chronologie de plus près et chercher à voir ce qui s'est passé entre 509 et la fin du premier quart du ve siècle. Rome est riche jusqu'alors en céramique figurée grecque, et l'étude céramologique permet d'atteindre à une grande précision. Les vestiges architecturaux sont plus difficiles à situer exactement dans le temps. Or l'analyse des vestiges de céramique montre qu'aucune coupure n'apparaît dans la vie de Rome aux alentours de 509. De 510 à 475 environ avant J.-C., c'est toujours, à Sant'Omobono, sur le Forum romain et le Palatin, une abondance de fragments de vases attiques à figures rouges, succédant à l'importation précédente de vases attiques à figures noires. Cette importation, qu'elle ait été directe ou soit passée, comme il est possible partiellement, par l'intermédiaire étrusque, prouve que le niveau de vie romain ne change pas, ne subit aucun recul. Pendant la même période, les terres cuites architectoniques sont nombreuses, de style étrusque et d'excellente qualité. Tout récemment encore, on vient de découvrir sur le Forum une magnifique antéfixe représentant un masque de

1. Tite-Live, II, 1, 7 : *omnia iura, omnia insignia primi consules tenuere.*

Silène et datant des environs de 500 avant J.-C.[1]. C'est seulement après les années voisines de 475 avant J.-C. que la situation change radicalement. Dès lors, l'importation grecque cesse, la production locale s'appauvrit, les terres cuites architectoniques disparaissent.

Il est un ordre de faits dont la tradition a toutes chances d'avoir conservé des souvenirs précis et exacts ; ce sont les faits d'ordre religieux, l'introduction de nouveaux cultes sur le sol romain, la fondation de nouveaux temples. Dans ce domaine, la fidélité des souvenirs, garantie par l'existence d'archives dans les temples, ne pouvait guère être battue en brèche par les passions partisanes ou l'action puissante des orgueils gentilices. Or le nombre élevé des fondations de sanctuaires dans la période qui va de 509 à 465 environ et la nature des cultes nouveaux sont des faits très révélateurs. A cette importante question d'histoire religieuse sera consacré le troisième chapitre de cet Appendice. Bornons-nous ici à rappeler les données essentielles.

La première année de la République est marquée par un fait religieux de première importance, la dédicace par le consul M. Horatius Pulvillus du grand sanctuaire tripartite de Jupiter capitolin. Le deuxième chapitre de ce commentaire montrera quelle importance a eue cet événement sur l'élaboration du récit annalistique[2]. Les historiens romains reconnaissent du reste que le temple dédié à la triade capitoline avait été construit sous le règne des Tarquins. Mais l'activité édilitaire et religieuse de Rome ne se ralentit pas ensuite, comme il eût été naturel cependant dans une ville politiquement affaiblie et se trouvant en difficulté militaire. En 496, on consacre sur le Forum un temple dédié à Saturne, vieille divinité italique, en l'honneur de laquelle sont instituées les Saturnales : *his consulibus (i. e. A. Sempronio et M. Minucio) aedis Saturno dedicata, Saturnalia institutus festus dies*[3].

La même année, le dictateur Postumius, sur avis des Livres Sibyllins, consultés lors d'une famine redoutable, fait vœu de construire un sanctuaire aux trois divinités de la fécondité végétale et animale, Cérès, Liber et Libera. La disette cesse et, après la bataille du lac Régille, Postumius ordonne de construire effectivement le temple. Celui-ci est consacré en

1. Pour l'ensemble de la question, cf. Inez Scott Ryberg, *An archaeological record of Rome from the seventh to the second century B. C.*, 2 vol., Londres-Philadelphie, 1940.

2. Tite-Live, II, 8, 6.

3. Tite-Live, II, 21, 2.

493 par le consul Spurius Cassius, sur les pentes de l'Aventin, en une région vouée depuis un temps reculé aux divinités agraires [1]. C'est là un temple de type étrusque. Pline l'Ancien nous apprend (XXXV, 154) que son décor fut réalisé par deux artistes grecs, appelés Damophilos et Gorgasos, et qui étaient à la fois modeleurs et peintres. L'intervention d'artistes helléniques entre pleinement dans le cadre de la civilisation tyrrhénienne et s'explique très bien dans une Rome encore étrusquisée. Il n'en va pas autrement du groupement en triade des divinités réunies sur l'Aventin. Triade étrange qui réunit la vieille divinité de la végétation et le couple de la fécondité Liber-Libéra. Une telle triade relève de l'influence tyrrhénienne [2].

Enfin, dans la même période, deux autres temples importants sont voués et construits. Au cours de la bataille du lac Régille, le dictateur Postumius fait le vœu, en cas de victoire, d'élever un temple sur le sol romain à Castor, héros grec déjà vénéré dans des villes latines et étrusques [3]. Le temple est consacré en plein Forum par le fils du dictateur, en 484. Tite-Live et la tradition notent également que le 15 mai 495 avait été consacré, non loin de l'Aventin, un sanctuaire dédié au dieu du commerce, Mercure [4]. La série de constructions religieuses et d'introductions de cultes est impressionnante. Pour le reste du siècle, nous n'avons plus connaissance que de la fondation, incertaine, du temple de Dius Fidius, en 466, et de la fondation du temple d'Apollon en 431.

L'édification de temples si nombreux en un espace de temps relativement restreint ne se concevrait guère dans une Rome abandonnée à elle-même et commençant une période difficile qui exigera d'elle efforts constants et austérité, moins encore leur décor coûteux et confié, une fois au moins, à de grands artistes grecs. Le caractère des cultes, sur lequel nous reviendrons, n'est pas moins révélateur. De date comme de type, les triades Jupiter, Junon, Minerve et Cérès, Liber, Libera relèvent de l'influence tyrrhénienne. Le Dieu Saturne est d'origine italique. Les Dioscures, déjà familiers aux Étrusques, arrivent de Grande-Grèce. Le temple de Cérès et celui de Mer-

1. Cf. la thèse de H. Le Bonniec, *Le culte de Cérès à Rome, des origines à la fin de la République*, Paris, Klincksieck, 1958.

2. J. Bayet, *Histoire politique et psychologique de la religion romaine*, Paris, Payot, 2e éd., 1969, p. 119.

3. Tite-Live, II, 20, 12. Cf. à présent mon article « *Templum Castoris* », dans le *Bulletin de la Société nationale des Antiquaires de France*, 1980-1981, p. 35-47.

4. Tite-Live, II, 27, 5-6.

cure bénéficient à la plèbe et lui servent de lieux de rassemblement.

Si l'on tourne à présent ses regards vers ce qui se passe dans les villes voisines du Latium et vers l'Étrurie, l'impression reste la même. Exactement comme Rome, les villes latines et falisques ont connu, au début du ve siècle une grande activité de constructions religieuses et, comme à Rome, le décor de ces sanctuaires latins est de style étrusco-grec. De Satricum, de Lanuvium, de Falèries proviennent, en effet, un grand nombre de terres cuites architectoniques ou de fragments de statues cultuelles, datables de cette période.

L'Empire étrusque connaît un vif recul après les deux siècles éblouissants que furent pour lui le VIIe et le VIe siècle avant J.-C. Mais quand commence exactement ce recul, amorce d'une définitive décadence? Son début se situe au moment même où il apparaît, par contrecoup, dans le Latium et à Rome, aux alentours de l'année 475. La puissance étrusque, qui s'est jusqu'alors maintenue intacte, n'est gravement atteinte que par de graves événements du monde méditerranéen qui se situent après l'année 480. C'est alors la fin de ce qu'on a appelé la thalassocratie étrusque. Carthage, l'alliée traditionnelle des Étrusques, subit en 480 la grave défaite d'Himère sous les coups des Syracusains. Ces événements de Sicile ont dû lourdement peser sur le commerce maritime étrusque. Surtout il faut songer au désastre qui termina la dernière tentative des Étrusques pour détruire Cumes, et qui fut le résultat de l'alliance des Cumains et de la flotte syracusaine. En 474, la flotte étrusque, qui bloquait encore les eaux de Cumes, fut anéantie dans une bataille demeurée fameuse parmi les Grecs et dont le souvenir fut perpétué par les vers de Pindare et le butin consacré par Hiéron à Olympie. On connaissait déjà un casque de bronze étrusque portant une inscription dédicatoire grecque et qui provenait de ce butin[1]. Récemment, un deuxième casque de bronze étrusque dédié par Hiéron a été découvert dans les fouilles d'Olympie[2].

1. Cf. M. Pallottino, *Gli Etruschi*, Rome, 1939, p. 163 et pl. XVII.

2. Ce deuxième casque, provenant du butin étrusque, a été trouvé à Olympie en 1959. Cf. G. Daux, *Chronique des fouilles et découvertes archéologiques en Grèce en 1959*, dans le *Bulletin de Correspondance hellénique*, LXXXIV, 1960, II, p. 721. Tandis que le premier casque étrusque d'Olympie était de type italique, le second est de type corinthien. Les inscriptions grecques gravées sur l'un et l'autre sont pratiquement identiques. Pour la seule différence qui les sépare, cf. la note citée de G. Daux.

Rien, dans notre perspective, n'oblige à douter du début effectif des Fastes romains, de ces listes fondamentales pour l'historiographie romaine de magistrats annuels : selon la tradition, ce début se situe en 509, date de départ du régime républicain. L'institution des Fastes a pu, en effet accompagner, à la fin du VIe siècle, la modification constitutionnelle qui apparaît dans toute l'Italie centrale. Elle a pu ainsi marquer une réforme du calendrier, accompagnant un changement de régime intérieur. Dans une étude parue récemment, M. R. Gjerstad, sans songer à dissocier expressément début du régime républicain et départ des Étrusques, présente cependant des réflexions assez voisines des nôtres. Abaissant dans le temps le départ de dirigeants étrusques jusqu'à une date plus basse que la nôtre, jusqu'aux environs de 450 avant J.-C., il reconnaît dans les *Fastes* un calendrier nouveau de magistrats annuels et accepte la date de la tradition[1].

II. — DE LA DÉDICACE DU TEMPLE DE LA TRIADE CAPITOLINE LA NOUVELLE INSCRIPTION DE SATRICUM

Pour comprendre la façon dont s'est élaborée l'histoire de l'année 509 dans l'historiographie romaine, il convient d'examiner le détail du récit que nous avons lu dans Tite-Live et qui se retrouve, avec des variantes, dans l'œuvre de Denys d'Halicarnasse[2]. Dans les deux œuvres, l'année de l'expulsion des rois occupe une place, un volume importants. Tite-Live lui consacre les quatre derniers chapitres de son livre I et les huit premiers de son livre II, la coupure entre les deux livres étant marquée par l'expulsion des rois. On comprend aisément pourquoi : l'annalistique ne pouvait pas ne pas donner à ce moment capital de l'histoire romaine une place éminente, en lui accordant de larges développements, lourds de valeur didactique. Depuis longtemps, les érudits,

1. E. Gjerstad, *Discussions concerning early Rome*, dans les *Opuscula romana*, publiés par l'Institut suédois de Rome, vol. III, 1960, p. 69 à 102. Sur les Fastes, cf. l'excellente édition de A. Degrassi, *Fasti consulares et triumphales*, vol. XIII, fasc. 1, des *Inscriptiones Italiae*, Rome, 1947.

2. La substance de la présente étude a fait l'objet d'une communication à l'Académie des Inscriptions et Belles-Lettres, le vendredi 3 mars 1961, et d'un article plus étendu paru dans la *Revue de l'Histoire des religions*, avril-juin 1961, p. 141-156.

tout en admettant l'essentiel du récit, ont reconnu l'aspect plus ou moins légendaire des détails rapportés. Effectivement, le développement du drame, tel qu'il a été élaboré par les annalistes, est plein d'intentions moralisantes.

D'une manière générale, les annalistes, utilisant à la fois des documents de valeur et des souvenirs plus ou moins déformés[1], ont cherché tout naturellement à créer une impression d'ensemble servant la cause romaine, ils ont écrit *ad maiorem gloriam Vrbis*. Dans leur vision, l'Étrusque, bien qu'ayant régné depuis longtemps à Rome et l'ayant rendue à la fois puissante et prospère, l'Étrusque représente l'étranger, l'ennemi, et cela se comprend d'autant mieux qu'à l'époque des premiers annalistes Rome achevait à peine de dures guerres contre l'Étrurie : la chute du dernier bastion étrusque, de Volsinies, se situe en 265 avant J.-C. Cette hostilité latente avait sa contre-partie. Ces longues guerres avaient dû permettre aux Romains de la fin du IVe siècle et du IIIe siècle de mieux connaître l'Étrurie, non pas seulement par la tradition, mais par le contact même de la vie. Aussi les traits par lesquels les annalistes avaient peint la société des Tarquins ont-ils dû être vivifiés par cette connaissance directe d'une Étrurie, il est vrai bien plus tardive. Cependant le relatif immobilisme de l'Étrurie au cours des siècles empêche ce tableau d'être trop anachronique.

Au cours de l'année 509, qui nous occupe en ce moment, l'opposition apparaît constamment, dans le récit livien, entre les défauts, la violence et la débauche des dirigeants étrusques et l'esprit civique et loyal des citoyens romains. Dans la période précédente, c'était le rôle important excessif aux yeux d'un Romain, tenu dans la politique par les femmes et les filles des tyrans étrusques, qui avait été mis en relief. Pour l'année 509, l'opposition porte surtout sur les relations entre les pères et les fils dans les familles romaines d'une part, étrusques de l'autre. L'autorité inflexible du *pater familias* romain est absente chez les Toscans. C'est la débauche du fils de Tarquin le Superbe, c'est le viol de Lucrèce qui provoquent le sursaut et la révolte dirigée par Brutus. Mais cet épisode n'est pas en quelque sorte isolé, accidentel. Il est le résultat d'une licence excessive des jeunes princes étrusques, trop peu ou mal guidés par leurs pères. Auparavant, Tarquin le Superbe avait utilisé son fils Sextus dans une traîtrise qui

1. Cf. à ce sujet, dans la présente édition, l'introduction au livre I de Tite-Live, due à M. J. Bayet.

lui avait permis de s'emparer de Gabies[1]. Après le viol de Lucrèce, le même Tarquin, au lieu de se désolidariser de son fils, s'enfuit précisément à Gabies, où Sextus est roi[2].

A cette attitude s'oppose, la même année, en antithèse dramatique, la conduite inflexible et héroïque de deux pères romains. Aussitôt après l'expulsion des Tarquins, des jeunes gens, hostiles au nouveau régime, trop austère à leur gré, ourdissent un complot visant au rétablissement de la royauté. Les deux fils du consul Brutus, le libérateur, trempent dans la conspiration et Brutus ordonne leur mise à mort, qui a lieu, détail pathétique, en sa présence. La scène est demeurée illustre. Nous verrons bientôt, et à un moment capital pour notre étude, le deuxième exemple d'un semblable héroïsme paternel[3].

La même année, féconde en péripéties de tous genres, voit ensuite la mort de Brutus lui-même, tué en combat singulier par Arruns Tarquin, autre fils du Superbe. En l'espace de quelques mois, Brutus avait ainsi chassé les Étrusques de Rome, fondé la République ; puis, devenu consul, il avait sacrifié ses fils à la cause de l'État ; enfin il était mort pour la patrie. Le tableau, concentré, est d'un effet saisissant. L'annalistique ne pouvait mieux auréoler de gloire cette figure légendaire. Faut-il prendre à la lettre cette dernière épithète? Il est bien difficile de distinguer, dans la période que nous étudions, les personnages qui ont vraiment existé de ceux qui ont été inventés de toutes pièces, à des moments où il s'agissait de rehausser, par un aïeul glorieux, la renommée de telle ou telle *gens*. Peut-être y eut-il effectivement un M. Junius Brutus, consul au début du régime républicain. Certes, la *gens Iunia* est plébéienne. Mais les Étrusques pouvaient s'appuyer sur la plèbe contre les propriétaires patriciens et la présence de consuls plébéiens au début des Fastes peut ainsi historiquement s'expliquer[4].

Un événement de première importance clôt cette année si riche et dense. Le temple de Jupiter capitolin, qui avait été

1. Denys, IV, 55-58 ; Tite-Live, I, 53-54.

2. Denys, IV, 85. Cf. G. Dumézil, *Pères et fils dans la légende de Tarquin le Superbe*, dans *Hommages à J. Bidez et Fr. Cumont*, coll. « Latomus », vol. II, 1949, p. 77-84.

3. Tite-Live, II, 8, 6.

4. Pour M. E. Gjerstad, la figure de Brutus est purement légendaire. Cf. son intéressante discussion dans l'article cité *supra* des *Opuscula romana*. On dispose à présent d'une prosopographie de la République : cf. T. Robert S. Broughton, *The magistrates of the roman Republic* ; vol. I : *509 B. C.-100 B. C.*, New-York, 1951.

construit à grands frais par les Tarquins et devait devenir le centre religieux de Rome, puis du monde romain, ce temple est dédié par le consul M. Horatius Pulvillus[1]. L'impression qui se dégage de la trame du récit change ici, car nous arrivons à un acte religieux de première importance, en relation avec le sanctuaire le plus illustre de Rome, puis du monde romain.

Le temple de Jupiter capitolin est bien une œuvre de la fin du VIe siècle et la date de sa dédicace est un des très rares points solides et assurés de la chronologie pour cette période complexe. Les preuves nous en sont fournies par les textes et l'archéologie. Un passage de Pline l'Ancien[2] nous apprend qu'à la fin du IVe siècle la date de cette dédicace servait de point de départ à des computs officiels. En 305 avant J.-C., en effet, Cn. Flavius fit le vœu de construire un temple à la Concorde, pour favoriser, à un moment important, l'accord entre plèbe et patriciat. En fait, il ne put élever, au-dessus du Comitium, la même année, qu'un édicule de bronze et il y fit fixer une tablette, de bronze également, sur laquelle il était indiqué que l'édicule avait été fait 204 ans après la dédicace du temple capitolin : *inciditque in tabella aerea factam esse eam aedem CCIIII annis post Capitolinam dedicatam. Id a. CCCCXXXXVIIII a condita Vrbe gestum est...*

La valeur de cette information se trouve encore renforcée si l'on songe que le rite annuel de la plantation du clou, *clauum pangere*, rite d'origine magique, mais infiniment utile pour la chronologie romaine, entretient d'étroits rapports avec le temple capitolin. C'est, en effet, dans la paroi du temple séparant la *cella* de Jupiter et la *cella* de Minerve que se trouvait écrite la loi vénérable : *lex uetusta, priscis litteris uerbisque scripta*, écrit ailleurs Tite-Live[3], qui prescrivait l'accomplissement du rite aux Ides de septembre : *ut qui praetor maximus sit idibus septembribus clauum pangat*. Or la dédicace du temple capitolin datait précisément des Ides de septembre. Comment, dans ces conditions, eût-il été possible, pour la tradition, de déplacer dans le temps un événement dont tout concourait à conserver le souvenir? On note que, selon la loi, le rite doit être accompli par le *praetor maximus* ; le titre est insolite et nous reporte certainement à la fin du VIe siècle, à l'époque

1. Tite-Live, II, 8, 6 ; VII, 3, 8 ; Polybe, III, 22. Pour la date précise du 13 septembre, cf. le calendrier peint d'Antium : A. Degrassi, *Inscriptiones liberae rei publicae*, Florence, 1957, n° 9.

2. Pline l'Ancien, *Hist. Nat.*, XXXIII, 19.

3. Tite-Live, VII, 3.

même de la dédicace du temple. Car la royauté ne fit pas place à un système consulaire aussi bien organisé que la tradition le prétend et il y eut, sans doute, au début, hésitation entre les titres des magistratures suprêmes.

L'étude de la genèse du temple capitolin est, elle aussi, instructive et confirme, sur ce point, le bien-fondé de la tradition et du texte de Pline. Sur le caractère étrusque du temple, l'archéologie ne laisse aucun doute. Du podium du temple primitif subsistent des vestiges, visibles de l'une des salles de l'actuel Musée des Conservateurs. Surtout des fragments de terres cuites architectoniques, découverts sur place, se situent à la fin du VIe siècle, comme les données littéraires portaient à s'y attendre [1]. La décoration du temple, dont la superstructure de bois devait être ornée d'œuvres d'argile, avait été confiée à une grande école de sculpteurs, originaires de la cité étrusque la plus voisine, Véies. Le plus célèbre de ces sculpteurs s'appelait Vulca. Il y a des divergences dans les données des textes anciens le concernant [2]. Mais c'est bien à lui qu'il faut attribuer le célèbre groupe de statues qui ornait le faîte du temple véien d'Apollon et qui date de la fin du VIe siècle. Vulca a dû venir à Rome aux alentours des années 520-510 pour diriger et, en partie, exécuter la décoration du sanctuaire.

L'importance du culte, la grandeur et la beauté du temple (il mesurait 58^{m}50 de largeur et 61 mètres de longueur) répondaient à des buts précis, conçus par les Tarquins. Ils voulaient prouver la vocation de Rome à la domination sur le Latium et, peut-être, sur l'ensemble de l'Italie centrale. L'annalistique, pleinement consciente de cette valeur éminente du sanctuaire, n'a pas manqué d'entourer sa naissance de nombreux signes divinatoires, annonciateurs d'un vaste destin.

Le temple tripartite du Capitole abritait Jupiter *optimus maximus* en sa *cella* centrale, Junon et Minerve en ses *cellae* latérales. Il succédait à un *Capitolium uetus*, plus ancien sanctuaire dédié à la triade sur le Quirinal, mais sur lequel nous

1. Cf. Inez Scott Ryberg, *Early roman tradition in the light of archaeology*, dans les *Memoirs of the American Academy in Rome*, 1929, p. 95 sq. ; A. Andren, *Architectural terracottas from etrusco-italic temples*, Lund-Leipzig, 1940, p. 355 sq. ; G. Lugli, *Roma antica, il centro monumentale*, Rome, 1946, p. 19 sq.

2. Sur l'ensemble de la question, cf. M. Pallottino, *La scuola di Vulca*, Rome, 1945.

ne savons à peu près rien[1]. Il groupait le grand dieu latin, homologue du Tinia étrusque, Junon et Minerve qui sous leur forme étrusquisée étaient des divinités poliades, protectrices de cités de l'Étrurie du Sud, Junon de Véies, Minerve de Faléries. Le choix comme site de l'Acropole de Rome, l'importance des travaux et des dépenses engagés manifestaient clairement un surclassement des autres valeurs religieuses[2]. L'hétérogénéité du culte n'est pas pour surprendre. Jupiter *optimus maximus* qui évoque le Jupiter *Latiaris* était apte à attirer la dévotion d'une population latine, dirigée par une aristocratie étrusque, tout comme les Déesses qui lui servaient de parèdres. Le groupement en triade, la structure du temple étaient typiquement étrusques et sa décoration plastique reflétait les caractères d'un art tyrrhénien, profondément influencé par l'art hellénique.

L'annalistique a raconté avec complaisance les signes qui avaient présagé la grandeur future du sanctuaire et de la ville qu'il dominait. Ces signes sont différents des prodiges proprement romains, tels qu'au début de chaque année Tite-Live les énumère soigneusement à partir de son livre X. Ce ne sont pas, comme ces derniers, de sèches manifestations de la volonté divine, dépourvus de valeur divinatoire précise. Ils reposent, comme il était courant dans la divination toscane, sur un jeu de correspondances entre des éléments divers du monde, sur des rapports symboliques et étroits entre l'objet signifiant et la chose signifiée. Comme ces signes se réfèrent à la période de la royauté étrusque, rien n'empêche de supposer qu'ils reposent sur une authentique tradition toscane.

Dans son livre I, Tite-Live raconte que Tarquin le Superbe, pour aménager la vaste surface nécessaire au temple, dut désaffecter quelques temples et chapelles préexistants. Les oiseaux permirent de désaffecter toutes les chapelles, sauf l'enclos du dieu Terme. Ce signe fut naturellement considéré comme un présage de stabilité, de solidité pour l'État[3]. Peu après, dans les fondations du temple, des ouvriers mirent au jour une tête humaine dont les traits étaient intacts[4]. Les haruspices de Rome et ceux qu'on fit venir d'Étrurie déclarèrent que le lieu serait à la tête du monde. Denys d'Halicar-

1. Varron, *De lingua latina*, V, 158. Cf. T. Hackens, *Capitolium vetus*, dans le *Bulletin de l'Institut historique belge de Rome*, XXXIII, 1961, p. 69 à 88.
2. Cf. J. Bayet, *Histoire... de la religion romaine*, p. 40.
3. Tite-Live, I, 55, 3.
4. Tite-Live, I, 55, 5.

nasse rapporte qu'une mission romaine fut envoyée en Étrurie pour consulter un devin, ceux de Rome ayant été incapables d'interpréter le prodige[1]. L'haruspice toscan tenta en vain, en jouant sur l'orientation du présage, de faire passer sur son État le signe de puissance envoyé par les dieux à Rome. L'annalistique oppose, en l'occurrence, Étrurie et Rome, anticipant ainsi sur une hostilité à venir. Une seconde anecdote que nous conte Plutarque est également significative[2]. Elle concerne le quadrige de terre cuite exécuté par Vulca à Véies et qui devait orner le faîte du temple capitolin. L'œuvre, une fois mise au four, grandit au lieu de se condenser au feu et il fallut, pour la retirer, détruire le four lui-même. Les Étrusques y reconnurent un présage de grandeur, refusèrent de livrer le quadrige à Rome jusqu'à ce qu'un signe manifeste de la volonté divine les y contraignît.

Tout cela concorde donc et manifeste le souci de l'annalistique d'affirmer, face à l'Étrurie, la romanité du sanctuaire avant même qu'il ne fût achevé. Pour la période de construction du temple, notoirement édifié et orné par des Toscans, elle ne pouvait recourir à d'autres procédés. Mais il ne suffisait pas d'avoir opposé aux ambitions étrusques la prédestination romaine du Capitole. Il fallait que celui-ci, dans l'acte capital de sa consécration, de sa remise aux dieux, prît un caractère définitivement romain.

Relisons le récit de Tite-Live[3]. Nous sommes à la fin de l'année 509 et l'historien remarque : on n'avait pas encore dédié le temple de Jupiter au Capitole. La dédicace allait prendre une allure dramatique, bien propre à la faire demeurer dans la mémoire des hommes. Les deux consuls du moment tirent au sort, suivant l'usage, la consécration du temple. Horatius, qui avait été élu consul en remplacement de Spurius Lucrétius, lui-même remplaçant de Brutus, est désigné par le sort. Publicola part en guerre contre Véies. Les amis de Valérius, s'affligeant de la décision du sort, mettent tout en œuvre pour que la consécration échappe à Horatius. Alors que celui-ci avait déjà la main sur la porte du temple, *postem iam tenenti consuli*, et comme tous les autres moyens avaient échoué, ils lancent au milieu des invocations aux dieux cette affreuse nouvelle : *mortuum filium esse funestaque familia dedicare eum templum non posse*, son fils est mort et le parent d'un mort n'a pas le droit de consacrer le temple. A cette nou-

1. Denys d'Halicarnasse, IV, 59-61.
2. Plutarque, *Publicola*, 13-14.
3. Tite-Live, II, 8.

velle, Horatius s'interrompt juste pour dire de faire l'enterrement et, tenant toujours la porte, achève l'invocation et consacre le temple : *tenens postem precationem peragit et dedicat templum.*

Cette belle preuve de courage civique vient, en quelque sorte, faire pendant à l'héroïsme de Brutus. Non seulement le temple de Jupiter capitolin aura été consacré par un Romain, mais celui-ci avait su faire preuve, en cette occasion, d'une rare grandeur d'âme. C'est sur cet épisode que se termine l'année 509.

Une découverte épigraphique de la plus grande importance contribue à la connaissance directe de l'histoire des premiers temps de la République romaine et intéresse le texte livien qui nous occupe ici. Il s'agit d'une inscription latine archaïque, trouvée à Satricum, publiée par des savants hollandais et italiens[1] et dont la présente réédition du livre II de l'*Histoire romaine* de Tite-Live nous permet de donner un bref commentaire. Le texte qui date des environs de 500 avant J.-C. nous met en présence d'un Publius Valerius, peut-être le Valerius Publicola qui fut un des fondateurs de la République romaine, un de ses premiers consuls. Cependant il peut s'agir de son fils, consul en 475-460 avant J.-C. ou même d'un autre membre de la gens Valeria. De toute façon, l'inscription confirme la réalité historique de la tradition concernant l'importance des Valerii aux premiers temps de la République.

L'inscription était gravée sur trois blocs réemployés dans les fondations du second temple (temple B) dédié à Mater Matuta, sur l'acropole de la cité de Satricum (aujourd'hui Conca). Le temple B datant des environs de — 500, l'inscription est antérieure, sans doute de peu, à cette date. Elle comprend deux lignes dont la première est mutilée en son début (manquent de quatre à six lettres). Les mots ne sont pas interponctués. L'écriture va de la gauche à la droite. La lecture probable proposée par C. de Simone est la suivante :

[----] iei steterai popliosio valesiosio
suodales Mamartei

1. La publication s'intitule *Lapis Satricanus. Archaeological, epigraphical, linguistical and historical aspects of the new inscription from Satricum.* Elle est due à MM. C. M. Stibbe, G. Colonna, C. de Simone et H. R. Versnel, avec une introduction de M. Pallottino, et fait partie des Études archéologiques de l'Institut hollandais de Rome, *Studia Minora V*, Gravenhage, 1980.

En latin classique nous aurions :

[– – – –] iei stetēre Publī Valerī
sodalēs Martī

Il s'agit d'une offrande au Mars italique, faite par les membres d'une *gens* dont le nom est mutilé et qui tenaient à affirmer bien haut leur qualité de *sodales*, de compagnons de Publius Valerius.

Quantité de problèmes, du plus haut intérêt, sont posés par ce texte et je renvoie pour leur discussion à l'excellent ouvrage collectif que j'ai cité plus haut[1]. Il est probable — sans que cela soit sûr — que le Publius Valerius de l'inscription n'est autre que le Publius Valerius Publicola de la tradition, un des premiers Consuls de la République. Deux données de l'historiographie vont dans ce sens. Sous son consulat, le champ de Mars dont Tarquin avait fait une de ses propriétés privées fut dédié au dieu Mars, le dieu même que nous voyons honoré par les compagnons de Publius Valérius sous son nom osco-sabellique. En second lieu Plutarque et Denys d'Halicarnasse évoquent, l'un et l'autre, les groupes d'amis et compagnons de Publicola, que l'on voit ici apparaître sous le nom de *sodales*.

On n'a pas fini de commenter la découverte de Satricum[2]. Il est déjà hors de doute qu'elle vient renforcer, de façon toute nouvelle, la valeur de la tradition.

III. — LA RELIGION A ROME JUSQU'EN 475 ENVIRON

Le début du ve siècle est une période féconde, nous l'avons vu, en innovations religieuses. La découverte d'inscriptions latines archaïques concernant les nouveaux cultes, le progrès de l'érudition ont amené la publication de très nombreuses études concernant cette période. Nous nous bornerons à citer

1. *Supra*, p. 000, note 0. Je commente en détail cet ouvrage dans un article intitulé *A propos de l'inscription latine archaïque de Satricum*, sous presse dans la revue *Latomus*.

2. Citons seulement l'article de C. de Simone, *L'iscrizione latina arcaica di Satricum : problemi metodologici ed ermeneutici*, dans le *Giornale italiano di Filologia*, XII [XXXIII], A, 1981, p. 25-56, et celui de M. Guarducci, *L'epigrafe arcaica di Satricum e Publio Valerio*, dans les *Rend. dell'Accademia dei Lincei, cl. di sc. mor. stor. e fil.*, XXXV, 1981, p. 479-489.

ici, pour la commodité du lecteur, les études les plus récentes et les plus suggestives.

L'attention se porte sur l'origine du temple tripartite d'Étrurie et de Rome. On pense souvent à en chercher le lointain prototype dans des constructions d'Orient, dans des édifices tripartites de Crète et de Mycènes. M. A. Andren conclut, au contraire, d'une étude architecturale très poussée, à une formation sur place de ce type original de sanctuaire. La question reste cependant, à mon avis, ouverte[1]. Sur le temple tripartite consacré sur l'Aventin en 493 à Cérès, Liber et Libera, la thèse de H. Le Bonniec fournit les renseignements les plus complets[2]. Mais je ne saurais souscrire à sa tendance à la latinisation de cette étrange triade qui groupe la vieille divinité de la végétation, Cérès, et le couple de la fécondité, Liber et Libéra. M. Le Bonniec a bien vu qu'elle était irréductible aux formules grecques, qui ne séparaient jamais l'une de l'autre Déméter et Corè, auxquelles ont été assimilées par la suite Cérès et Libéra, et qui adjoignaient aux deux déesses Dionysos. Il en conclut que la triade s'est formée à Rome même. Oui, mais il ne peut s'agir, comme il l'entend, d'une innovation proprement latine. Il y a là application à des dieux hétérogènes d'un système de groupement qui est caractéristique de la mentalité religieuse étrusque. Car, en vérité, les critiques de Mlle L. Banti contre l'opinion couramment admise du caractère toscan des triades en pays étrusco-latin n'emportent pas la décision[3].

Plusieurs articles ont traité d'une inscription latine archaïque, découverte il y a quelques années sur le site de l'antique Lavinium et qui est une courte loi sacrée détaillant les

1. A. Andren, *Origine e formazione dell'architettura templare etrusco-italica*, dans les *Rendiconti della pontificia accademia romana di archeologia*, vol. XXXII, 1959-1960, p. 21-59.

2. Sur cette thèse, citée plus haut, cf. l'article de H. Wagenvoort, intitulé *De dea Cerere deque eius mysteriis romanis*, dans *Mnemosyne*, s. IV, vol. XIII, 1960, p. 111-142.

3. Cf. L. Banti, *Il culto del cosidetto « tempio dell'Apollo » a Veii e il problema delle triadi etrusco-italiche*, dans les *Studi etruschi*, XVII, 1943, p. 187-224.

offrandes que les fidèles devaient faire à Cérès[1]. Le texte, gravé sur une tablette de bronze de 29 centimètres de long, est le suivant :

CERERE.AVLIQVOQVIBVS
VESPERNAM.PORO

Les trois premiers termes ne posent pas de difficulté ; il faut entendre : « A Cérès, un repas du soir fait d'entrailles bouillies dans des marmites... ». *Poro*, au contraire, est difficile à comprendre ; faut-il y voir l'ablatif de *porrum*, « poireau », et entendre que la *uesperna* comprend des *auliquoquia* et des poireaux? La disjonction fait difficulté. Faut-il y voir l'adverbe de temps *porro*, « désormais », ou bien encore une faute du lapicide pour le verbe *porgo*, « j'offre »? Le problème reste ouvert. De toute façon, cette *lex sacra* prend place parmi les rares inscriptions latines archaïques qui soient parvenues jusqu'à nous et elle nous apporte un précieux renseignement sur le culte agraire et simple qui était rendu, à Lavinium, à la déesse des moissons. Saint Augustin[2] décrit en détail les cérémonies qui emplissaient tout un mois de la vie lavinate et étaient destinées à réjouir le couple Liber et Libera, couple divin favorisant la fécondité dans le domaine animal et végétal. Un document direct vient à présent montrer la réalité du culte de Cérès dans la même cité sainte du Latium.

Sur Saturne, auquel est offert un temple consacré sur le Forum en 496, de la thèse de M. M. Leglay sur le Saturne africain. M. Combet-Farnoux a publié un travail sur le Mercure romain, dieu des relations commerciales, dont le temple fut consacré, près de la porte Capène, par le centurion Marcus Laetorius, le 15 mai 495[3]. C'est un collège de marchands qui assura le culte du dieu du négoce. Le temple de Mercure

1. M. Guarducci, *Legge sacra da un antico santuario di Lavinio*, dans *Archeologia classica*, vol. 3, fasc. 1, 1951, p. 99-103 ; St. Weinstock, *A lex sacra from Lavinium*, dans le *Journal of roman Studies*, XLII, 1952, p. 34-36 ; R. Bloch, *Une « lex sacra » de Lavinium et les origines de la triade agraire de l'Aventin*, dans les *Comptes rendus des séances de l'Académie des Inscriptions et Belles-Lettres*, 1953, p. 203-212. Cf. à présent M. Guarducci, *Nuove osservazioni sulla lamina bronzea di Cerere a Lavinium*, dans les *Mélanges J. Heurgon*, Rome, 1976, I, p. 411-425, et H. Le Bonniec, *Au dossier de la lex sacra trouvée à Lavinium*, *ibid.*, I, p. 509-517.

2. Saint Augustin, *Cité de Dieu*, VII, 3.

3. B. Combet-Farnoux, *Mercure romain. Le culte public de Mercure et la fonction mercantile à Rome de la république archaïque à l'époque augustéenne*, dans *B. É. F. A. R.*, Paris, 1981.

et celui de Cérès, Liber et Libéra, voisins dans l'espace comme leur naissance est rapprochée dans le temps, bénéficient à la plèbe, qui trouve dans ces dieux des protecteurs et des garants. Ainsi sont nés, précisément dans cette période, les centres de la communauté plébéienne.

L'attention s'est enfin dirigée vers l'origine du culte de Castor à Rome ; on a vu qu'évoqué de Tusculum par le dictateur romain au cours de la bataille du lac Régille, le héros se vit offrir en 484 un temple en plein Forum.

Des fouilles récentes à Lavinium ont permis la découverte d'une dédicace archaïque aux héros et cette inscription a fait aussitôt l'objet de plusieurs études de spécialistes [1]. Elle est gravée sur une lamelle de bronze de 29 centimètres de longueur et son texte, écrit, comme il arrive souvent en Italie à haute époque, de droite à gauche, se lit ainsi : CASTOREI PODLOVQUEIQUE QVROIS. La forme des lettres est très archaïque et rappelle l'inscription du cippe du Forum. Nous devons nous trouver aux alentours de l'an 500, au moment même où le culte des Dioscures fait son apparition à Rome. Bornons-nous, sur la forme et la valeur de ce texte, aux remarques essentielles. Les formes sont archaïques et le nom, au datif, *Podlouquei* semble une erreur du lapicide, qui a dû mal transcrire en latin une dédicace grecque. *Quroi* est un hapax en latin et représente le grec κοῦροι. L'épithète convient aux héros jumeaux, honorés dans l'éclat de leur jeunesse en Grèce comme à Rome, la fleur de la jeunesse et des cavaliers. Mais *quroi* ne s'est pas acclimaté en latin et pas davantage une transcription de l'épithète Διόσκουροι, qui met en relief la glorieuse filiation des héros. Les Romains se sont montrés indifférents aux généalogies divines.

La découverte d'un semblable texte est importante. Elle montre que les Dioscures étaient honorés à Lavinium, centre religieux par excellence du Latium, au moment même où la tradition situe leur passage des villes latines dans l'Vrbs. En second lieu, nous voyons que Castor et Pollux étaient désignés,

1. Le texte a été publié tout d'abord par F. Castagnoli, *Dedica arcaica lavinate a Castore e Polluce*, dans les *Studi e Materiali di Storia delle religioni*, XXX, fasc. 1, 1959. Cf. ensuite St. Weinstock, *Two archaic inscriptions from Latium*, dans le *Journal of Roman studies*, 1960, p. 112 sq. ; R. Bloch, *L'origine des Dioscures à Rome*, dans la *Revue de Philologie*, XXXIV, fasc. 2, 1960, p. 182-193, et R. Schilling, *Les Castores romains à la lumière des traditions indo-européennes*, dans *Hommages à M. Dumézil*, coll. Latomus, vol. 45, Bruxelles, 1960, p. 182 sq.

au moins une fois dans le Latium, au début du ve siècle, par des noms et une épithète d'où toute trace d'influence étrusque est absente. Cela va dans le sens de l'hypothèse qui les fait venir directement de Grande-Grèce dans les villes latines, sans passage nécessaire par l'Étrurie. Ils proviennent sans doute de Locres, où, vers 540, sur les bords du fleuve Sagra, les héros laconiens étaient venus secourir les soldats locriens luttant contre ceux de Crotone. Cette légende préfigure exactement, en effet, l'épiphanie des héros au cours de la bataille du lac Régille et l'appui qu'ils portèrent aux légions, durement pressées par les Latins.

Telles sont les données les plus importantes et les plus nouvelles relatives au monde de la religion romaine, à la fin du VIe siècle et au début du siècle suivant. Elles précisent trois influences : latine, étrusque et grecque. Domaine privilégié par son importance et par la fidélité de la tradition qui le concerne, ce monde fournit les renseignements les plus sûrs à l'historien qui est parfois amené, comme nous l'avons fait dans cet exposé, à y retrouver les bases fondamentales d'une historiographie tardive.

IV. — REMARQUES SUR LES INSIGNES DU POUVOIR A ROME

Les pages du début de ce commentaire ont montré comment se présentait historiquement à Rome le changement constitutionnel qui amena la monarchie primitive à céder la place à des magistratures de type républicain. L'attention s'est portée, au cours de ces dernières années, sur les insignes du pouvoir qui caractérisaient la monarchie étrusque : ils ont naturellement été ceux des Tarquins à Rome, puis ils ont continué, à l'époque républicaine, à signaler le pouvoir consulaire. En vérité, ces insignes de l'ancienne monarchie avaient été voisins de ceux dont s'illustrait l'ancienne cavalerie patricienne. La tenue de la noblesse fut, au départ, de caractère militaire, étrusque et proche de la tenue royale. Ce caractère s'obscurcit quand l'aristocratie elle-même se modifia et perdit son rôle militaire au profit d'autres fonctions [1].

1. Sur l'ensemble du problème, il faut se référer au livre de A. Alföldi, *Der frührömische Reiteradel und seine Ehrenabzeichen*, dans les *Deutsche Beiträge zur Altertumswissenschaft*, Baden-Baden, 1952. On y trouvera la bibliographie antérieure, dans laquelle se signalent les études de W. Helbig, parues au début du siècle.

De la transmission des insignes royaux aux consuls, les auteurs anciens étaient déjà clairement conscients. La recherche archéologique et historique s'est aujourd'hui donné pour tâche de préciser la nature et la forme de ces insignes et d'en suivre l'utilisation au cours des âges. La question est très vaste et ne peut être embrassée ici dans son ensemble. Il paraît cependant utile d'en traiter, car le livre II de Tite-Live est très riche d'allusions concernant ces *insignia imperii*.

Sur l'origine étrusque des insignes du pouvoir à Rome, une phrase de Florus est significative. Dans son *Epitome* (I, 1, 5), le compilateur romain écrit, en effet : *Inde (sc. ex Tuscia) fasces, trabeae, curules, anuli, phalerae, paludamenta, praetextae... togae pictae, tunicaeque palmatae, omnia denique decora et insignia, quibus imperii dignitas eminet.* Cet écrivain sans naturel, mais non pas sans talent [1], présente ainsi, dans son résumé de l'œuvre livienne, la réflexion la plus détaillée qu'un Ancien nous ait laissée sur l'origine des *insignia imperii*, et cette réflexion, dans son ensemble, est juste. Ces *insignia* sont bien, pour la plupart, d'origine toscane, comme l'ont prouvé les recherches modernes. Les études les plus poussées, en ce domaine, ont concerné les faisceaux, remis à l'honneur par des événements d'un monde récent et dont Silius Italicus attribue l'origine à la ville étrusque de Vetulonia [2]. Or les fouilles d'I. Falchi ont permis de mettre au jour, en 1898, dans une tombe de Vetulonia, un objet de fer représentant un faisceau entourant une double hache. L'archéologie a confirmé ici d'éclatante façon les données des textes anciens.

Mais Tite-Live lui-même, et précisément à plusieurs reprises dans son livre II, insiste sur cette continuité romaine des signes extérieurs de la puissance. Et, s'il le fait si souvent dans cette partie de son œuvre, c'est, bien entendu, parce qu'elle traite de la période qui suit immédiatement la monarchie étrusque et inaugure le régime républicain. Voici les principaux passages qui, tour à tour, insistent sur ce même fait. On rencontre tout d'abord une réflexion générale au chapitre I, 7 : le pouvoir consulaire, écrit l'historien, fut, au départ, égal à celui des rois et l'ère républicaine ne commence avec l'expulsion des Tarquins que parce que ce pouvoir fut limite à un an. Et il précise : *omnia iura, omnia insignia primi consules tenuere.*

1. Cf. J. Bayet, *Littérature latine*, p. 619-621.
2. *Punica*, VIII, 483. Cf. A. M. Colini, *Il fascio littorio*, Rome, 1932.

Peu après, un épisode dramatique met en relief cette ressemblance extérieure du consul avec l'ancien roi. Au cours de la guerre qui oppose aux légions romaines les armées de Véies et de Tarquinies, venues appuyer le désir de reconquête des Tarquins, un combat singulier va s'engager entre Arruns Tarquin, l'un des fils du Superbe, et Brutus le libérateur qui est consul. Le prince étrusque reconnaît le consul de loin à ses licteurs, puis, de plus près, à ses traits, et il s'écrie, plein de colère : « Le voilà celui qui nous a jetés en exil, loin de notre patrie. Eh oui, c'est lui qui, paré de nos insignes, s'avance, plein d'orgueil. » *Ipse en ille nostris decoratus insignibus magnifice incedit.* Ainsi l'idée exprimée par Tite-Live au début du livre II est ici mise dramatiquement en scène, et la vue des insignes consulaires de Brutus, dans lesquels Arruns reconnaît ceux-là mêmes qui caractérisaient la royauté étrusque, met à vif le cœur du jeune prince.

Dans un contexte dramatique tout différent, au chapitre 54, 4, du même livre, ces *insignia* constituent le thème d'un beau développement oratoire. Suivant Tite-Live, consuls et patriciens sont alors engagés dans une lutte sans merci avec la plèbe et ses tribuns[1]. Furius et Manlius, consuls de l'année 474, sont traduits par les tribuns devant le peuple. Ils vont alors trouver les jeunes patriciens et les adjurent de ne plus briguer les magistratures. Ils les invitent à ne plus voir « dans les faisceaux consulaires, dans la toge prétexte, dans la chaise curule qu'un appareil funèbre : ces ornements brillants, tout comme les bandelettes, parent les victimes destinées à la mort ». *Consulares vero fasces, praetextam curulemque sellam nihil aliud quam pompam funeris putent : claris insignibus uelut infulis uelatos ad mortem destinari...* Cette étonnante comparaison jaillit du lyrisme vengeur d'hommes à peine sortis du consulat et déjà menacés de la rigueur de la justice populaire ; elle insiste à nouveau sur le brillant, l'éclat et la pompe de ces insignes honorifiques.

L'insistance de Tite-Live est significative et les insignes consulaires jouent un rôle non négligeable dans notre livre II. Il n'est pas inopportun de les examiner successivement. Nous avons dit un mot tout à l'heure de l'origine étrusque des faisceaux, symbole majeur de la puissance consulaire. Dès le

1. Pour l'étude de la vie politique intérieure de Rome, je renvoie aux commentaires du livre III de Tite-Live par M. J. Bayet. Je me borne à citer l'article de E. Dutoit, *Le vocabulaire de la vie politique chez Tite-Live*, dans *Hommages à L. Hermann*, coll. « Latomus », vol. XLIV, 1960.

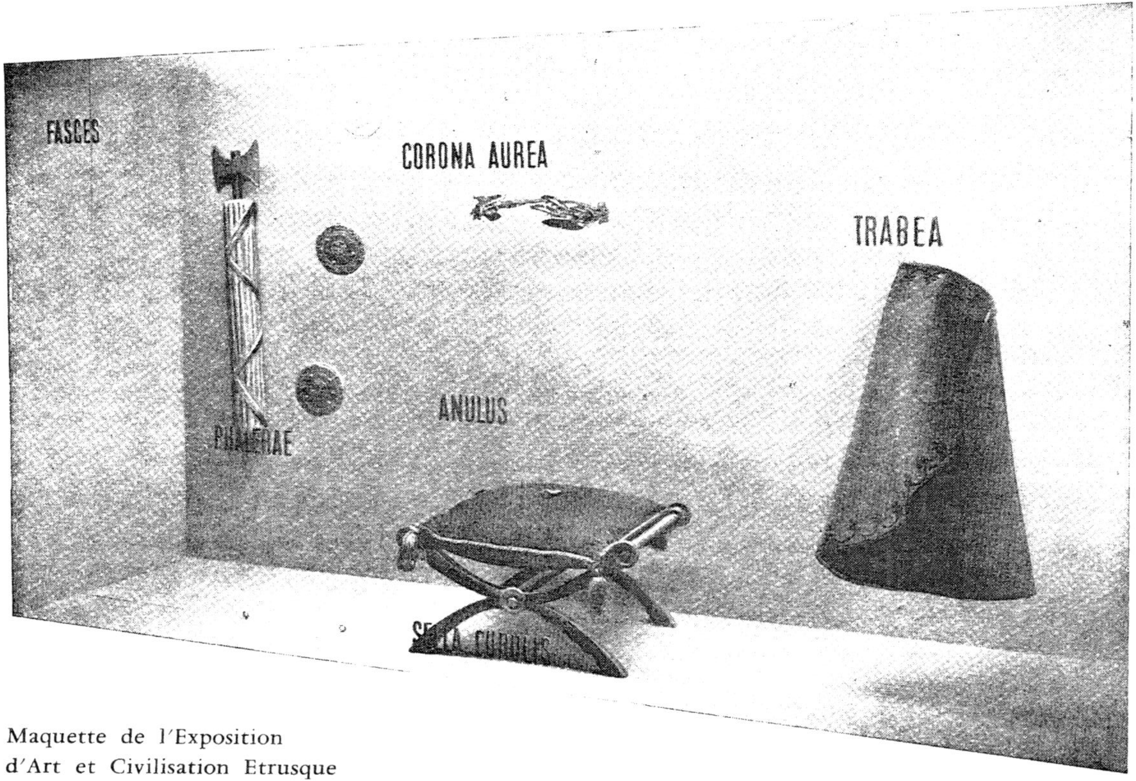

Maquette de l'Exposition
d'Art et Civilisation Etrusque
présentée au Musée du Louvre en 1955.

PHOTO FRANCESCHI

ve siècle, ils sont représentés sur un bas-relief de Chiusi, aujourd'hui au Musée de Palerme, mais, dans cette plus ancienne représentation, ne comportent pas la hache. Chaque ville d'Étrurie envoyait des licteurs portant des faisceaux pour servir de cortège, chaque année, au chef de la communauté nationale étrusque. L'*imperium* trouvait un symbolisme évident dans la composition des faisceaux de la monarchie étrusque : des baguettes de bouleau ou d'orme, liées entre elles par une courroie, concrétisaient le pouvoir de coercition, de châtiment corporel, de fustigation, et la hache qu'elles entouraient était l'instrument du châtiment suprême et du pouvoir absolu. Les consuls romains héritèrent des rois toscans les faisceaux et les licteurs qui les portaient et les utilisaient sur ordre. Cependant, la hache fut retirée de leurs faisceaux peu après les débuts de la République, comme l'indique un passage du *De Republica* de Cicéron[1]. Tite-Live ne mentionne pas ce fait, mais indique que, par contre, les faisceaux du dictateur comportaient l'instrument du châtiment suprême. Quand, en l'année 501, est créé le premier dictateur, chargé de résister à une vaste coalition, la vue des haches qui le précédaient, écrit-il, inspirait à la plèbe crainte et soumission : *creato dictatore primum Romae, postquam praeferri secures uiderunt, magnus plebem metus incessit*[2]... La hache symbolise ainsi le pouvoir sans appel de l'homme auquel Rome s'adresse pour faire face aux périls pressants de l'intérieur et de l'extérieur[3].

Quoi qu'il en soit, les faisceaux consulaires demeurent le symbole du pouvoir, de la majesté consulaire[4], et le mot qui les désigne peut à lui seul servir à désigner le pouvoir du consul et même le pouvoir d'une manière générale[5]. C'est encore une scène d'une grande intensité dramatique qui met admirablement en relief, dès la première année de la République, cette valeur suprême. Valérius Publicola, l'un des deux premiers consuls, avait tout d'abord été très populaire. Mais bientôt il se voit en butte à la suspicion et la foule changeante, *ut sunt mutabiles uolgi animi*[6], se demande s'il n'aspire pas au trône. Le consul s'indigne et, dans une mise en scène spectaculaire, affirme l'inanité des attaques portées

1. *De Republica*, II, 55.
2. Tite-Live, II, 18, 6.
3. Cf. Tite-Live, II, 27, 12 : ... *Dictatorem a quo provocatio non est.*
4. Cf. les expressions *imperium consulare* (Tite-Live, II, 23, 15 et 27, 12), *consulum maiestas* (Tite-Live, II, 23, 14).
5. *Fasces rapere* signifie s'emparer du pouvoir.
6. Tite-Live, II, 7, 5.

contre sa personne. « Il convoqua l'assemblée du peuple, fit abaisser les faisceaux devant elle et monta à la tribune. La foule fut flattée de voir s'abaisser devant elle les insignes du pouvoir : c'était reconnaître que le peuple était supérieur au consul en majesté et en puissance... » : *Vocato ad contionem populo, submissis fascibus, in contionem escendit. Gratum id multitudini spectaculum fuit, submissa sibi esse imperii insignia confessionemque factam populi quam consulis maiestatem uimque maiorem esse.* Rien ne pouvait mieux illustrer, en cette première année de la liberté, la souveraineté du peuple[1].

Des autres insignes consulaires il est naturellement beaucoup moins question dans les textes. Les documents figurés étrusques nous font bien connaître, dès l'origine, la *sella curulis*, la chaise curule, sorte de tabouret à pieds recourbés en forme d'X, qui était l'apanage des rois étrusques de Rome, puis des hauts magistrats de l'*Vrbs*. L'ivoire, puis l'or rehaussaient les pieds de ce siège.

L'*anulus aureus*, l'anneau d'or, devint, à la fin de la République romaine, le signe distinctif de la classe équestre qui, depuis l'époque des Gracques, s'était nettement différenciée de la classe sénatoriale. Mais son usage remonte jusqu'à la royauté des Tarquins. Les rois étrusques le portaient en effet et, à leur suite, les hauts personnages de la République. En fait, comme l'ont mis en lumière les études de M. Alföldi, cet insigne appartenait en propre à l'élite de la noblesse, à la cavalerie des premiers temps. Ce privilège d'une caste militaire remonte très haut, mais l'annalistique, qui brodait à plaisir sur le thème, en grande partie inexact, de la *prisca simplicitas* de la Rome archaïque, n'en avait pas conscience. Elle méconnaissait la richesse, l'opulence de la Rome des Tarquins et opposait artificiellement à l'austérité des Latins le prétendu goût pour le luxe de populations de civilisation

1. Sur le thème, si important dans l'histoire de Rome, de la *libertas*, entendue comme liberté politique, on consultera avec fruit le livre intelligent de Ch. Wirszubski, *Libertas as a political idea at Rome during the late republic and early principate*, dans les *Cambridge classical studies*, Cambridge, 1950. L'opposition de la notion de *libertas* à celles de *regnum*, de *seruitus* est constamment présente dans la conscience romaine. — Pour la position personnelle de Tite-Live en face du principat, on consultera l'étude de R. Syme, *Livy and Augustus*, dans les *Harvard Studies in Classical Philology*, vol. LXIV, 1959, p. 27-87.

pourtant semblable, ainsi des Sabins[1]. L'appauvrissement de Rome après le départ des Étrusques, son éloignement pour le luxe, dès lors, contribuèrent à populariser ce thème littéraire, familier aux annalistes. Cela fit oublier que l'anneau d'or avait été le privilège de l'ancienne noblesse des cavaliers. Même à l'époque postérieure, seuls les chefs militaires, à l'exclusion des magistrats civils, avaient droit de l'offrir comme haute distinction.

Les *phalerae* étaient des plaques rondes et métalliques, de haute valeur honorifique. On les suspendait à la cuirasse des hommes de guerre ou bien elles ornaient le mors de certains coursiers. Florus, nous l'avons vu, les range parmi les *insignia* provenant de la royauté étrusque. D'assez nombreux textes confirment que les rois étrusques, puis les dirigeants de la République avaient des *equi phalerati*. Denys d'Halicarnasse[2], à propos de la nomination de Cincinnatus comme *magister populi*, évoque les ἵππους.. φαλάροις κεκοσμένους qui lui furent attribués. Quand l'*equus phaleratus* d'un consul s'abat, le fait est tenu pour un présage funeste[3]. Les rois étrangers recevaient sous la République, parmi d'autres présents, des *equi phalerati*; ce fut le cas de Massinissa[4]. Pour les chefs militaires, à la suite des rois étrusques, les phalères étaient d'or. Appien nous le signale précisément pour les coursiers que reçut Massinissa[5]. La noblesse militaire ne s'enorgueillissait que de phalères d'argent ; mais ce signe honorifique faisait partie de sa gloire et quand, en 304, Cn. Flavius, fils d'affranchi, fut élu édile curule, la noblesse s'indigna tant qu'en signe de deuil elle déposa ses anneaux d'or et ses phalères[6] : *tantumque Flaui comitia indignitatis habuerunt ut plerique nobilium anulos aureos et phaleras deponerent.* Le même signe de deuil apparaît dans un passage fameux de Virgile. Aux obsèques de son maître Pallas, le cheval de guerre Aethon s'avance sans phalères et en pleurs :

Post bellator equos positis insignibus Aethon
It lacrimans guttisque umectat grandibus ora [7].

1. Que l'on songe, dans la légende de Tarpeia, aux bracelets d'or pesant que les Sabins, selon Tite-Live, portaient à leurs bras (Tite-Live, I, 11, 8).
2. Denys, X, 24, 2.
3. Ainsi en 43 avant J.-C. Cf. J. Obsequens, 69 (129).
4. Tite-Live, XXX, 17, 13.
5. Appien, *Libyca*, 32 : ἵππον χρυσοφάλαρον.
6. Tite-Live, IX, 46, 12.
7. Virgile, *Énéide*, XI, 89.

On sait enfin que, dans le butin que se réserva Hannibal après Cannes, figuraient les phalères d'argent des vaincus : *praeda ingens parta et praeter equos uirosque et si quid argenti — quod plurimum in phaleris equorum erat... — omnis cetera praeda diripienda data est*[1].

Quant aux éléments des vêtements des anciens rois dont héritèrent les magistrats républicains, ils sont fort divers et connus par les textes et les documents figurés. La *trabea* était le manteau de guerre des anciens rois de Rome. Elle était soit entièrement faite d'une étoffe de pourpre, soit ornée de bandes horizontales de pourpre. Peut-être le mot vient-il de *trabs*, grosse poutre en bois, d'où bande, bandeau[2]. Une plaque peinte de Cerveteri qui se trouve exposée dans la salle étrusque du Musée du Louvre et date des environs de 530 avant J.-C. présente un chef étrusque, assis sur sa chaise curule et portant un manteau de ce type jeté sur son épaule gauche[3]. Grâce à Virgile, nous savons que le consul romain portait ce manteau « romuléen », cette *quirinalis trabea*, quand il ouvrait les portes du temple de Janus. Il s'agit donc bien évidemment d'un manteau de commandement et de guerre qui devint ensuite le *paludamentum* de l'*imperator*. Voici la description que présente Virgile de l'ouverture des portes de la guerre, après décision du Sénat, « le consul en personne, qui se distingue par sa trabée romuléenne et sa toge ceinte à la mode de Gabies, ouvre ces portes stridentes » :

Ipse quirinali trabea cinctuque gabino
Insignis reserat stridentia limina consul[4].

Ce manteau court fut celui des prêtres danseurs de Mars, des Saliens auxquels il convenait tout particulièrement, car il permettait leurs évolutions cadencées. On a une représentation des Saliens avec leur *trabea* sur une intaille d'agate du Musée

1. Tite-Live, XXII, 52, 5.
2. Cf. A. Meillet et A. Ernout, *Dictionnaire étymologique de la langue latine*, s. v.
3. Cf. G. Q. Giglioli, *Arte etrusca*, Milan, 1937, pl. CVIII, 1.
4. Virgile, *Énéide*, VII, 612. Je m'écarte, pour la traduction de l'expression *quirinalis trabea*, de l'interprétation qu'en donne A. Bellessort dans l'édition Budé. Il écrit : trabée quirinale, ce qui est obscur. *Quirinalis*, en réalité, se réfère à Romulus, au premier roi de Rome.

archéologique de Florence[1]. Il faut se rappeler ici que les Saliens étaient recrutés parmi les seuls patriciens. La noblesse des cavaliers devait, à l'origine, porter semblable manteau. La classe équestre que distinguèrent les réformes des Gracques le conservèrent comme vêtement de gala[2]. La couleur pourpre de ce manteau a un caractère originellement magique et confère à la *trabea* sa valeur et son prestige. On sait combien la valeur de la couleur rouge fut, à Rome et après Rome, forte et durable. La pourpre symbolise à Rome, puis jusque dans les temps modernes, le pouvoir suprême : d'où viennent des expressions latines comme *purpuram sumere*, prendre le pouvoir[3].

Dans plusieurs types de vêtements que portaient les magistrats romains, la couleur rouge, la pourpre, apparaît, ainsi dans la toge prétexte, ornée d'une large bande de pourpre et que portaient aussi les enfants libres avec la bulle ; et, bien entendu, dans les tuniques laticlave et angusticlave, que signalait une bande, respectivement large ou étroite, de pourpre et qui était l'attribut distinctif des ordres sénatorial et équestre. La phrase citée plus haut de Florus évoque des tenues beaucoup plus rares, mais non moins éminentes. La *tunica palmata*, rehaussée de palmes, était l'attribut de Jupiter capitolin lui-même, puis du triomphateur ; la *toga picta* était ornée de broderies et servait à parer le consul au moment du triomphe, puis, sous l'Empire, les consuls et les préteurs assistant aux jeux du cirque.

C'est encore la couleur rouge qui signale les chaussures patriciennes, les *calcei patricii*, caractérisées en outre par la *lunula*, boucle d'ivoire en forme de croissant qui rattachait l'une à l'autre les deux bandes avant de la haute chaussure. On les appelait aussi *mullei* et Festus les définit ainsi[4] : *Mulleos genus calceorum aiunt esse quibus reges albani primi, deinde patricii usi sunt*. On sait que César, voulant manifester qu'il descendait des rois d'Albe, affectait de porter de semblables

1. Cf. A. Furtwängler, *Die antiken Gemmen*, pl. XXII, 64. Sur la tenue des Saliens, cf. W. Helbig, *Sur les attributs des Saliens*, t. XXXVI des *Mémoires de l'Académie des Inscriptions et Belles-Lettres*, 1906, et R. Bloch, *Sur les danses armées des Saliens*, dans la revue *Annales*, octobre-décembre 1958, p. 706 sq.

2. Cf. A. Alföldi, *ouvr. cité*, p. 40.

3. Sur cette valeur éminente du rouge, cf. l'article de J. Bayet, *Le rite du fécial et le cornouiller magique*, dans les *Mélanges d'Archéologie et d'Histoire de l'École française de Rome*, LII, 1935, p. 29-76.

4. Festus, éd. Lindsay, p. 128, 3.

chaussures[1]. L'origine étrusque des *mullei* est très probable, bien que les chaussures toscanes, les *calcei repandi*, fussent à bout recourbé, comme le demeurèrent celles de divinités latines, telle la Junon de Lanuvium. Mais ce détail a pu être modifié à Rome et la peinture de Cerveteri, citée plus haut, p. 127, offre l'image d'un lucumon dont les chaussures rouges et hautes comportent nettement la *lunula* caractéristique des *mullei*.

Puisque nous avons été amené à parler non seulement des insignes consulaires, mais de ceux de la classe patricienne en général, évoquons pour finir la *bulla* que portaient à Rome les jeunes enfants. La *bulla* était un ornement formé de deux plaques d'or ou de bronze convexes que réunissait un lien de même métal ou qui étaient réunies l'une à l'autre par martelage. Elles formaient ainsi un globe aplati qui renfermait une amulette. La bulle était suspendue au cou de l'enfant par un collier et lui servait de porte-bonheur, de fétiche. Tandis que les enfants des classes inférieures se contentaient d'une bulle de cuir, *bulla scortea*, suspendue à une courroie également de cuir, le *lorum*[2], la *bulla aurea*, comme la toge prétexte, était le privilège des enfants patriciens[3]. Comme la toge prétexte, la bulle était déposée au moment de la puberté et consacrée aux divinités tutélaires de la maison[4].

Des textes fort intéressants soulignent la haute antiquité de la bulle ; certains auteurs la font remonter jusqu'au règne de Romulus ; d'autres, les plus nombreux, la présentent comme un usage typiquement étrusque. Il vaut la peine d'examiner rapidement les principaux d'entre eux de façon à voir s'il est possible de se faire une idée précise de la question. Car, enfin, entre Romulus et la royauté étrusque, un siècle et demi s'est écoulé et la recherche permet à présent de s'orienter mieux dans ces siècles qualifiés d'obscurs.

1. Cassius Dio, XLIII, 43, 2.

2. Juvénal, évoquant les affronts infligés au pauvre client par son patron arrogant, s'écrie :

Quis tam nudus est ut illum
Bis ferat, Etruscum puero si contigit aurum
Vel nodus tantum et signum de paupere loro.

« Qui, en effet, est assez pauvre hère pour le supporter deux fois, pour peu qu'enfant il ait bénéficié de la bulle d'or étrusque ou seulement d'un nœud, d'un insigne en méchant cuir? » (Juvénal, V, 165).

3. Cf. Macrobe, *Saturnales*, I, 6, 10 : ... *in usum puerorum nobilium*, et V, 6, 11 : *ut patricii (sc. pueri) bulla aurea cum toga cui purpura praetexitur uterentur.*

4. Perse, *Sat.*, V, 31.

Plutarque, dans sa vie de Romulus, conte que Romulus, après l'enlèvement des Sabines, leur aurait accordé un certain nombre de privilèges : φορεῖν δὲ καὶ τοὺς παῖδας αὐτῶν τὴν καλουμένην βοῦλλαν, ἀπὸ τοῦ σχήματος, ὅμοιον πομφόλυγι περιδέραιόν τι, καὶ περιπόρφυρον « Leurs enfants eurent le droit de porter la bulle (bijou que l'on suspend au cou, ainsi nommé d'après sa forme, pareille à une bulle) et aussi une robe bordée de pourpre[1]. »

Mais plusieurs textes nomment, au contraire, la bulle *aurum etruscum*, ainsi le passage de Juvénal cité plus haut. Pline l'Ancien donne plus de détails[2]. Ce serait, d'après lui, Tarquin l'Ancien qui le premier aurait donné à son fils une bulle d'or et qui aurait fondé l'usage : *Sed a Prisco Tarquinio omnium primo filium, cum in praetextae annis occidisset hostem, bulla aurea donatum constat : unde mos bullae durauit ut eorum qui equo meruissent filii insigne id haberent, ceteri lorum.*

Devant cette dualité de traditions, seule l'archéologie peut donner une réponse. Or, certes, les découvertes de bulles d'or ont été nombreuses en pays étrusque et, de plus, quantité d'œuvres plastiques, figurant des enfants, offrent l'image de la bulle suspendue à leur cou. Une intéressante étude d'A. Andren[3], qui traite des œuvres plastiques étrusques sur lesquelles apparaissent des pièces d'orfèvrerie, a montré qu'en certains cas la bulle représentée sur la statue d'argile était obtenue par l'application d'une matrice qui avait été exécutée elle-même d'après une bulle d'or réelle. On trouvera, dans le même article, le classement, d'après leur décor, des types de bulles d'or trouvées en Étrurie : elles s'échelonnent du VIe siècle à la pleine période hellénistique. Mais rien n'est résolu par là, pour notre problème. Car, dans la civilisation villanovienne qui précède en Toscane l'essor de la civilisation étrusque, la bulle apparaît déjà, soit de bronze, soit de bronze avec une feuille d'or extérieure, soit d'or[4]. Leur datation est difficile, mais certaines datent certainement, d'après les recherches ré-

1. Plutarque, *Romulus*, 20, 4. Nous reproduisons la traduction de R. Flacelière dans l'édition Budé.

2. Pline, *Hist. Nat.*, XXXIII, 10.

3. Cf. A. Andren, *Oreficeria e plastica etrusche*, dans les *Opuscula archeologica* de l'Institut suédois de Rome, vol. V, 1948, p. 91-112.

4. Cf. Randall Mac Iver, *Villanovans and early Etruscans, a study of the earlier iron age in Italy, as it seen near Bologna, in Etruria and Latium*, Oxford, 1924.

centes, du début du VIIe siècle avant J.-C.[1]. Nous sommes donc tout près de l'époque des débuts de Rome et l'existence de la bulle remonte très haut. La tradition de Plutarque semble ainsi confirmée. Il faut ajouter que le nom même de la bulle, qui est de caractère latin, cadre avec cette conclusion d'une origine latine, préétrusque. La tradition de Pline s'explique cependant si l'on songe à la richesse extrême de l'orfèvrerie étrusque. Celle-ci a multiplié la bulle d'or, comme les fouilles le démontrent, et en a répandu l'usage chez les grands. La tradition plinienne repose donc sur une transformation institutionnelle, à l'époque toscane, d'un type d'objet préexistant.

V. — RECOUVREMENT DES FAITS PAR L'ANNALISTIQUE

Si on admet un changement de régime par magistratures temporaires — en principe « romaines » — à partir des environs de 509, on doit soupçonner, nous l'avons vu, d'après les données mêmes de l'annalistique, des périodes de mainmise militaire ou politique de cités étrusques sur Rome, attestée pour Chiusi (Porsenna), tentée vraisemblablement par Véies, possible à d'autres moments de la part d'autres cités, comme Vulci. Dans ce cadre tout général, on pourra aussi considérer comme vraisemblable un certain détachement du monde latin, étrusquisé lui aussi, par rapport à sa sujétion à Rome des Tarquins.

Mais que peut être une attitude scientifique devant la liste de magistrats procurée par les Fastes, et dont le moins qu'on puisse dire est qu'elle comporte des anticipations? Cependant, on peut formuler des hypothèses plus ou moins vraisemblables. C'est ainsi qu'on admettra facilement que les magistrats revêtus de l'*imperium* qui succédèrent aux rois de façon quasi normale, bien loin d'être tous étrusques d'origine, étaient souvent romains de souche ou latins. Une sorte d'anticipation (qui peut avoir signification historique) est figurée par la vie très singulière de Servius Tullius, Latin élevé au siècle précédent comme collaborateur et futur successeur par Tarquin l'Ancien. Mais tels des magistrats dits « républicains » apparaissent aussi apparentés ou liés d'attaches familiales aux anciens tyrans de

1. Cf. R. Bloch, *Récentes découvertes dans la région de Bolsena*, dans les *Comptes rendus de l'Académie des Inscriptions et Belles-Lettres*, 1958, p. 289 sq.

Rome : il y a donc une vérité dans le premier consulat, celui de Brutus, et le conflit épouvantable qui l'opposa à ses fils restés royalistes. On doit encore considérer comme vraisemblable que certains membres de la « noblesse » gouvernante assumèrent une sorte de tyrannie appuyée soit par leur popularité seule, soit aussi par la position de leur château dominant sur les collines de Rome : c'est l'exemple que donne Valérius. On peut sur ces différents exemples se représenter certains collèges de magistrats divers d'origines ethniques, plus ou moins romains de souche, étrusquisants de tendances[1].

Mais nous avons vu aussi que ces premières listes des Fastes sont singulières par l'intrusion de noms plébéiens. Il semble y avoir là-dessous une réalité aussi, étant donné la promotion de la plèbe sous les tyrans étrusques et le fait que les fondations de temples de cette période favorisent cette partie de la population et signalent même sa prospérité. Il y aurait donc encore ici dans l'annalistique un indice de vraisemblance. Et ainsi on admettra la possibilité de collèges de magistrats différents, non seulement de races, mais de provenances sociales.

Faibles indices, il va de soi, et qui n'empêchent pas de juger ces Fastes du premier tiers de siècle « républicain » comme ne donnant que par un faible reflet une idée de la réalité. Sans compter les périodes où une domination purement étrusque se substitue au régime des magistratures annuelles ou au moins temporaires.

Restent bien entendu des problèmes majeurs, et où il faut désespérer d'atteindre une vraisemblance suffisante.

Les deux principaux sont liés : l'un est l'affaiblissement social de la plèbe; l'autre la prééminence croissante de la partie patricienne de la noblesse gouvernante[2].

D'après ce que nous avons rapporté plus haut sur les insignes communs des « cavaliers » de la monarchie et des magistrats romains, on peut admettre que l'aristocratie sénatoriale et équestre avait conservé un certain prestige au milieu des remous du changement de régime, et que, peu à peu, elle reprit l'avantage, jusqu'à finir par l'imposer : soit à la faveur d'un

1. On trouvera une bibliographie raisonnée sur les débuts de la République dans G. Poma, *Gli Studi recenti sull'origine della repubblica romana*, Rome, 1974.

2. Le problème des origines de la plèbe est examiné lucidement dans la thèse de J.-Cl. Richard, *Les origines de la plèbe romaine Essai sur la formation du dualisme patricio-plébéien*, dans *B. É. F. A. R.*, 232, 1978.

événement politique, comme l'occupation de Rome par telle ou telle cité étrusque ; soit pour des raisons de progrès économique fondé sur la possession du sol, ou l'exploitation des troupeaux. Mais nous ignorerons toujours de quelle façon elle parvint à éliminer l'élément politique de la plèbe et probablement une partie des compétiteurs latins. A plus forte raison fallut-il du temps pour que la plèbe perdît et de son dynamisme et de sa prospérité économique, et de sa considération sociale ou de son importance politique. L'étude des fondations de temples dont nous avons parlé et qui lui bénéficiaient tout particulièrement rend invraisemblable que dès 494 elle ait éprouvé la nécessité d'une sécession et amorcé la division de la ville en deux cités. Sans doute n'est-il pas impossible que l'état où elle se trouva finalement réduite ait été préparé par tel ou tel incident de portée locale ou d'importance moyenne ; mais une révolte totale et aussi absolue dans sa forme comme dans ses résultats paraît à cette date tout invraisemblable. Il faudra songer à une anticipation romancée et étudier cette partie littéraire du récit de Tite-Live en fonction des faits qui sont rapportés à la fin du décemvirat législatif une quarantaine d'années plus tard. Nous renvoyons à l'étude (t. III, p. 145-153) de ce changement radical de régime et de l'espèce de division des pouvoirs et de leur aspect même religieux qui intervint alors entre la cité gouvernementale devenue patricienne et la cité populaire, plébéienne, protégée par ses tribuns et ses édiles.

Voilà ce que l'on peut conserver par interprétation ou, partiellement, imagination historique du récit annalistique de ce deuxième livre de Tite-Live. Il n'est tout de même pas sans signification que ce récit ait gardé maintes traces de la réalité historique que nous ont permis de reconstituer les dernières fouilles archéologiques et la critique qui en a été poursuivie avec tant d'ardeur pendant ces dernières années.

Raymond Bloch,
Directeur d'études
à l'École pratique des Hautes-Études.

TABLE DES MATIÈRES

habebat intentum, sine ullo metu extrinsecus imminentis belli, Volscae legiones profectae ab Antio inuasissent, eodemque tempore ex oppido erupissent hostes, forte in statione Marcius fuit. [7]Is cum delecta militum manu non modo impetum erumpentium rettudit, sed per patentem portam ferox inrupit in proxima urbis, caedeque facta ignem temere arreptum imminentibus muro aedificiis iniecit. [8]Clamor inde oppidanorum mixtus muliebri puerilique ploratu ad terrorem, ut solet, prim*um* ort*o* et Romanis auxit animum et turbauit Volscos, utpote capta urbe *c*ui ad ferendam opem uenerant. [9]Ita fusi Volsci Antiates, Corioli oppidum captum ; tantumque sua laude obstitit famae consulis Marcius ut, nisi foedus cum Latinis *in* columna aenea insculptum monumento esset ab Sp. Cassio uno, quia collega afuerat, ictum, Postumium Cominium bellum gessisse cum Volscis memoria cessisset.

[10]Eodem anno Agrippa Menenius moritur, uir omni in uita pariter patribus ac plebi carus, post secessionem carior plebi factus. [11]Huic interpreti arbitroque concordiae ciuium, legato patrum ad plebem, reductori plebis Romanae in urbem sumptus funeri defuit : extulit eum plebs *s*extantibus conlatis in capita.

Des. *V. E. T. A.*

XXXIII, **6** extrinsecus imminentis $M.P^2$ (*marg.*) *S.U.O.H.* RD^2 : — imminentes *LD* extrinsecus *PFB*, *Conway* || **7** Is cum $\omega.M^3P^2$: his cum *M.S* quis cum *PFB* qui cum *F.U* || rettudit *D*, *Madv.* : retrudit *LR* retudit $M.P^2.O.H.D^3$ retulit *PFBS.U* || in proxima urbis, caedeque *Madv.* : caedeque in proxima urbis *codd.* caedeque in proximo urbis *Ed. Par. 1510* || **8** primum orto *Madv.* : primo ortu *ω.υ* primo ortus $F^3.R^2$ || cui *Ed. Mogunt 1518* : qui *codd.* || **9** ⟨in⟩ columna *H. J. Mueller* || Cominium *M.H.LD* : comminium $P^2S.O.R$ communium *PFB* comunium *U* || **10** omni in *det. un.*, *Iac. Gron.* : omnium *codd.* || **11** sextantibus *Ed. Rom. 1469* : extantibus *codd.*

XXXIV. Les consuls suivants furent Titus Géganius et Publius Minucius. Cette année-là, toutes les guerres étaient apaisées au dehors et Rome guérie de ses troubles, quand un fléau bien plus grave fondit sur la ville : d'abord la vie chère, car les champs étaient restés incultes pendant la retraite de la plèbe, puis la famine, comme dans une ville assiégée. Elle aurait amené des décès surtout parmi les esclaves et les gens de la plèbe, si les consuls n'avaient pris des mesures, en faisant la chasse au blé de toutes parts, sur la côte étrusque au nord d'Ostie, au sud en longeant par mer les Volsques, jusqu'à Cumes, et même en Sicile, tant la rancune des voisins les obligeait à chercher au loin du secours[1]. A Cumes, le marché une fois conclu, le tyran Aristodème saisit la cargaison, en remplacement de la fortune des Tarquins dont il était l'héritier ; chez les Volsques et dans le pays Pontin, tout marché fut même impossible : bien plus, la vie des acheteurs fut mise en danger par les attaques de la population. L'Étrurie, au contraire, envoya du blé par le Tibre : c'est ce qui soutint le peuple. Une guerre, bien malencontreuse au milieu d'une pareille disette, aurait redoublé les souffrances, si les Volsques, qui prenaient déjà les armes, n'avaient été attaqués par une peste violente. Ce fléau jeta la terreur dans leurs esprits[2] ; et, afin de leur laisser un sujet d'alarmes même une fois le mal calmé, Rome renforça sa colonie de Vélitres et envoya une colonie nouvelle à Norba, dans la montagne, pour avoir une forteresse en pays Pontin.

Sous le consulat de Marcus Minucius et d'Aulus Sem-

douzièmes ou « onces », mais la plus commune, quand il y eut à Rome (bien plus tard) des pièces de billon.

1. Cette mise en scène dramatique s'organise autour de réalités religieuses dont Tite-Live n'a pas bien conscience : le consul Sp. Cassius avait consacré l'année précédente le temple de Cérès (voué dans une guerre contre les Latins et les Volsques par le dictateur A. Postumius : Denys, VI, 17 et 94), très hellénique de construction et de rites, desservi par une prêtresse grecque de Campanie et qui devint un des grands sanctuaires de la plèbe, géré par des « édiles » issus d'elle.

2. Parce que la peste passait pour une punition des dieux.

XXXIV. [1]Consules deinde T. Geganius P. Minucius facti. Eo anno cum et foris quieta omnia a bello essent et domi sanata discordia, aliud multo grauius malum ciuitatem inuasit, [2]caritas primum annonae ex incultis per secessionem plebis agris, fames deinde, qualis clausis solet. [3]Ventumque ad interitum seruitiorum utique et plebis esset, ni consules prouidissent, dimissis passim ad frumentum se*c*tan*d*um [coemendum], non in Etruriam modo dextris ab Ostia litoribus laeuoque per Volscos mari usque ad Cumas, sed [quaesitum] in Siciliam quoque : adeo finitimorum odia longinquis coegerant indigere auxiliis. [4]Frumentum Cumis cum coemptum esset, naues pro bonis Tarquiniorum ab Aristodemo tyranno, qui heres erat, retentae sunt ; in Volscis Pomptinoque ne emi quidem potuit : periculum quoque ab impetu hominum ipsis frumentatoribus fuit ; [5]ex Tuscis frumentum Tiberi uenit ; eo sustentata est plebs. Incommodo bello in tam artis commeatibus uexati forent, ni Volscos iam mouentes arma pestilentia ingens inuasisset. [6]Ea clade conterritis hostium animis, ut etiam ubi ea remisisset terrore aliquo tenerentur, et Velitris auxere numerum colonorum Romani, et Norba*m* in montis nouam coloniam, quae arx in Pomptino esset, miserunt.

[7]M. Minucio deinde et A. Sempronio consulibus

Des. *V. E. T. A.*

XXXIV, **1** a bello *M.H.LRD* : bello *cett.* || **3** passim ω.M^2 : passis *M* || sectandum [coemendum] *O. Rossbach* : sed tantum coemendum *PF?BS.U* coemendum *cett.* || per Volscos (*uel* uul-) *M.*P^2 (*marg.*) *S.O.H.LRD* : post uolscos *PFB.U* || mari *M.U.O.H.D*ˣ : maris *LRD?* marique *PFB.D?* marisque P^2*S* || in Siciliam *Crevier* : quaesitum in Siciliam ω.*v?* quaesitum in Sicilia *FB.O* || **5** sustentata ω.M^2P^2 : sustenta *Mv.P.H.LR* || **6** conterritis ω : contritis *LR* contritis *O* || ubi ea *U.D*ˣ : ubi eam *D. cett.* || Norbam *Duker* : norbae *codd.*

pronius, il y eut un gros arrivage de blé de Sicile[1], et l'on examina au sénat à quel prix on le céderait à la plèbe. Beaucoup trouvaient que c'était le moment de faire pression sur la plèbe et de lui reprendre les droits que sa retraite avait arrachés de force au sénat. En particulier, Marcius Coriolan, adversaire de la puissance tribunicienne, déclara : « S'ils veulent les anciens prix, qu'ils rendent ses anciens droits au sénat. Faut-il que sous mes yeux des plébéiens soient magistrats, qu'un Sicinius soit tout-puissant et que moi je sois mis sous le joug, rançonné par ces espèces de brigands? Et je souffrirais, moi, de telles indignités plus longtemps qu'il n'est nécessaire? La tyrannie d'un Tarquin m'a été intolérable, et je souffrirais celle d'un Sicinius? Qu'il se retire aujourd'hui ! Qu'il emmène la plèbe ! La route est libre vers le mont Sacré et les autres collines. Qu'ils volent du blé dans nos campagnes, comme il y a deux ans. Qu'ils récoltent ce que leur folie a semé. Je ne crains pas d'affirmer que la souffrance les réduira à se mettre d'eux-mêmes aux travaux des champs, au lieu de les entraver par les armes et la révolte. » Je ne prétends pas que le sénat devait, mais certainement il pouvait, en mettant des conditions à l'abaissement des prix, se débarrasser de la puissance tribunicienne et de toutes les contraintes qu'on lui avait imposées[2].

XXXV. Le sénat trouva trop dure cette proposition ; quant aux plébéiens, ils faillirent prendre les armes, de colère. « Voilà qu'on les prenait par la famine, comme des ennemis ! On leur coupait vivres et subsistance ! Ce blé importé, le seul aliment qu'une chance inespérée leur

1. Que l'annalistique disait envoyé par un « tyran » grec, sans pouvoir établir un synchronisme précis : on nommait Gélon (tyran de Géla entre 491 et 485 ; de Syracuse entre 485 et 478) et Denys l'Ancien (mort en 367 !). Cf. Denys d'Hal., VII, 1.

2. La prudence de Tite-Live est notable : peu favorable au tribunat (comme Cicéron), il le considère pourtant comme élément essentiel de la vie nationale (comme tel, Auguste se l'annexa).

Ce volume,
le centième
de la série latine
de la Collection des Universités de France,
publié aux Éditions Les Belles Lettres,
a été achevé d'imprimer
en janvier 2003
sur presse rotative numérique
de Jouve
11, bd de Sébastopol, 75001 Paris

N° d'édition : 5934
Dépôt légal : janvier 2003

Imprimé en France